EINFACH SEIN

BEFREIUNG IN GLEICHMUT

Weg zur inneren Freiheit

RENATE NISHĀMA KUNZ

Bibliographische Informationen der deutschen Bibliothek
Die Deutsche Bibliothek verzeichnet diese Publikation in der
Deutschen Nationalbibliografie; detaillierte bibliographische
Daten sind im Internet übe: http://dnb.ddb.de abrufbar.

EINFACH SEIN – BEFREIUNG IN GLEICHMUT
Ein Weg zur inneren Freiheit
1. Auflage 2025
Copyright © 2025 bei Renate Nishkāma Kunz

Verlag: BoD · Books on Demand GmbH,
In de Tarpen 42, 22848 Norderstedt, bod@bod.de
Druck: Libri Plureos GmbH, Friedensallee273,
22763 Hamburg

ISBN: 978-3-7693-2590-4

Inhaltsverzeichnis

Danksagung..13

Vorwort..14

Leben um des Lebens willen........................19

Geschichte: Der Weise und die Ameise...................20

Innehalten: Glaubenssätze..............................23

Geschichte: Vom Tempel der tausend Spiegel............24

Was treibt den Menschen an?..........................25

Geschichte: Der König und die zwei Künstler............29

Geschichte: Der alte Mann und sein Korb................31

Innerhalten: Welche Lasten trägst du herum?............33

Erwachen und Erleuchtung.............................34

Erwachen oder Öffnung...............................35

Geschichte: Zum Thema Öffnung.......................39

Erleuchtung oder Selbst-Verwirklichung................43

Meine Erfahrung....................................45

Wenn ich stehe, dann stehe ich........................48

Innehalten: Wie oft bist du präsent?....................49

Geschichte: Ein Sack auf dem Rücken......................50

Braucht es einen Guru?..52

Mantra – Asatoma...55

Innehalten: Wer ist mein Guru?.................................56

Geschichte zum Thema Guru......................................57

Gibt es einen Gott?..61

Der muslimische Mann Ali, der Allah verwarf..............62

Das Aramäische Jesus-Gebet.....................................65

Innehalten: Welche Stützen hast du?..........................67

Advaita Vedānta..69

Nirvana Shatakam von Sri Adi Shankara....................70

Frei von Bindung oder Anhaftung..............................73

Befreiung hat keine Anhaftungen..............................76

Innerhalten: Wo haftest du noch an?.........................79

Geschichte zum Thema Anhaftung und Kundalini........80

Kundalini Erwachen..85

Erweckung der Kundalini...86

Symptome des Kundalini-Erwachens.........................86

Aber Vorsicht!..88

Begegnungen mit Kundalini-Erwachen......................89

Wenn die Kundalini vollständig erwacht................ 91

Übersinnliche Fähigkeiten...92

Was sind Siddhis?..94

Das Leben mit vollständig erwachter Kundalini...........97

Erzählung was ist Kundalini?..98

Śri Yantra oder Śri Chakra....................................100

Innehalten: Kundalini-Erwachen und Siddhis............101

Werdet wie die Kinder, die Masken werden fallen......102

Osho und seine ersten sieben Lebensjahre..............104

Innehalten: Welche Masken trägst du noch?.............110

Satsanga..112

Geschichte: Im Satsang.......................................117

Geschichte: Der Bauer und sein Esel....................126

Das Denken...128

Aber warum eigentlich, geschieht das?...................130

Metapher: Wenn die Frucht reif ist.........................120

Vergleich: Der Hund und der Verstand...............135

Sādhanas oder spirituelle Übungen......................140

Geschichte: Stille-Meditation und Aham................141

Japa..145

Mantra..146

Persönliche Erfahrungen mit Mantras....................147

Mantra, warum 108-mal? / Rudraksha...................150

Erklärung zu Śri Vidya................................151

Das Gayatri Mantra...................................152

Lachen..153

Ein Erlebnis zum Thema Lachen..........................154

Lachyoga..155

Innehalten: Herzhaft lachen............................156

Die Wirkung von Pranayama............................157

Mudra..158

Atemübung: Nadi Shodhan Pranayama..................159

Meditation..161

Meditation Swami Sivanandas..........................164

Innehalten: Meditiere täglich 15 Minuten...............165

Das reine und erwachte Bewusstsein.....................166

Geschichte über Bewusstsein.............................166

Das «ES»...168

Der Geist...169

Wie du die Welt siehst....................................172

Innehalten: Lass dein Leben zurück laufen..............173

Die Befreiung, ist in dir!.................................174

Sterben um zu Leben / Memento Mori....................177

Erlebnisse bei der Sterbebegleitung.....................179

Nishkāmas Todes Erlebnis................................185

Innehalten: Wenn du noch kurz zu leben hättest........188

Wer Bin ich?...189

Geschichte: Anand und die Dakinī Devi..................190

Selbsterforschung mit dem «Wer Bin Ich?».............196

Die Stille..198

Geschichte: Die Erfahrung der Stille....................200

Geschichte über das Erfahren von Stille................201

Innehalten: Die Stille wahrnehmen...........................203

Das Karma...204

Geschichte: Ein idealer Karma Yogi........................206

Freude...209

Geschichte über die Freude....................................212

Metapher Die zwei Wölfe...216

Innehalten: Freude ist das höchste Gut..................217

Das Leben geschehen lassen..................................218

Geschichte: Herr Fröhlich und die Angst.................220

Angst...245

Was passiert im Gehirn?..246

Angstgedächtnis..248

Was kann bei Angstattacken helfen?.......................250

Innehalten: Welche Ängste kennst du?....................252

Selbstliebe und Eigenwertschätzung.......................253

Geschichte vom zerknitterten Geldschein................253

Du findest die Liebe nur in dir.................................255

Allumfassende, bedingungslose Liebe.....................256

Geschichte: Der König und die alte Frau...............257

Innehalten: Sei dir selbst der beste Freund.............259

Der Same der Erleuchtung ist gesetzt...................260

Dazu eine Geschichte über Erleuchtung.................262

Eine kurze Geschichte......................................266

Was beinhaltet die Verwirklichung des SELBST?........270

Innehalten: Reflektiere das oben geschriebene.........272

Rein, wahr und klar..273

Geschichte: Ende der Interpretation......................275

Gedanken über Interpretation.............................276

Geschichte: Glück oder Unglück...........................278

Geschichte: Die drei Siebe.................................282

Innehalten: Interpretation sein lassen....................283

Selbstermächtigung...284

Geschichte: Es ist immer etwas los!......................287

Die fünf Sinne...290

Erlebte Erzählungen..291

Innehalten: Die fünf Sinne wahrnehmen.................294

Die Lange-Weile..296

Geschichte: Der König und die Langeweile..............298

Innerhalten: Sei mit der Lange-Weile......................300

Die Leere..301

Geschichte: Die leere Tasse................................302

Umgang mit der Leere......................................303

Geschichte: Der alte Meister und die Leere..............304

Innerhalten: Kennst du die Leere?....................305

Gleichmut..306

Geschichte: Immerwährender Gleichmut.................307

Innehalten: Gleichmut.......................................309

Schlusswort..311

Nachwort..313

Glossar...316

«Wenn du der Stimme in deinem Herzen folgst, erkennst du früher oder später, dass diese Stimme deiner wahren Natur entspricht. «Erleuchtung» oder «Erwachen» kommt nicht irgendwo hergeflogen. Du erkennst einfach nur, dass du DAS schon immer warst und es keine Person gibt, die erwachen oder erleuchtet werden kann.» *Nishkàma*

Danksagung

Mit tiefster Dankbarkeit möchte ich mich an die Besucher in Einzel- oder in den Gruppenbegegnungen und alle Begegnungen mit Lehrern aller Art im Prozess meines spirituellen Erwachens bedanken.

An meine Lehrer: Ihr habt mich mit Weisheit, Geduld und eurem eigenen Licht geführt. Eure Worte, eure Präsenz und euer Vorbild waren Leuchtfeuer auf meinem Weg. Ihr habt mir gezeigt, wie man tiefer schaut, wie man Vertrauen in den Prozess des Lebens hat, und wie man die Wahrheit im Inneren erkennt. Ich danke euch für eure unermüdliche Unterstützung und für die Liebe, die ihr in mein Wachstum investiert habt.

Auch möchte ich mich bei den Lehrern aus der Natur bedanken: der Tiere, den Bäumen und den Steinen, denen ich als Schülerin begegnen darf, möge ich niemals vergessen, dass diese Lehrer um mich sind – in jedem Atemzug des Windes, im Summen der Bienen, im Wispern der Blätter und im Schweigen der Felsen.

An meine Besucher: Ihr seid meine grössten Lehrmeister. In euren Fragen, euren Kämpfen und eurem Mut, den Weg des Erwachens zu gehen, habe ich immer wieder den Spiegel meiner eigenen Reise gesehen. Ihr habt mich inspiriert, weiterzulernen, zu wachsen und selbst die höchste Wahrheit zu leben, die ich erreichen kann. Danke, dass ihr mir euer Vertrauen geschenkt habt und wir gemeinsam auf dieser Reise sind.

Mögen wir weiterhin das Licht in uns selbst und in der Welt erkennen und leben.

Vorwort

Fast alles, was in diesem Buch geschrieben steht, habe ich selbst erfahren oder erlebt. Also kannst auch du es erfahren und erleben. Befreiung ist, bewusstes erfahren und erkennen «seiner Selbst».

In mir war schon lange der Impuls, an einem weiteren Buch schreiben zu wollen. Und immer wieder setzte ich mich hin und tippte Sätze, die du hier lesen kannst, in den Computer. Mir ist bewusst, dass ich nicht schreiben kann und doch geschieht es aus der Tiefe des Seins und die Worte entstehen beim Schreiben.

Die Themen im Buch sind spontan und aus der Stille des SEINs hinaus geboren und daher die Reihenfolge der Kapitel.

Dieses Buch beinhaltet neben informativen Texten auch viele Geschichten, die über die Wahrheit sprechen. Die Geschichten habe ich nicht alle selbst erfunden, aber aus allen möglichen Schriften aus Ost und West zusammengetragen. Und je nachdem mit einem Kommentar dazu ergänzt.

Geschichten der Weisheit sind oft als Metaphern gedacht, um darin auch Lösungen für das Leben zu finden. Also eine Art Lebenshilfe. Nicht nur Freude am Lesen der Geschichten und das sich vertiefte Erkennen in den geschriebenen Worten soll dieses Buch bereiten, es darf auch in der Tiefe des Menschen etwas öffnen können. Es braucht manchmal so wenig und erkennen geschieht. Und es braucht manchmal so viel, um die Leichtigkeit des Seins zulassen zu können. Vielleicht hilft die eine oder andere Geschichte der Wahrheit, die Leichtigkeit ins Leben zu bringen und zu erkennen, wer man in Wahrheit und Wahrhaftigkeit ist.

Dieses Buch beinhaltet neben Text und Geschichten auch die Möglichkeit, nach Themen innezuhalten und sich selbst gerade reflektieren zu können.

Wenn der Mensch anfängt, sein Selbst zu erforschen, erkennt er sich immer mehr in diesen vielen Geschichten.

Dazu wurde dieses Buch erschaffen, denn auch in Griechenland, bei dem Orakel von Delfi, steht geschrieben: «ERKENNE DICH SELBST». Auch Ramana Maharshi, der Weise vom Arunachala aus Südindien, hat gesagt: «Die eigene Selbstverwirklichung ist die grösste Dienstleistung, die man der Welt anbieten kann».

Bei OSHO, dem grossen indischen Mystiker, war es so: Als die vielen an der Strasse stehenden und auf Osho warteten Menschen, dieser dann an ihnen, in einem seiner schicken Autos, vorbeifuhr. Die Wartenden sahen aber dann, anstelle von ihrem Guru, nur ihr eigenes Bild in den gespiegelten Fenstern von Oshos Wagen.
Dieses Buch hat das Potenzial darin, sich selbst noch vertiefter und befreit erkennen zu können.

Bei uns in der Schweiz, am Schwabentor, in der Stadt von Schaffhausen steht geschrieben: «Lappi tue d' Auge uf», was auf Deutsch, so viel heisst wie: «Narr, mach die Augen auf!»

Bild: Relief am Schwabentor in Schaffhausen, Schweiz

Anmerkung: im vorliegenden Buch werden zum Teil Sanskritworte benutzt, die Erklärung dafür findet sich im Glossar am Ende des Buches.

Gerade mal vorweg, hier noch eine Anmerkung: Wenn ich von Gott schreibe, könnte ich gerade so gut von Selbst, Existenz, dem Absoluten, Bewusstsein, universelle Kraft, Leben, Licht, DAS, Quelle oder was immer dir gefallen würde schreiben. In diesem Buch verwende ich viele der genannten Worte, die von dem ALL EINEN sprechen.

Einfachheitshalber wird in diesem Buch oft nur von Er oder Ihm geschrieben, was aber als gleichwertig auch mit; Sie (weibliche Form) oder Ihr hätte bezeichnet werden können.

Eine weitere Anmerkung zu den Geschichten in diesem Buch: Viele Geschichten sind selbst erfunden oder vielmehr aus dem Leben mit den Menschen in der Begegnung entstanden. Auch der Meister Babu oder Babuji und die Meisterin Dakinii Devi sind frei erfunden, obwohl die Geschichten immer der Wahrheit entsprechen.

Es kann gut sein, dass dieses Buch Fehler aufweist. Der Inhalt sollte trotz der Schreibfehler, aller Satzstellungs- und Satzzeichenfehler lesbar sein. Früher hätte ich mich dafür geschämt, heute weiss ich aber, dass jeder, den es stört, sich gleich mit dem, daran stören, reflektieren kann.

Dieses Buch lädt dazu ein, den Pfad des Erwachens und der Erleuchtung auf eine zugängliche und lebensnahe Weise zu erkunden. Es behandelt zentrale spirituelle Themen wie das Kundalini-Erwachen, die Kraft von Mantra-Rezitation (Japa) und Pranayama (Atemtechniken), das Loslassen alter Identitäten („Sterben, um zu leben") und die Erfahrung der Leere als Raum tiefer Stille und Präsenz. Zudem werden die fünf Sinne, Karma, Angst und Freude aber auch Gedanken über das Interpretieren und das reine Bewusstsein thematisiert. Das Buch beinhaltet auch das Thema «Wer Bin Ich?» und was beinhaltet die Selbst-Verwirklichung.

Durch inspirierende Geschichten und praktische Reflexionsimpulse begleitet das Buch die Leser Schritt für Schritt zu mehr Gleichmut, Klarheit und innerem Frieden. Es zeigt, dass ein Guru zwar ein wertvoller Begleiter sein kann, die wahre Erkenntnis jedoch in uns selbst liegt.

Jedes Kapitel lädt dazu ein, innezuhalten, sich zu reflektieren und den Weg zurück zu sich selbst zu finden. Ein Buch für all jene, die tiefer schauen und einfach sein möchten – inmitten der Herausforderungen des Lebens.

Ein praktischer Begleiter auf dem Weg zur inneren Freiheit und Gelassenheit.

«Es ist noch kein Meister vom Himmel gefallen, die Absicht Menschen bei ihrer Selbstergründung zu unterstützen, das ist meine Berufung und das fehlerfreie Formulieren und Schreiben, so es sein soll, wird es irgendwann zur Meisterschaft.»

Bild: Vollendung kreiert 2019

Leben um des Lebens willen

Ein einfacher Gedanke, doch tief in seiner Essenz: Das Leben selbst braucht keinen Zweck, keine Begründung, keinen äusseren Sinn. Es lebt – um zu leben.

Ein Fluss fliesst nicht, um das Meer zu erreichen, sondern weil das Fliessen seine Natur ist.
Eine Blume blüht nicht, um bewundert zu werden, sondern weil das Blühen ihr Dasein erfüllt.
Ein Vogel singt nicht, um gehört zu werden, sondern weil das Lied aus ihm heraus will.

Warum also sollte der Mensch sich mit Fragen quälen, warum er lebt? Vielleicht genügt es, das Leben zu atmen, zu fühlen, zu erleben – mit all seinen Höhen und Tiefen, mit Freude und Schmerz. Denn das Leben selbst ist der Grund, und im schlichten Sein liegt seine vollkommene Wahrheit.

Leben um des Lebens willen bedeutet, die Schönheit des Augenblicks zu erkennen, ohne ständig nach einem «Warum» zu suchen. Es bedeutet, die Frage nach dem Sinn durch die Erfahrung des Lebens selbst zu beantworten.

Nicht das Ziel ist wichtig, sondern der Tanz.
Nicht das Ankommen zählt, sondern der Weg.
Das Leben lebt durch uns – und wir sind das Leben.

«Ein Leben, das nicht reflektiert wird,
ist es nicht wert, gelebt zu werden.»
George Bernhard Shaw

Geschichte: Der Weise und die Ameise

Eines Tages sass ein alter, weiser Mönch unter einem Baum und meditierte, als ein Schüler mit ernster Miene zu ihm kam. Der Schüler setzte sich zu ihm und fragte:

«Meister, was ist der Sinn des Lebens? Warum leben wir?»

Der Meister lächelte und deutete auf eine Ameise, die gerade emsig vor ihnen über den Boden krabbelte.

«Schau dir diese Ameise an», sagte der Meister. «Frag sie.»

Der Schüler runzelte die Stirn, beugte sich vor und fragte unsicher: «Ameise, warum lebst du?»

Die Ameise hielt kurz inne, bewegte ihre Fühler und antwortete dann mit einer piepsigen Stimme: «Ich lebe, um Zucker zu finden, den ich tragen kann.»

Der Schüler lachte. «Aber das ist doch sinnlos! Warum schleppt sie Zucker herum?» Der Meister erwiderte: «Frag sie weiter.»

Der Schüler beugte sich wieder vor. «Ameise, warum trägst du Zucker?»

Die Ameise hielt erneut inne, schnupperte an der Luft und sagte: «Ich trage Zucker, um meinen Bau zu füttern.»

Der Schüler stutzte. «Und warum muss der Bau gefüttert werden?»

«Damit die Königin überlebt!» sprach die Ameise stolz. «Und warum muss die Königin überleben?», fragte der Schüler nun schon etwas ungeduldig.

Die Ameise zuckte mit ihren winzigen Fühlern. «Damit wir mehr Ameisen machen können!»

Der Schüler sah verwirrt aus. «Aber warum mehr Ameisen? Wozu das Ganze?»

Die Ameise schnappte sich ein Krümelchen Zucker und murmelte, während sie davonlief: «Weil es Spass macht, zu krabbeln.»

Der Schüler schaute der Ameise nach, die des Weges ging, und sah dann den Meister an. «Was soll das bedeuten? Ist das die Antwort?»

Der Meister lächelte und sagte: «Ja. So ist es. Es gibt keinen tieferen Grund. Wir leben, weil es Spass macht zu krabbeln.»

Moral der Geschichte: Das Leben ist einfach da, um gelebt zu werden – um des Lebens – Willen. Vielleicht solltest du öfter mal krabbeln und weniger fragen.

«Der Sinn des Lebens ist es glücklich zu sein und wenn der Mensch nicht glücklich ist, hat es keinen Sinn.»

Das Leben geschieht, weil es geschieht und nicht weil sich der Mensch abmühen soll. Alles, was anstrengend und unklar, von Ärger und Unzufriedenheit geprägt ist, geht gegen die Natur des menschlichen Seins. Ist es nicht so, dass der Mensch oft gar nicht das Leben lebt und erlebt, was ihm Leichtigkeit und Freude bereitet? Ist es nicht oft so, dass Menschen Dinge tun, um zu gefallen, um gebraucht oder geliebt zu werden? Sie sich Dinge aneignen, damit sie etwas Besonderes oder besser als andere sein können? Will nicht jeder einfach nur geliebt werden und tut dafür alles Mögliche, vielfach, ohne sich über sein Tun bewusst zu sein?

Dieses Buch soll den Suchenden die Augen öffnen und als Unterstützung im Leben dienen. Damit der Mensch, wenn nicht schon vorhanden, die Leichtigkeit des SEINs erfahren und noch vertiefter erleben kann. Und er nicht mehr von alten Konditionierungen geprägt und dadurch oft nicht bewusst und eher wie ferngesteuert - sprich unbewusst, durchs Leben treibt.

Geht es nicht darum, Bewusstsein zu entwickeln oder besser gefragt, die durchschnittlichen 5 % des genutzten Bewusstseins eines Menschen auf viel mehr zu entfalten?

Die Raupe erlebt ihr Leben eine Weile am Boden kriechend, bis dann die Zeit der Verpuppung kommt und eine Transformation oder Umwandlung im Kokon geschieht. Wenn das Insekt dann reif genug ist, kommt der Impuls dem Kokon zu entfliehen, und das so transformierte Lebewesen öffnet seine Flügel nun als Schmetterling, um nochmals ein ganz neu entfaltetes Sein erleben zu dürfen.

Geht es uns Menschen nicht genauso? Hat nicht jeder das Potenzial der Metapher tief in sich verankert, von der Raupe zum Schmetterling transformieren zu können?
Es braucht ein Ja dazu, bewusster werden zu wollen. Das heisst; geistig aufgeweckter als die kollektive Menschheit, die um die 5 % des Bewusstseins nutzen kann, zu sein.

Was hilft dazu, sich selbst tiefer kennenzulernen, sein Inneres zu erforschen und durch die Innenschau zu erkennen, wie man geprägt und konditioniert wurde?

Welche Glaubenssätze kennst du? Sind es eigen kreierte, oft abwertende oder von Angst geprägte Sätze? Oder aber auch solche, die uns von Eltern, Lehrern oder anderen, immer wieder gesagt wurden und die uns das Leben heute noch schwer machen, wie dazu einige Beispiele: «Du bist zu dumm.» «Mädchen müssen nicht gebildet sein, die heiraten ja sowieso» usw.

Innehalten: Glaubenssätze

Wenn du magst, warte mit dem Weiterlesen der Zeilen und erforsche gleich in der Tiefe deines Wesens mit der Frage: «Welche Glaubenssätze begleiten mich heute noch, die mir meine Energie rauben?»

Affirmation: «Ab sofort wandle ich jeden, mir nicht dienlichen, Glaubenssatz in das höchste Potenzial oder er löst sich, jetzt und für immer, auf.»

Wenn du möchtest, kannst du deine Erkenntnisse hier unten aufschreiben:

_____

_____

_____

_____

_____

_____

_____

_____

_____

_____

«Verurteile andere nicht, nur weil sie einen anderen Weg gehen. Finde den Mut deinen eigenen Weg zu gehen.»
Buddha - Siddhartha Gautama

Geschichte vom Tempel der tausend Spiegel

In Indien gab es den Tempel der tausend Spiegel. Dieser lag hoch oben auf einem Berg und sein Anblick war gewaltig. Eines Tages erklomm ein Hund den Berg. Er lief die Stufen des Tempels hinauf und betrat den Tempel der tausend Spiegel.

Als er in den Saal mit den tausend Spiegel kam, sah er tausend Hunde. Er bekam Angst, sträubte das Nackenfell, klemmte den Schwanz zwischen die Beine, knurrte furchtbar und fletschte die Zähne. Und tausend Hunde sträubten das Nackenfell, klemmten die Schwänze zwischen die Beine, knurrten furchtbar und fletschten die Zähne.

Voller Panik rannte der Hund aus dem Tempel und glaubte fortan, dass die ganze Welt aus knurrenden, gefährlichen und bedrohlichen Hunden besteht.

Einige Zeit später kam ein anderer Hund den Berg herauf. Auch er lief die Stufen hinauf und betrat den Tempel der tausend Spiegel.

Als er in den Saal mit den tausend Spiegeln kam, sah auch er tausend andere Hunde. Er aber freute sich. Er wedelte mit dem Schwanz, sprang fröhlich hin und her und forderte die Hunde zum Spielen auf.

Dieser Hund verliess den Tempel mit der Überzeugung, dass die ganze Welt aus netten, freundlichen Hunden besteht, die ihm wohl gesonnen sind.

Weisheit aus Indien

«Das Bild ‚das ich von mir selbst habe, ist eine ausgewählte Zusammenfassung von Erinnerungen und Ereignissen der Vergangenheit. Es hat nichts mit dem zu tun, was ich in Wirklichkeit bin.»

Was treibt den Menschen an?

Sind es die Gedanken, im Kopf eines Menschen, die ihn lenken oder ist es das Selbst, das Leben, Gott oder die Quelle, die den Menschen einfach viele Erfahrungen machen lässt? Es wird auch gesagt; das Selbst, wolle sich selbst erfahren.

Aber was ist es, dass im Kopf eines Menschen an Gedankengut herumschwirrt und ihn ins Leid-Freud-Spiel treibt?

Ist es nicht angelegt, dass der Mensch von Grund auf das in sich erfüllende; «zu-Hause-sein» sucht? Er es aber nicht weiss und dadurch eine Zeit lang im Aussen, also im materiellen oder weltlichen nach Erfüllung und Befriedung sucht.

Solange der Mensch nicht weiss, dass die wahre und tiefe Erfüllung nur in seinem Inneren gefunden werden kann, wird er unbewusst immer auf der Suche nach mehr oder besserem sein. Daraus entstehen eben diese ständige Leidfreude und dann wieder Freud-Leid-Spiele. Ist es nicht so, dass wenn der Mensch einmal sein Leben reflektiert, dass er dann bemerkt, dass er ständig Dingen der Zukunft hinterherrennt oder in der Vergangenheit herumsurft und sich mit Dingen wie: «Hätte ich doch, oder warum habe ich damals nicht» und so weiter beschäftigt?

Es braucht nur, ganz einfach, ein Innehalten, um sich selbst zu betrachten. Am einfachsten, so, als würde man einem wunderbaren Freund zusehen. Oder eine andere Möglichkeit ist es, sich ganz bewusst und das ohne sich ablenken zu lassen, innezuhalten und genau in diesem einen Moment zu verweilen.

«Was ist das schon?», höre ich unbewusste Menschen sagen. Menschen wollen die Welt verändern, das ist in Wirklichkeit ein schwieriges und unmögliches Unterfangen. Die wahre Botschaft aber ist: «Es ist einfacher, sich selbst zu verändern, als die grosse, weite Welt verändern zu wollen.» Denn jeder Mensch, ist sich, wie bekanntlich, ja selbst immer am nächsten und kann bei sich mit der Veränderung anfangen und welch Wunder, dadurch verändert sich auch die Welt.

Zitat von Ramana Maharshi:
«Deine eigene Selbstverwirklichung ist der grösste Dienst, den du der Welt erweisen kannst.»

Ja, schon, aber wie? Wenn das Individuum einen Spiegel des Erkennens braucht, so taucht dieser in verschiedenen Formen auf. Das kann als Menschen, Tiere, Situationen oder in Form von Gegenständen sein. Alles, was zur Klärung bestimmt ist, kommt und das meistens auf natürliche Weise und immer wieder aufs Neue, auf den Suchenden zu, bis diesem klar ist, was es zu erkennen, zu klären oder loszulassen gilt. Der für Veränderung offene und bereite Mensch erkennt immer klarer, dass dieses Lebensspiel von ständigem Wechsel geprägt ist. Er wird sich dessen bewusst, dass er das unberührte und unveränderliche EINE ist, das den Körper belebt und durchdringt.

Der Mensch begreift, dass das Leben sich ihm ohne Unterlass anbietet. Ihm alles liefert, damit er sich reflektieren und seine laufenden Muster, die meistens, wenn nicht sogar immer, aus den Konditionierungen und Prägungen aus der Kindheit stammend, erlöst werden wollen. Dem Geschöpf wird klar, dass die Veränderungen nur in seinem Inneren stattfinden können. Er wird sich durch das Erforschen seines Selbst gewahr, dass es nichts mehr bringt zu sagen, wie zum Beispiel: «Deinetwegen geht es mir so schlecht». «Du bist schuld, weil du mir das angetan hast.». «Weil ich nicht genug Geld habe, kann ich keinen Erfolg erreichen oder Freude am Leben haben». «Weil ich bislang nicht angekommen bin, wo ich im weltlichen sein möchte, geht es mir schlecht». «Ich bin so, weil ich eine schlechte Kindheit hatte». Vieles mehr könnte hier noch ergänzt werden.

«Jeder neue Tag ist eine Einladung, das Alte hinter sich zu lassen und den Tag als Neuanfang zu begrüssen. Es ist nie zu spät, ein neues Kapitel im Buch deines Lebens zu beginnen.»

Aber doch, möchte an dieser Stelle nochmals erwähnt werden: - das Leben in Freiheit, Freude und von Liebe durchdrungen, kann nur im Inneren der Menschen gefunden werden. Denn alle äusseren Begebenheiten geschehen, damit der Mensch sich nach innen wenden und sein Leben neu überdenken kann. «Erkennt der Mensch sich selbst, erkennt er alle und alles andere auch!»

«Erkenne dich selbst und du weisst alles.»
Zitat von Sokrates:

Es braucht gar nicht viel dazu. Eine Möglichkeit ist es, kleine Pausen der Innenschau im Tagesablauf einzuflechten. Ja, solche Denkpausen zu planen und dann ganz bewusst durchzuführen. Es ist zwar nicht möglich, dass der Mensch das Denken abschalten kann, denn das geht meist nur selten und kurzzeitig. Wenn man das aber wahrnehmen kann, dass da jetzt gerade niemand da ist, der etwas denkt, ja dann: «Gratulation!»

Der Verstand hat nun einmal die Funktion des Denkens, was ja auch viel Gutes hat. Möchte der Mensch aber wirklich zu denen gehören, die in sich zufrieden sein können? Und das, ohne äussere Stimulation des Denkens zu brauchen, dann bleibt wohl nichts anderes übrig, als sich selbst und sein Wesen, tief im Inneren zu erforschen. Und durch das Erforschen, sich selbst stetig noch besser wahrnehmen zu können und somit noch bewusster zu werden.

Am Anfang mag es zwar anstrengend sein, sich immer wieder auf sich selbst zu besinnen. Mit dem Dranbleiben und der Zeit wird es aber einfacher und es wird so weit kommen, dass der Mensch gar nicht mehr anders kann, als sich immer genauer unter die Lupe nehmen zu wollen.

Das eigene Wesen zu erforschen lohnt sich, denn nur so wird sich der Mensch selbst gewahr werden. Und das Leben im Hier und Jetzt wird ihm stetig noch mehr Freude, Leichtigkeit, Klarheit, Mut zur Wahrheit und Vertrauen in das nicht Wissen und das ohne kontrollieren zu müssen, schenken.

Der vertieft, fortschreitende Aspirant erfährt, dass alles, was ihm im Leben geschenkt wird, sei es Freude oder Leiden, nur dazu da ist, die Dinge bewusst, ungefiltert, klar und wahr erkennen zu können.

Das Leben wird für ihn lebenswert und frei, sodass er es niemals mehr anders haben wollte. Das Geschenk der Innenschau lässt den früher im Aussen suchenden Menschen die Befriedung im Inneren seines Wesens und das immerwährend erfahren.

Hier ist eine weise Geschichte, die das Konzept «Das Leben ist so, wie wir es haben wollen» aufgreift:

Der König und die zwei Künstler

Einst lebte ein König, der zwei berühmte Künstler bat, für ihn das Leben darzustellen. Jeder Künstler bekam eine leere Leinwand, einen Sack Gold für Materialien und einen Monat Zeit, um sein Werk zu vollenden.

Nach einem Monat kehrten die beiden Künstler zum König zurück, um ihre Gemälde zu präsentieren.

Der erste Künstler enthüllte sein Bild: Es war eine prachtvolle Darstellung eines Paradieses. Wälder, Berge, Vögel und ein friedlicher Fluss – alles wirkte perfekt. Die Menschen auf dem Bild lachten und lebten in Harmonie.

Der König war begeistert. «Das ist wunderschön!», sagte er. «So sollte das Leben sein.»

Dann wandte er sich dem zweiten Künstler zu, der zögernd sein Werk enthüllte. Auf seiner Leinwand sah man eine chaotische Welt: Ein Sturm fegte durch eine Stadt, Menschen kämpften, und in einer Ecke weinte ein Kind. Der König schaute mit gerunzelter Stirn auf das Bild und fragte: «Warum ist dein Bild so düster? Ist das das Leben?» Der Künstler lächelte und sagte: «Wartet, Majestät.»

Er nahm eine kleine Lampe und richtete das Licht auf sein Gemälde. Plötzlich veränderte sich das Bild. Die Schatten rückten in den Hintergrund, und die Szenen, die vorher chaotisch erschienen, zeigten neue Details: Inmitten des Sturms stand ein Mann, der einen Baum pflanzte. Die Kämpfer hielten einander im nächsten Moment die Hand. Das weinende Kind wurde von einer Mutter getröstet.

«Seht Ihr, Majestät,» erklärte der Künstler, «das Leben ist beides – Chaos und Harmonie, Dunkelheit und Licht.

Doch wie wir es sehen, hängt davon ab, wie wir es beleuchten.»

Der König war beeindruckt und verkündete: «Beide Gemälde sind wahr. Das Leben ist so, wie wir es haben wollen – wenn wir wählen, wohin wir schauen und wie wir das Licht setzen.»

Moral der Geschichte:
Das Leben enthält sowohl das Schöne als auch das Herausfordernde. Doch wir haben die Macht, unsere Perspektive zu wählen und Licht in das zu bringen, was wir sehen möchten. Auf diese Weise formen wir unser Leben so, wie wir es haben wollen.

«Als ich aus der Zelle durch die Tür in Richtung Freiheit ging, wusste ich, dass ich meine Verbitterung und meinen Hass zurücklassen musste, oder ich würde mein Leben lang gefangen bleiben.»
Nelson Mandela

«Lebe dein Leben so, dass du am Ende sagen kannst: Ich habe gelebt und nicht nur existiert!»
Hafiz

Der Korb des alten Mannes

Dies ist die Geschichte eines alten Mannes und eines kleinen Jungen. Der alte Mann hiess Sartebus und der Junge Kim. Kim war ein Waisenkind und lebte ganz für sich allein. Er zog von Dorf zu Dorf, auf der Suche nach Essen und einem Dach über dem Kopf. Doch es gab noch etwas, nachdem er suchte. Kim suchte nach einer Einsicht.

«Warum», fragte er sich, «sind wir ein Leben lang auf der Suche nach etwas, das wir nicht finden können? Machen wir es uns selbst schwer oder soll es einfach so sein, dass wir uns so plagen?»

Auf seinem Weg traf er eines Tages einen alten Mann und der, so hoffte Kim, ihm vielleicht die eine Antwort geben konnte. Der alte Mann trug auf seinem Rücken einen grossen, zugedeckten, geflochtenen Korb, der sehr schwer zu sein schien. Eines Tages machten sie Rast an einem Bach.

Der alte Mann stellte erschöpft seinen Korb auf den Boden. Er schien so schwer zu sein, dass selbst ein viel jüngerer und stärkerer Mann ihn wahrscheinlich nicht sehr lange hätte tragen können.

«Weshalb ist denn dein Korb so schwer?», fragte Kim Sartebus. «Ich würde ihn gerne für dich tragen.» «Nein, den kannst du nicht für mich tragen», antwortete der alte Mann. «Den muss ich ganz allein tragen.»

Viele Tage und Wege gingen Kim und der alte Mann zusammen. Sosehr er sich auch bemühte, konnte er nicht herausfinden, was für ein schwerer Schatz sich wohl in dem Korb befand. Erst als Sartebus nicht mehr weitergehen konnte und sich ein letztes Mal zur Ruhe legte, erzählte er dem jungen Kim sein Geheimnis.

«In diesem Korb», sagte Sartebus, «sind all die Dinge, die ich von mir selbst glaubte und die nicht stimmten. Auf meinem Rücken habe ich die Last jedes Kieselsteines des Zweifels, jedes Sandkorns der Unsicherheit und jedes

Mühlsteins des Irrweges getragen, die ich im Laufe meines Lebens gesammelt habe. Ohne sie hätte ich die Träume verwirklichen können, die ich mir so oft ausgemalt habe.» von Shad Helmstetter

«Die Persönlichkeit lebt in einem Gefängnis von Überzeugungen. Das wahre Selbst ist grenzenlose Freiheit.»

„Blühe, wo du gepflanzt bist!"
Franz von Sales

«Halte dir jeden Tag 30 Minuten für deine Sorgen frei und in dieser Zeit mache ein Nickerchen.»
Abraham Lincoln

Innerhalten: Welche Lasten trägst du mit dir herum?

Wenn du magst, betrachte dein Leben und erforsche, welche sorgenvollen Gedanken, Zweifel, negativen Erinnerungen und Ängste du mit dir herumträgst, deren Gewicht dich belastet, schwächt und herunterzieht?

Lass dir Zeit bei dem Betrachten, was du in deinem Korb mitträgst. Schau, was du daraus weggeben, auflösen, verabschieden, verzeihen, dir selbst vergeben und vielleicht noch vieles anderes mehr tun kannst. Tu es jetzt gleich, denn du kennst bestimmt das Sprichwort: «Was du heute kannst besorgen, das verschiebe nicht auf morgen!»

Wenn du möchtest, kannst du deine Erkenntnisse hier unten aufschreiben:

_____

_____

_____

_____

_____

_____

_____

_____

_____

_____

_____

Erwachen und Erleuchtung

Erwachen und Erleuchtung sind Begriffe, die oft verwendet werden, um tiefgreifende spirituelle Erfahrungen zu beschreiben. Sie markieren einen Wandel im Bewusstsein – vom begrenzten, egozentrierten (auf eigenen Gewinn) Denken hin zur Erkenntnis der wahren Natur der Realität.

Was Erwachen und Erleuchtung wirklich bedeuten:

In ihrer Essenz sind Erwachen und Erleuchtung nichts «Übernatürliches». Sie sind das Erkennen unserer natürlichen, ursprünglichen Existenz. Es ist kein «Werden», sondern ein «Sein» – frei von Illusionen, in Einklang mit dem Leben selbst.

Das Leben, wie es ist, wird zur vollkommenen Offenbarung. Der Suchende erkennt, dass er schon immer das war, wonach er gesucht hat.

Erwachen oder Öffnung, Erleuchtung oder Selbst-Verwirklichung. Begriffe, die so oft missverstanden werden. Mir ist es wichtig, diese Begriffe, so wie ich sie verstehe oder besser gesagt erlebe, hier beschreiben zu können. Es geht mir darum, dass solche Menschen, die viele sogenannte Erwachte verfolgen, meine Meinung von den Begriffen wissen. Denn so kann ich dieses Buch schreiben, ohne missverstanden zu werden.

So benutze ich lieber das Wort Öffnung, weil das Erwachen so oft als endgültig gesehen wird, was es für mich bei weitem nicht ist.

Öffnung, darunter verstehe ich, ein plötzliches Geschehen, das kein menschliches EGO nachvollziehen kann. Ein Geschehen, das den Menschen vollkommen verändern wird. Ist er sich schon so bewusst, dass er dieses Erleben klar erkennen kann, ist es recht einfach, damit zu sein.

Andere, so wie es mir im 1993 geschehen ist, werden

sich nicht mehr finden. Bei mir war damals gänzliches Unbewusstsein, denn damals war meine ganze Aufmerksamkeit auf Job und Karriere ausgerichtet. Einige Leser kennen die Lebensgeschichte von mir bis zum Kundalini-Durchbruch, und die, die es interessiert, finden die erlebte Geschichte im schon veröffentlichten *Buch:*

«VOM TUN INS SEIN - erwachen in das unpersönliche Sein» Eine Autobiografie einer westlichen Yogini von Renate Nishkāma, Kunz / BoD Verlag: ISBN: 978-3-7597-6012-8

Erwachen oder Öffnung
Öffnung oder Erwachen ist der Moment, in dem ein Mensch beginnt, die Illusionen zu durchschauen, die ihn bisher gefangen hielten. Es ist, als ob ein Schleier gelüftet wird, der den Blick auf die wahre Natur des Lebens freigibt.

Merkmale des Erwachens:
-Erkenntnis, dass das Selbst (Ego) nicht die wahre Identität ist.
-Das Bewusstsein wird klarer, freier und weniger an persönliche Geschichten gebunden.
-Ein Gefühl der Einheit mit dem Leben und der Welt ist entstanden.
Der Prozess des Erwachens:
-Es kann plötzlich geschehen, wie ein Blitz, oder allmählich durch Praktiken wie Meditation, Achtsamkeit oder Selbstreflektion.
-Das Erwachen ist oft der erste Schritt – ein Öffnen der Tür, aber nicht das Ende des Weges.

Meiner Erfahrung nach geschieht eine Öffnung in das unpersönliche Gewahrsein, wenn der Mensch diese Erfahrung braucht oder er dafür reif ist. Dieses Erleben wird das Wesen, dem es widerfährt, gänzlich umstrukturieren, und das nicht nur im Geist, sondern meistens auch auf der Körperebene. Wahrlich, es ist die göttliche Gnade, denn dieses Erkennen seiner Selbst, kann nicht mit dem Verstand gemacht werden. Im Gegenteil wird der Verstandesmechanismus mehrheitlich beobachtet und nicht mehr bedient. Ob das nicht mehr bedienen sofort passiert oder Schritt für Schritt geschieht, ist individuell verschieden.

Das Erleben mit suchenden Menschen hat mir gezeigt, dass, wenn jemand eine Öffnung erfährt, dieser danach zeitweilige Glückseligkeitszustände erleben kann. Solche Zustände sind so prägend, dass, wenn dieser «Bliss» Zustand dann allmählich wieder vergeht, die unvergessliche Erinnerung daran zurückbleibt. Vielleicht werden dem Menschen solche Ereignisse auch geschenkt, damit der Suchende dranbleibt, denn er will da wieder hinkommen und die Suche geht somit erst richtig los.

In einzelnen Fällen kann das Erleben so intensiv sein, dass der Mensch, dem das widerfährt, sich so daran erschreckt, dass er jahrelang versucht, dieses Ereignis zu verdrängen. Oder ein anderer weiss gar nicht, wie ihm geschah, und er versucht das Leben zu bestreiten, so wie es immer war, und merkt vielleicht nicht einmal, dass ihm danach vieles leichter von der Hand geht.

Was ich selbst nach der ersten Öffnung erlebte, das wünsche ich keinem anderen erleben zu müssen. Da ich mich zuvor noch nie mit meinem Innenleben beschäftigt hatte - sprich, mich noch nie und auf gar keine Art und Weise kannte. Mein ganzes Leben war nach Aussen gesteuert, als folgendes geschah. Ich war bei der Arbeit als Verkaufsleiterin in einer mir zugeordneten Filiale, um die Verkaufszahlen zu eruieren. Als ich mit dem dortigen Geschäftsführer über seine Umsatzzahlen im Gespräch war, wurde mir plötzlich unwohl und ich entschuldigte mich bei ihm, mit der Aussage: «Ich müsse kurz austreten». Als ich wieder zu mir kam, lag ich auf dem Boden ausserhalb des Büros, wo ich zuvor hinausgetreten war. Ich muss wohl in Ohnmacht gefallen sein, oder war es ein *Samadhi*? Keine Ahnung, was ich aber weiss, ab diesem Moment des wieder da seins, war nichts mehr, wie es zuvor einmal war.

Bei mir wurde diese damals unbewusste Öffnung in das Unpersönliche eher als Schock empfunden, zumal ich mich danach nirgendwo mehr fand. Bei mir war es dann so, dass sich eine Schleuse geöffnet hatte, wo alle vorhandenen Ängste im Körper-Geist-System sich auf einmal Aufmerksamkeit verschaffen wollten. Was mich dann aus lauter Not auf die Suche gehen liess, nur wusste ich gar nicht, was ich suchte.

Wie auch immer, ich war mir dessen ja gar nicht bewusst, was vorgefallen war. Also schlich ich mich gezwungenermassen und das jahrelang durchs Leben. Und das, obwohl ich erst später erkannte, dass da trotz allem kein Leiden in mir mehr stattfand.

Das Leben führte mich danach, irgendwie doch immer zur richtigen Zeit, an die richtigen Orte und die passenden Menschen. So erfuhr ich mich langsam als dieser, quasi, andere Mensch. Oder vielleicht gewöhnte ich mich auch einfach daran, mich nicht mehr im alten zu erkennen, in diesem neuen Seinszustand. So vergingen viele Jahre, ja zwei Jahrzehnte der Unkenntnis dessen, was in mir im 1993 vorgefallen war.

Heute kann ich dazu nur noch sagen: «Gott sei Dank!» Ab dem ersten Moment wurde ich damals gezwungen, mich nach innen zu wenden. Ab diesem Ereignis fragte ich mich selbst immer wieder: «Wer bin ich?» und betrieb somit, damals zwar noch unbewusst, eine Art von Selbst-Erforschung. Mit den Jahren lernte ich das «neue Leben» losgelöst von einer Person kennen und lieben.

Heute freut es mich, dass ich Menschen begegnen darf, die auch solche Öffnungen erlebt haben oder in der Begegnung erleben. Es ist wundervoll, bei anderen Menschen mitverfolgen zu dürfen, wie eine Öffnung oder das Erwachen auch ganz sanft geschehen kann. Denn viele, die schon lange auf der Suche sind, erleben eine Öffnung mit schon sehr viel Bewusstsein. Diese können sich selbst reflektieren und so gut mit dem veränderten Zustand leben.

So wie es verschiedene Menschen gibt, ist auch die Öffnung oder das Erwachen verschieden. Jeder erlebt diese Erfahrung wieder anders. Was aber bei allen geschieht, ist eine Abspaltung vom Persönlichen, also der
Idee, eine individuelle, eigenständige Person zu sein.

Ob das nun leicht ist oder nicht, entfaltet sich in den verschiedenen Erfahrungen.

Es gibt auch Fälle, wo diese Abspaltung der Person – sprich eine Öffnung und das wegen Unwissenheit, in eine Diagnose von «Psychose» geführt hat. Oder Menschen taten alles dafür, dem unpersönlichen Geschehen Gegenleistung zu erbringen. Also einfach nur nichts mehr, was damit zu tun hat, anzustreben. Solche Menschen trainierten ihren Verstand mit ganz viel abmühen oder kontrollieren, dass sie einfach in den Geschichten, die ihnen der Verstand erzählte, versuchten weiterhin einen Halt als Person finden zu können.

Für mich zeigt sich heute eine Öffnung bei einem Menschen als ein Geschenk der Gnade. In mir ist auch das Bild von einem schwarzen Loch, wo es nach einer Öffnung in das Unpersönliche, die alten Muster, die Kontrolle, Prägungen, Konstrukte, Konditionierungen und alles, was anhaftet, dort hineinzieht. Manchmal schnell und manchmal ganz langsam, so wie es in der Person eben einfach wohl angelegt ist.

Eine Geschichte, aus dem Leben gegriffen, zum Thema Öffnung

Es war ein Herr, um die 40 Jahre alt, der den Weg zu Nishkāma, für Gespräche fand. Er kam oft und die Gespräche drehten sich immer wieder im Kreis. Der Mann kannte depressive Zustände, nannte sich selbst übersensibel und sagte auch immer wieder, «er sei nicht belastbar». Er war in den Gesprächen oft den Tränen nahe und das Elend, das er erlebte, war wirklich nicht lustig mit anzusehen. In den Gesprächen versuchte Nishkāma, ihn zu motivieren und so gut es ging, ihm aufzuzeigen, dass sein Leben bislang nicht gänzlich von der Wahrheit geprägt war. Denn er steckte in einer Beziehung fest, die schon lange nichts Gemeinschaftliches mehr hatte. Den Job, den er seit vielen Jahren machte, erfüllte ihn ganz und gar nicht, obwohl er dort ganz viel Zeit für sich hatte und er ohne Druck arbeiten konnte. «Er sei schon am Morgen müde, wenn er sich auf den Weg zur Arbeit mache und er durchlebe vielfach qualvolle Zeiten, nur bereits bei der Vorstellung, die acht Stunden im Job überstehen zu müssen». Das erzählte er oft.

So schleppte sich der Mann durchs Leben, kam immer wieder an Grenzen bis sogar manchmal der Idee, den Verstand zu verlieren. Der Mann griff auch gelegentlich zu irgendwelchen Substanzen, in Form von Drogen oder Medikamenten, in der Hoffnung, dass es ihm damit vielleicht etwas besser gehen würde. Was aber nicht der Fall war und so hörte er jedes Mal nach kurzer Zeit und auch wegen der Nebenwirkungen wieder auf, zu konsumieren.

Irgendwann kam er auch in die Gruppenbegegnungen (Satsangs) mit Nishkāma. Bald besuchte der Mann auch die angebotenen Retreats, die dann immer einige Tage am Stück, in einem Seminarhaus, weg vom Wohnort, wo man auch gleich zusammenwohnte, stattfanden.

Die Gespräche trugen eher weniger Früchte und irgend-

wie drehte sich bei ihm alles im Kreis. Wie wünschte Nishkāma ihm im Stillen eine Öffnung, die aber auf sich warten liess. Natürlich sah er die Baustellen in seinem Leben, ganz deutlich. Da er aber zu allem anderen auch noch grosse Existenzängste hatte, war er wie gelähmt. Er konnte dadurch gar nicht in eine Handlung kommen, um etwas von seinem Dilemma, in seinem Leben, verändern zu können.

Doch dann: Es war in einem Retreat auf dem Sternenberg, an dem der Herr teilnahm. Die Gruppe beschäftigte sich gerade mit Handauflegen, was gelegentlich in den Retreats als bewusste Wahrnehmungsübung auf dem Programm stand. Als der Mann sich dann auf die Liege legte, wo er sogleich von den anderen Teilnehmern inklusiv Nishkāma sanft in der Aura oder am Körper berührt wurde, geschah etwas Besonderes. Während in Stille gearbeitet wurde, fing der liegende Mann plötzlich immer tiefer und allmählich auch lauter an zu atmen. Da Nishkāma selbst solche Erfahrungen, in der Vergangenheit machen durfte, war sie sofort nahe bei seinem Kopf und atmete laut mit ihm mit. Natürlich auch in der stillen Hoffnung, dass er das, was da gerade passierte, auch zulassen konnte. Sein Körper fing an, sich in Wellenbewegung zu heben und zu senken. Diese Wellen gingen durch seinen ganzen Körper.

Die Teilnehmer nahmen, auf das Zeichen der Leiterin, ihre Hände von seinem Körper. Alle Teilnehmer standen um die Liege und beobachteten das aussergewöhnliche Geschehen. Dieses Ereignis dauerte etwa 15 Minuten, bis die Wellen dann langsam wieder zur Ruhe kamen und die Atmung des Liegenden sich wieder normalisierte. Der ganze Raum war sehr energiegeladen, was auch bei einigen anderen Teilnehmer «Glimpse» oder sanfte Glücksschauer auslöste.

Das Retreat verging und der Mann kam eine Weile nicht mehr zu den Begegnungen. Als er dann aber nach etwa vier Wochen wieder zu einem Einzelgespräch kam, wirkte er irgendwie verändert. Er erzählte beim Treffen, dass er nach dem Ereignis im Retreat mehrere Tage in einem Glückseligkeitszustand weilen durfte. Er sei in einem Erleben von tiefem Frieden gewesen, wo ihn nichts belastete und er ganz frei und ohne Leiden zur Arbeit gehen konnte. Auch sonst sei sein Leben im Flow der Übereinstimmung mit dem, was war, gewesen. «Ja, alles in allem sei es, eine fast unglaubliche Erfahrung gewesen. Es war einfach niemand da, der am Leben etwas auszusetzen gehabt hätte», so berichtete er. Etwas enttäuscht sagte der Mann darauffolgend: «Es sei dann aber leider, eines Morgens, wieder der Alltag eingekehrt und damit hätten ihn auch die altbekannten Muster des Leidens wieder eingeholt». Er trauerte der Erfahrung zwar noch nach. Nishkāma aber bemerkte; irgendwie war der Mann einfach viel klarer und obwohl sich in ihm Leiden noch Ausdruck verschaffte, war dieses Leid durchdrungen von Bewusstsein und viel mehr Klarheit. Sie wusste, da geschah nun endlich diese für den Mann so wichtige Öffnung. Welch Gnade, einfach wundervoll.

Sie sprachen in den Begegnungen weiterhin über seine Unpässlichkeiten im Leben und suchten gemeinsam nach Möglichkeiten der Veränderungen, damit seine Befreiung sich entfalten konnte (was ja zwar niemand wirklich wissen kann). Wie auch immer, es entfaltete sich bei diesem Mann so, dass er seine Arbeitszeit, in der er oft einfach dort sein musste und das, alleine in einem Archiv, nutzen konnte. Der Veränderte fing plötzlich an, die Zeit für Körperübungen zu nutzen. Was früher, wenn über Disziplin gesprochen wurde, er stets abblockte: «Das sei viel zu anstrengend und er könne dafür nicht auch noch Energie aufbringen.»

Es entfaltete sich bei ihm auch, dass er immer wieder in einem Zustand des Wohlgefühls verweilen konnte.

Die Dramen waren zwar noch da, aber diese wurden deutlich durchlässiger und immer noch bewusster. Weiter geschah es, dass er sich aus der Festgefahrenen und ausgelaufenen Beziehung lösen konnte. Er fand und nahm sich eine eigene Wohnung, was vor der Öffnung niemals infrage gekommen wäre.

Immer war da die Aussage von ihm: Das ginge nicht, wegen der Katzen oder wegen der Finanzen. Das Leben schenkte ihm viele Neue, zwar nicht immer die leichtesten Lebensumstände, er aber hatte nun irgendwie trotz allem den Durchblick und durch diese Öffnung, die ihm im Retreat geschenkt wurde, konnte er ab da alles mit Abstand betrachten. Der Mann lernte, mit mehr Zuversicht und mit weniger, bis zu immer öfter, keinem Leiden mehr zu leben.

Das Leben entfaltete sich ihm immer noch tiefgreifender, und er bekam klar den Einblick und die Losgelöstheit in das unpersönliche Sein.

Fazit: Eine Öffnung lässt oft nicht gleich alles auf einmal wegfallen, aber es geht danach einfacher, und das, weil es einen Abstand zu der eigenen Person gegeben hat.

Es geschieht immer so, wie es der bereite Mensch ertragen kann. Oft würde es das Lebewesen nicht aushalten, wenngleich alles, was zuvor die Person ausmachte, auf einmal wegfallen würde und das, weil sich das Leben zu drastisch verändern könnte.

«Spirituelles Erwachen ist das Aufwachen
aus dem Traum des Denkens.»
Eckhard Tolle

Erleuchtung oder Selbst-Verwirklichung (Jnani)

Erleuchtung ist die vollständige Verwirklichung der Wahrheit, die beim Erwachen erkannt wurde. Es ist der Zustand völliger Freiheit von Illusionen, Anhaftungen und Leiden.

Merkmale der Erleuchtung:
- Ein tiefes, dauerhaftes Wissen der Einheit mit allem, was ist.
- Vollkommene innere Stille und Frieden, unabhängig von äusseren Umständen.
- Keine Identifikation mit dem Ego, sondern das Leben geschieht frei und spontan.

Der Zustand der Erleuchtung:
- Erleuchtung wird oft als «das Ende des Suchens» beschrieben. Es gibt nichts mehr zu erreichen oder zu verstehen – es ist einfach reines Sein.
- Erleuchtung ist nicht etwas «zu erlangendes», sondern das Erkennen dessen, was schon immer da war: das absolute, zeitlose und reine Bewusstsein.

Der Unterschied zwischen Erwachen und Erleuchtung:
Erwachen: ein Aufwachen aus der Illusion (Maya), eine erste Berührung mit der tieferen Realität.
Neigungen, Gewohnheiten und Tendenzen (Vasanas) haben sich bislang nicht alle aufgelöst.
Erwachen oder Öffnungen können aufgrund der starken Verstandes-Konstrukte auch nur vorübergehend sein.

Erleuchtung: Verschmelzen mit dem absoluten Bewusstsein. Die völlige Befreiung, Selbst-Realisation oder Gottes-Verwirklichung.
Kein Kommen und Gehen, sondern ein Zustand des dauerhaften Einsseins.
Wie erreicht man Erwachen und Erleuchtung?

Es gibt keinen festen Weg, da jeder Mensch einzigartig ist. Doch viele spirituelle Traditionen bieten Werkzeuge an:
- Meditation und Achtsamkeit: das Beobachten des Geistes und das Loslassen von Gedankenmustern.
- Selbsterforschung: Die Frage „Wer bin ich?" führt direkt zur Natur des Bewusstseins.
- Loslassen: Aufgeben von Anhaftungen, Wünschen und Widerständen gegenüber dem Leben.
- Präsenz im Moment: Tiefes Eintauchen in das JETZT, das einzige Tor zur Wahrheit.

«Wenn du das Selbst in Büchern finden könntest,
hättest du es längst erkannt.»
Ramana Maharshi

«Jedes Leben hat sein Maß an Leid. Manchmal
bewirkt eben dieses unser Erwachen.»
Buddha

«Bewusstheit ist die vollständige und bedingungslose
Hingabe an das, was ist, ohne Realisierung, ohne die
Trennung von Beobachter und Beobachtetem.»
Jiddu Krishnamurti

Meine Erfahrung:

Das Leben schenkte mir nach der ersten unbewussten Öffnung im 1993, dann viele Jahre später, eine weitere erkennende Loslösungserfahrung. Diese geschah am 18.8.2011 und es war ein sehr tiefgreifendes Erlebnis. Die Öffnung wurde bewusst erlebt und dabei dann ganz klar erkannt, dass da wahrlich keine Person ist, die etwas als ihr Eigen nennen könnte. Nach dieser Erfahrung kam eine Zeit, die viele Meister als «die Nacht der dunklen Seele» erkannt und benannt haben.

Meine Erfahrung möchte ich hier als Möglichkeit niederschreiben. Nach diesem Ereignis gab der Verstand Vollgas oder alles, was er noch konnte, um mich von der Erfahrung weg zu lenken. Zum Glück war aber schon zu viel Bewusstsein da, die einen sagen: «Der Kopf war bereits im Rachen des Tigers» und dadurch gab es kein Entfliehen mehr. Ob und wann der Tiger zubeissen würde, wusste niemand. Es folgte eine Zeit von schnellem, unkontrollierbarem und unglaublich intensivem Denken. Das ging dann einige Wochen so, bis sich dieses sinnlose, viele Denken langsam beruhigte. In dieser Zeit kam es mir vor, als würden ganz viele Worte oder Sätze auf einmal über mich oder in meinem Kopf ausgeschüttet werden. So viel Denken, das da geschah, erlebte ich zuvor noch nie. Ich konnte nur immer wieder meinen Fokus auf die Herzgegend geben und den Rest geschehen lassen. Zugleich bemerkte ich aber, dass im ganzen Körpersystem eine nochmals vertieftere Ruhe als zuvor eingekehrt war. Diese Stille beruhigte mit der Zeit wohl auch den Verstand, mit seinen vielen Gedanken.

Darauf folgte ein klares und ganz bewusstes Ausmerzen der alten Gewohnheiten und Neigungen, genannt auch Vasanas. Was dann nochmals einige Jahre brauchte, bis es, mit dem vollständigen Durchbruch der

Kundalini Energie über das Scheitel-Chakra hinaus, im 2019 dann aufhörte.

Wenn durch das Erkennen, die Vasanas nicht mehr vom Menschen bedient werden, fällt das EGO oder das kleine ich gänzlich in sich zusammen und löst sich auf. Der Ausdruck bleibt jedoch bestehen, da jeder Mensch einen Ausdruck hat, so bleibt dieser auch bei einem im Leben-Befreiten vorhanden. Da es aber keinen persönlichen Aspekt mehr gibt, wird das Leben gelebt, das sich von Moment zu Moment durch diese Wesen ausdrücken kann, ohne dass da jemand wäre, der etwas für sich beanspruchen könnte.

Der Erleuchtete oder Selbstverwirklichte Mensch lebt in dieser Welt, ist aber nicht mehr von dieser Welt, wie Jesus damals schon sagte.

Obwohl es für viele Menschen nicht ersichtlich ist, ist der Befreite nur noch ein leeres Gefäss, das vom Göttlichen durchdrungen und benutzt wird, um andere Menschen daran teilhaben zu lassen und den Ansporn zu geben, die eigene Verwirklichung anzustreben.

Ob jemand verwirklicht ist oder nicht, ist sehr schwer festzustellen. Obwohl ein Energiefeld von Frieden und transformierender Ruhe den Weisen umgibt, wird auch das nur von wenigen wahrgenommen.

Gnade sei dem, der sich immer tiefer erkennen kann.

«Und so, wenn der Apfel dann reif ist, fällt er vom Baum.» (der Erkenntnis).

Anmerkung: Durch seine äusseren Handlungen alleine ist es sehr schwierig, einen Selbst-Verwirklichten - Jnani zu bestimmen. Verwirklichung - Jnana ist ein rein geistiger Zustand. Nur ein Selbst-Verwirklichter kann eine andere selbst realisierte Person erkennen und verstehen.

«Es gibt nichts Neues zu erreichen. Alles, was nötig ist, ist, das Selbst von Unwissenheit zu befreien, dieses Unwissen ist die Identifikation des Selbst mit dem Nicht-Selbst.» Ramana Maharshi

«Da alle Bedingungen zur Erleuchtung in uns existieren, sollten wir die Buddhaschaft nicht anderswo suchen.» Dalai Lama

«Erleuchtung ist das Verstehen, dass ihr nirgendwohin gehen müsst, nichts tun müsst und niemand sein müsst, ausser genau der Mensch, der ihr jetzt seid.» Neale Donald Walsch

«Die Leute möchten das Selbst als helles Licht sehen. Doch das Selbst ist weder Licht noch Finsternis. Es ist, was es ist. Es kann nicht definiert werden.» *Ramana Maharshi*

Geschichte: Wenn ich stehe, dann stehe ich.

Ein ganz auf das innere Leben ausgerichteter Mönch wurde gefragt, warum er trotz seiner vielen Aufgaben immer so gesammelt sein könne: «Wie gestaltest du denn dein Leben, dass du so bist, wie du bist; so gelassen und so in dir ruhend?»

Der Mönch sprach: «Wenn ich stehe, dann stehe ich; wenn ich gehe, dann gehe ich; wenn ich sitze, dann sitze ich; wenn ich schlafe, dann schlafe ich; wenn ich esse, dann esse ich; wenn ich trinke, dann trinke ich; wenn ich schweige, dann schweige ich; wenn ich schaue, dann schaue ich; wenn ich lese, dann lese ich; wenn ich arbeite, dann arbeite ich; wenn ich bete, dann bete ich...»

Da fielen ihm die Fragesteller ins Wort: «Das tun wir doch auch.» Aber was machst du noch; was ist das Geheimnis?»

Der Mönch gab exakt dieselbe Antwort wie schon zuvor: «Wenn ich stehe, dann stehe ich; wenn ich gehe, dann gehe ich; wenn ich sitze, dann sitze ich; (...)»

Da sagten die Neugierigen: «Das wissen wir jetzt. Das tun wir alles auch!»

Der Mönch aber sprach zu ihnen: «Nein, eben das tut ihr nicht: Wenn ihr steht, dann lauft ihr schon; wenn ihr geht, seid ihr schon angekommen; wenn ihr sitzt, dann strebt ihr schon weiter; wenn ihr schlaft, dann seid ihr schon beim Erwachen; wenn ihr esst, dann seid ihr schon fertig; wenn ihr trinkt, dann kostet ihr nicht genug; wenn ihr sprecht, dann antwortet ihr schon auf Einwände; wenn ihr schweigt, dann seid ihr nicht gesammelt genug; wenn ihr schaut, dann vergleicht ihr alles mit allem; wenn ihr hört, überlegt ihr euch schon wieder Fragen; wenn ihr lest, wollt ihr andauernd wissen; wenn ihr arbeitet, dann sorgt ihr euch ängstlich; wenn ihr betet, dann seid ihr von Gott weit weg...» - Eine überlieferte Geschichte mit unbekannter Quelle

Innehalten: Wie oft bist du Präsent?

Wenn du magst, warte mit dem Weiterlesen der Zeilen und erforsche gleich in der Tiefe deines Wesens: «Wie oft bist du präsent bei dem, was du tust?»

Wie wäre es als Erfahrung, die nächsten Tage einmal ganz bewusst zu essen und dabei jeden Bissen, in deinem Mund, vor dem Hinunterschlucken mindestens 25-mal zu kauen?

Oder, wenn du unter der Dusche stehst, deinen Körper ganz bewusst, langsam und liebevoll einzuseifen, bevor du ihn dann wieder mit Wasser von der Seife befreist?

Wenn du magst, kannst du deine Erkenntnisse hier unten aufschreiben:

_____

_____

_____

_____

_____

_____

_____

_____

«Das JETZT ist die einzige Pforte zum SELBST.»

Hier gleich noch eine Geschichte vom Weisen Milarepa
Erleuchtung und ein Sack auf dem Rücken
Jahrelang hatte Milarepa, unermüdlich nach Erleuchtung
gesucht, er durchstreifte Tempel, las heilige Schriften und
praktizierte Stunde um Stunde Meditation. Doch eine Antwort, die Erleuchtung, blieb ihm verborgen. Eines Tages,
während er einem Bergpfad folgte, erspähte Milarepa einen alten Mann, der ihm, mit mühsamen Schritten und einem schweren Sack auf den Schultern, entgegenkam.

In seinem langsamen, bedachten Gang erkannte der
nach Erleuchtung Strebende eine tiefe Weisheit, die er so
verzweifelt anstrebte. Als er näherkam, erkannte Milarepa
sofort die erleuchtete Weisheit in seinem Gesicht und seinem Wesen. Er konnte nicht widerstehen. «Alter Mann»,
rief er, «bitte teile mit mir das Geheimnis, das du trägst.
Was ist Erleuchtung?»

Der Alte hielt inne, sein Blick traf den seinen, erfüllt von
einem warmen Lächeln, das die Jahre der Suche zu trans-
zendieren schien. Mit einer sanften Bewegung liess er den
Sack von seiner Schulter gleiten. Als er so ohne Last da-
stand, ganz aufgerichtet und frei, fühlte Milarepa eine
Welle der Erkenntnis durch sich hindurchfluten.
«Ja, ich sehe! – Ich danke dir zutiefst», rief er, von einer
tiefen Einsicht durchdrungen. Doch eine Frage brannte
noch in ihm, so fragte er weiter: «Sag mir, was kommt
nach der Erleuchtung?»

Ohne ein Wort zu verlieren, lächelte der Mann erneut,
bückte sich behutsam, hob den Sack wieder auf und setzte
seinen Weg fort. Diesmal jedoch mit einem Lächeln, welches eine unbeschreibliche Gelassenheit ausstrahlte.

In diesem Moment verstand Milarepa: Erleuchtung ändert nicht unbedingt die Umstände deines Lebens. Jedoch
verwandelt sie deine Sicht auf sie und wie du sie trägst.

Der alte Mann hatte ihm gezeigt, dass wahre Erleuchtung darin liegt, jede Last mit einem Lächeln zu tragen,

und dass das Leben, auch nach tiefen Einsichten, weiter-
geht – lediglich unsere Perspektive und unsere innere Haltung darauf ist eine neue.

Dieser kurze Austausch lehrte Milarepa mehr als viele
Jahre der Suche und des Sitzens. Erleuchtung ist nicht
das Ende des Weges, sondern ein neuer Beginn, ein fortwährend der Tanz mit dem Leben, getanzt mit Leichtigkeit
und einem Lächeln.

Milarepa (geb. zwischen 950 und 1052, gest. um 1132)
war ein sehr bedeutender tibetischer, tantrischer Yoga-
meister und Dichter.

«Gib alles auf, was deinen Frieden stört.»

Braucht es einen Guru?

Vorweg, was ist ein Guru überhaupt? Nach indischer Tradition ist ein Guru der persönliche Lehrer eines Menschen, der sich auf den spirituellen Weg begeben hat. In Indien ist er damit wichtiger als die leiblichen Eltern, denn dort gilt der Guru als Stellvertreter des Wissens und damit des Göttlichen.

Guru heisst; Gu=Dunkelheit, Ru=Licht, somit hilft ein Guru dem Menschen, aus dem Nichtwissen ins Wissen zu gelangen.

Für mich ist ein Guru ein Erleuchteter mit einer hohen, wahrhaftigen, freien und transformierenden Schwingung.

Die Begegnung mit einem Guru wirkt immer transformierend. Ob eine Begegnung im Stillen oder mit gesprochenen Worten stattfindet, kann je nach Guru individuell verschieden sein und auf den Suchenden, je nach seinem eigenen Bewusstseinszustand, einwirken.

Meine persönliche Erfahrung in den Begegnungen mit Gurus war verschieden. Bei dem Einen wurde es einfach still in meinem Kopf und es geschah lange Zeit kein Denken mehr. Bei anderen wurde meine Herzkraft verstärkt und das Herz-Chakra weit geöffnet. Wieder bei anderen gingen Tore auf und ich wurde gezwungen, mich mit meinen allertiefsten verborgenen, damals waren es Existenzängste, auseinandersetzen zu müssen. Was nach einer Begegnung dann mehrere Tage andauerte

«VOM TUN INS SEIN - erwachen in das unpersönliche Sein»
Eine Autobiografie einer westlichen Yogini von
Renate Nishkāma, Kunz / BoD Verlag: ISBN: 978-3-7597-6012-8

Zurück zur Frage: Braucht es nun einen Guru?
Anmerkung: Das Wort Guru hat im Westen immer noch eine negative Prägung und kann deshalb genauso gut durch die Namen; Meister oder Lehrer ersetzt werden.

Bei der Frage um die Wichtigkeit eines verwirklichten Meisters, ob es den braucht oder nicht, gehen die Meinungen sehr auseinander. Das kommt daher, weil jeder erleuchtete Meister seine eigene Befreiung anders erlebt hat. Der eine hatte einen Guru, ein anderer nicht. Der eine hatte die Natur als seinen Guru, wie zum Beispiel; der grosse Weise aus Südindien, genannt Ramana Maharshi, der hatte den Berg Arunachala als seinen Guru beschrieben. Andere hatten Bäume, wieder andere hatten in sich schon das tiefe Vertrauen und die Befreiung kam bei solchen aus der eigenen Stille hervor. Wieder andere wurden von vielem gesegnet, um ihre Befreiung zu erlangen.
Die Verwirklichung einer Seele kann ausschliesslich, die göttliche Gnade veranlassen. Entweder es geschieht oder es geschieht nicht.

Meine persönlichen Erfahrungen waren: Schon als kleines Kind hatte ich Zugang zu Bäumen und Tieren, mit denen ich sprach und die mir in mir Antworten auf meine Fragen gaben. Lange Zeit hatte ich einen Freund, er war ein alter Nussbaum. Dieser lebte am Waldrand, in der Gegend, wo ich wohnte. Stundenlang war ich bei dem Baum und meistens kam ich nach der Begegnung mit ihm klarer und weiser nach Hause zurück. Natürlich würde ich heute sagen, es waren Selbstgespräche. Diese Gespräche haben mich aber geführt und gelenkt, und mich immer mehr in das tiefe Vertrauen des nicht Wissens geschubst. Später begegnete ich zwar einigen weisen Menschen, aber ich sah nie einen als «meinen» Guru an. Einzig der schon im 1950 verstorbene Meister Ramana Maharshi, mit ihm hatte ich eine vertiefende Verbindung.

Denn heute weiss ich; in mir war es einfach angelegt, gewisse Stationen und Erfahrungen bei Meistern und Meisterinnen machen zu dürfen, um dann wieder weiterzuziehen. Man könnte sagen: Ich hatte also dementsprechend keinen Guru oder alles, was mir begegnete, war ein Guru für mich.

Ja, wirklich, wenn ich zurückdenke, wird mir klar; ich fand in allem, was mir begegnete, einen Meister. Das konnte ein Kind oder ein Tier sein. Ein Mensch auf einer Parkbank, der sich zu mir setzte und mich in ein erkennendes, transformierendes und befreiendes Gespräch verwickelte. Auch Bilder halfen mir bei der Transformation in das unpersönliche Sein. Bilder waren es, die mich unterstützten. Unter anderem das Bild von Jesus, Ramana Maharshi, Anandamai Ma, Franz von Assisi oder anderen für mich Heiligen, mit denen ich diese «Selbstgespräche» führen konnte.

Auf jeden Fall: Wenn der Mensch reif ist, findet ihn der Meister oder er findet zum Meister. In welcher Form sich diese Meister zeigen, ist ganz individuell verschieden. Die einen haben nur einen Meister, der sie ein Leben lang oder so lange, bis sie ihre eigene Verwirklichung erlangt haben, begleitet.

*«Wenn das Selbst erkannt wird, wird Gott erkannt.
Tatsächlich ist Gott nichts anderes als das Selbst.»
Ramana Maharshi*

Text

asato mā sad gamaya

tamaso mā jyotir gamaya

mṛtyor māmṛtaṅ gamaya

Übersetzung

Führe mich vom Unwirklichen zum Wirklichen,

von der Dunkelheit zum Licht,

von der Sterblichkeit zur Unsterblichkeit.

Mantra für Befreiung, in Sanskrit

Innehalten: Wer ist mein Guru?

Wenn du magst, warte auf das Weiterlesen der Zeilen und erforsche gleich in der Tiefe deines Wesens mit Fragen wie: «Wer ist mein Guru?» «Wo fühle ich mich wohl und wo oder bei wem bemerke ich in mir transformierende, aufbauende und freudige Energie?»

Das können Menschen sowie auch Orte sein.

Wenn du möchtest, kannst du deine Erkenntnisse hier unten aufschreiben:

_____

_____

_____

_____

_____

_____

_____

_____

_____

_____

_____

_____

«Das Leben ist der grösste Lehrmeister.
Höre aufmerksam auf seine Lehren.»

Eine Geschichte zum Thema Guru:

Es war einmal ein Meister, die Menschen nannten ihn einfach Babu, er war ein authentischer und wahrhaftiger Lehrer. Babu oder auch Babuji, wie ihn einige nannten, lebte bescheiden und war sehr achtsam. Er begegnete den Menschen in Wahrheit und Wahrhaftigkeit. Dieser Mann hatte viele Jahre gebraucht, bis er sich vollständig erkannt hatte, und das Durchgehen der Kundalini Energie über das Scheitel-Chakra (Sahasranamam), ihm noch die letzten Neigungen (Vasanas), aufgelöst hatte. Babu durchlebte viele Stationen in seinem Leben, in denen er nicht wusste, wie ihm geschah. Er durchlebte viele Begebenheiten von Meditationszuständen wie Samadhi aller Art und Ekstasen. Er selbst hatte nie einen Meister, denn Babu konnte schon als junger Mann seiner inneren Stimme folgen und vertrauen. Auch vertraute er einer höheren Macht, in allen aussergewöhnlichen Situationen, die er durchmachen durfte und oft auch musste.

Das Leben hatte ihm vieles gelernt, vor allem aber hat er erkannt, dass es nichts Persönliches gibt und alles ein Geschehen ist, weil es eben geschieht. Er war sich ganz sicher, dass keiner anders konnte, als es durch die Form (das Körper-Geist-System) geschah. Babu hatte schon lange, bevor die Verwirklichung eintrat, aufgehört, die Dinge zu hinterfragen. Ihm war bewusst, dass es auf die meisten Fragen gar keine Antwort gab und auch keiner bedurfte. Das Leben, so erfuhr er es, erlebte sich von Moment zu Moment und das, ohne dass sich da jemand (der Verstand) einzumischen brauchte.

Im Gegenteil, dieser geprägte immerwährend plappernde Verstand (*Mind), mit seiner Eigendynamik, den hatte er ja früher selbst oft erlebt und wusste somit aus eigener Erfahrung, dass er ein grosser Unruhestifter sein konnte.

*Anmerkung: hier ist das Fantasiedenken gemeint, was der Verstand benutzt, um den Menschen die Idee von einer eigenständigen Person zu geben. Der Mind dadurch im System Unruhe stiftet, von Leid und Freud. Das heisst also, nur aus der Vergangenheit in die Zukunft agiert und dadurch der Mensch sich nicht, in der Identifikationslosigkeit erkennen kann. Und wenn dieser Verstand, schon in Kinderjahren kontrollieren musste, braucht es im Hinblick auf Befreiung, zuerst einmal Geistesschulung, damit das Denken an Kraft verlieren kann.

Wie auch immer, Babuji wurde nichts geschenkt. Er ging den langen Weg, bis hin in das immerwährende JETZT bis zum Schluss, mehr oder minder alleine. Nach dem Erlangen der Meisterschaft konnte es gar nicht mehr anders geschehen, als dass ihm Menschen begegneten, die nach der Wahrheit oder der Befreiung suchten. Sie wollten das, was er erfuhr, auch haben, obwohl sie ja keine Ahnung davon hatten, was es eigentlich hiess, befreit zu sein. Sie sahen ja nur diesen, bescheidenen, zufriedenen, stillen und immer zu einer Antwort bereiten Menschen. Der mit seiner freudigen Art, mit jedem Lebewesen, einen würdevollen Umgang pflegte und alle Menschen und Tiere liebevoll und zuvorkommend behandelte.

Der Guru wusste aber sehr wohl, dass von diesen Besuchern nur ganz wenige, die Ernsthaftigkeit und das nach der Befreiung strebende, in sich trugen und auch den Mut hatten, sich selbst (das EGO) in jeder Hinsicht aufzugeben. Das hiess; das EGO oder das «kleine ich» nicht mehr zu bedienen, bis es vollständig starb. Er hatte ja aus eigener Erfahrung erlebt, wie es war, als er sich nirgendwo mehr fand und es ihn damals immer mehr vom alltäglichen Leben zurückzog. Wie es ihn auch mehr und mehr von den weltlichen Menschen entfernte oder es ihm die Worte nahm, wenn es um weltliche oder dualistische Angelegenheiten ging. Und es nahm ihm die altgewohnten Handlungen weg, und er alt Bekanntes nicht mehr leben konnte. Das Leben lernte ihn, sich mit dem Körper zu arrangieren. Babu gab dem Körper gesundes zu essen und genügend Schlaf. Ihm war klar, dass ihm der Körper als Gefährt diente, um die identifikationslose Erfahrung bis zum körperlichen Ende (dem Tod) erleben zu können. Die Sinne wie sehen, hören, tasten, schmecken und riechen hatten keine Anhaftung mehr an das gesehene, gehörte, gefühlte, gegessene oder gerochene. Es gab auch schon lange keine Geschichten mehr in ihm. Diese empfindsamen Instrumente wie die Augen, die Ohren usw. halfen, das Leben von Moment zu Moment zu erleben. Babu war hundert Prozent stets präsent, und der Verstand machte seit Langem keine fantasievollen Geschichten aus vergangenen Tagen mehr. Zum Beispiel: Machte der Geruch von Parfum, wie es seine Mutter vor Jahren benutzt hatte, in seinem Verstand keine Verknüpfungen mehr und liess Babuji nicht mehr in alte Ereignisse treiben. Oder ein altes Musikstück, das im Radio erklang, löste keine abschweifenden Erinnerungsgedanken mehr in ihm aus.

Der Meister erlebte das Leben immer gerade in Übereinstimmung mit dem, was auftauchte. Es war einfach nichts mehr da, was ihn in Unstimmigkeit oder Unruhe bringen konnte. Was aber nicht hiess, dass Babu sich alles gefallen liess. Er konnte sich, wenn es nötig war, ganz gut abgrenzen. Er nahm allgegenwärtig und präsent am Leben teil, das sich ihm im ewigen Jetzt anbot. Babuji hatte den Zugang zum Göttlichen und wusste: «der Vater und er waren eins».

Der Weise sprach in den Begegnungen je nach seinem Gegenüber, vom Göttlichen oder wenn jemand da keinen

Zugang hatte, von der Non-Dualität oder dem einen, absoluten Gewahrsein. Babu selbst hatte beides durchlebt, darum konnte er die Menschen immer da abholen, wo sie gerade standen.

Dem Weisen waren alle Menschen willkommen, denn er wusste, dass er immerzu als Werkzeug der Schöpfung den Suchenden zur Verfügung gestellt wurde. Ihn freute jede Begegnung, und er wurde nie müde, mit den Menschen, die ihn aufsuchten, über die Wahrheit zu sprechen oder mit ihnen in der Stille zu verweilen.

«Ich sage meinen Schülern, ich bin nicht ihr Guru. Es gibt nur einen Guru für alle: Gott. Spirituelle Meister sind bloss Instrumente, ältere Brüder in der Familie.»
Sri Chinmoy

«Ein Guru ist jemand, der deine psychologische Realität zerstört, damit du zur existenziellen Realität herunterkommen kannst.»
Sadhguru Jaggi Vasudev

Gibt es einen Gott?

Ob es einen Gott gibt oder nicht, diese Frage kann nicht so beantwortet werden. Ist Gott das Selbst oder einfach eine Stütze? Ein Halt, der auf dem Weg bis hin zur Verwirklichung des Selbst genutzt werden kann? Ein Halt, der in diesem ungekannten Terrain hilfreich zu sein vermag und das, um sich sicher oder geborgen zu fühlen? Etwas, das dem Suchenden Vertrauen gibt, auf dem weglosen Weg weiter und immer weiterzugehen?

Als Gott oder Gottheit (Elohim, Allah) wird meist ein übernatürliches Geistwesen bezeichnet, das über eine grosse und nicht buchstäblich oder naturwissenschaftlich beschreibbare transzendente Macht verfügt.

Das Wort Gott, kann auch als Selbst, Existenz, All-Eine, Universum, Leben, Licht, Quelle, oder was immer dem Menschen in den Sinn kommt, ausgetauscht werden.

Die einen brauchen einen Gott und andere verwerfen Gott. So gibt es alles, und jeder Mensch muss für sich schauen, was in ihm ist. Es gibt auch Zeiten im Leben, wo ein Gott als Stütze sehr hilfreich sein kann, und der Mensch, durch eine höhere Instanz, vertrauen Schöpfen kann.

«Wenn Gott in allem wohnt, was im Universum existiert, wenn der Gelehrte wie der Strassenkehrer von Gott sind, dann gibt es keinen, der hoch ist und keiner der niedrig ist, alle sind ohne Einschränkung gleich, sie sind gleich, weil sie Geschöpfe jenes Schöpfers sind.»
Mahatma Gandhi

Hier eine wahre Geschichte dazu:
Der muslimische Mann, der Allah verwarf.
Gelegentlich kam ein junger Student zu Nishkāma in eine Einzelbegegnung, um mit ihr über Befreiung zu sprechen. Der Mann, sein Name, war Ali, wurde schon als Kind, nach dem Koran, also sehr gläubig aufgezogen. Ali hatte von klein auf Allah und das Gebet als seinen Zugang zum Göttlichen genutzt. Er konnte seine Sorgen und Ängste stets mit Allah teilen.

Eines schönen Tages kam der junge Mann wieder einmal zu einer Begegnung nach Winterthur. Ali litt seit einiger Zeit, so wie er erzählte, und immer mehr an depressiven Zuständen. Im Gespräch stellte sich heraus, dass er seit Längerem an Advaita Vedānta und an der Non-Dualität interessiert war. So erzählte Ali; er habe viele Bücher von weisen oder befreiten Leuten gelesen, unter anderem die Bücher von Nisargatatta Maharaj.

Das freute Nishkāma zu hören, da sie diesen Meister sehr wertschätzte. Da sie sich früher auch einige Zeit mit dem Weisen aus Indien befasste und Schriften von ihm gelesen hatte. Aber was nun das Problem seiner depressiven Verstimmung sei? Wollte die Frau wissen? Ali sagte: Er kommt einfach nicht mehr klar. Seit er diese Bücher gelesen hätte, wusste er, dass es keinen Allah gab und er habe somit den Glauben an das Göttliche verworfen. Ja, seine ganze erzogene Tradition, nichtig gemacht und sich selbst verboten, an Allah zu glauben. Gebete gingen auch nicht mehr, da es ja keinen Allah gab.

Der junge Mann hatte keine Menschen, mit denen er sich hätte austauschen können. Die Leute im Alter von Ali, die er kannte, waren an ganz anderen Dingen interessiert. Auf jeden Fall waren diese nicht mit Fragen über Befreiung und Selbst-Realisation unterwegs, mit denen Ali sich schon länger auseinandersetzte. Im Gespräch war Nishkāma schnell klar, dass dieser Jüngling seine Stütze

(Allah) vom Kopf her verworfen hatte und es ihm dadurch immer schlechter ging. Er schwamm deswegen, im unendlichen Sein, hilflos und haltlos herum. Das war wohl der Grund seines Elends. Im Gespräch sagte Nishkāma zu dem Mann: «Wenn du magst, könntest du ja mal hineinfühlen, wie es wäre, das Göttliche wieder einkehren zu lassen.» Null Komma, plötzlich wurde es ganz still im Raum, und der junge Mann spürte wohl gerade nach, wie es ihm mit dieser Vorstellung ginge. Die Frau gegenüber beobachtete still und aufmerksam, was vor sich ging. Sie bemerkte, dass sich im System von Ali etwas in seinem Ausdruck veränderte. Die Gesichtszüge des Mannes wurden weicher und ein sanftes Lächeln zeigte sich um seinen Mund. Ali hob langsam den Kopf, sah seinem Gegenüber in die Augen und fing an zu lachen. Er lachte und lachte, auch Nishkāma a stimmte in sein Lachen mit ein. Es ging eine Weile, bis das gemeinsame Lachen wieder still wurde und der Mann mit freudigen und geklärten Augen sprach: «Ich habe meinen einzigen Halt, über Bord geworfen. Und das, weil ich den Büchern geglaubt habe und nicht mir selbst. Was bin ich doch für ein?" «Stopp» ertönte es sofort aus Nishkāmas Mund: «Sprich nicht schlecht über dich, sei froh, dass du nun weisst, warum es dir in der letzten Zeit, immer schlechter ergangen ist.»

Fazit: Verwerfe nie etwas, das dir einen Halt gibt über Bord, nur weil andere etwas von ihren eigenen Erfahrungen mitteilen. Prüfe immer wieder aufs Neue, was für dich gut ist und wenn du auch bis ans Lebensende einen Allah als Stütze hast, was ist falsch daran? Natürlich nichts. Du lernst über diese göttliche Stütze auch Hingabe, Mitgefühl und Demut. Solltest du die Erfahrung, ohne Allah oder eine höhere Instanz machen müssen, so wird es geschehen, weil es geschehen soll und nicht weil der Verstand oder das EGO dahintersteckt. So ging der Junge, Ali, alsbald

*glücklich und zufrieden, mit Allah, seines Weges. Einige
Monate später erhielt Nishkāma ein WhatsApp-Foto von
Ali, es war ein Bild mit John Butler und ihm darauf. Er sei
einige Tage in England, in einem Retreat bei John, stand
dazu geschrieben. Nishkāma freute sich, denn sie wusste
eines; John Butler ist das Göttliche und die Stille des Unpersönlichen, in Persona.*

So viel zu der passenden Geschichte mit Ali zum Thema:
«Gibt es einen Gott?»

*«Gott und der Guru sind Hilfen, mächtige Hilfen,
auf diesem Pfad. Aber damit eine Hilfe wirksam
wird, dazu gehört auch deine Anstrengung.»
Ramana Maharshi*

*Buddha war kein Buddhist,
Jesus war kein Christ, Mohammed war kein Muslim.
Sie alle lehrten den Weg der Liebe.
LIEBE war ihre Religion!*

Das Aramäische Jesus-Gebet (Neill Douglas-Klotz)

Abwun d'baschmâja,
Nethkâdasch schmach,
Tete malkuthach,
Nehwe tzevjânach aikâna d'bwaschmâja af b'arha.
Hawvlân lachma d'sünkanân jaomâna.
Waschboklân chauben (wachtahen) aikâna daf chnän
schvoken l'chaljaben.
Wela tachlân l(ei)'nesjuna ela patzân min bischa.
Metol dilachie malkutha wahaila wateschbuchta l'a-
hlâm almin.

Abwun d'baschmâja - Vater-Mutter unser im Himmel
Oh du, atmendes Leben in allem. Ursprung des schim-
mernden Klanges, Du scheinst in uns und um uns, selbst
die Dunkelheit leuchtet, wenn wir uns erinnern.

Nethkâdasch schmach - Dein Name werde geheiligt.
Hilf uns einen heiligen Atemzug zu atmen, bei dem wir nur
Dich fühlen und Dein Klang in uns erklinge und uns rei-
nige.

Tete malkuthach - Dein Reich komme.
Laß Deinen Rat unser Leben regieren, und unsere Absicht
klären für die gemeinsame Schöpfung.

Nehwe tzevjânach aikâna d'bwaschmâja af b'arha -
Dein Wille geschehe wie im Himmel so auf Erden.
Möge der brennende Wunsch Deines Herzens Himmel
und Erde vereinen durch unsere Harmonie.
Hawvlân lachma d'sünkanân jaomâna –

Unser tägliches Brot gib uns heute.
Gewähre uns täglich, was wir an Brot und Einsicht brauchen: das Notwendige für den Ruf des wachsenden Lebens.

Waschboklân chauben (wachtahen) aikâna daf chnän schvoken l'chaljaben - Und vergib uns unsere Schuld, wie auch wir vergeben unseren Schuldigern.
Löse die Stränge der Fehler, die uns binden, wie wir loslassen, was uns bindet an die Schuld anderer.

Wela tachlân l(ei)'nesjuna ela patzân min bischa - Und führe uns nicht in Versuchung, sondern erlöse uns von dem Bösen.
Lass oberflächliche Dinge uns nicht irreführen, sondern befreie uns von dem, was uns zurückhält.

Metol dilachie malkutha wahaila wateschbuchta l'ahlâm almin - Amen. Denn Dein ist das Reich und die Kraft und die Herrlichkeit in Ewigkeit. Amen.
Aus Dir kommt der allwirksame Wille, die lebendige Kraft zu handeln, das Lied, das alles verschönert und sich von Zeitalter zu Zeitalter erneuert. Wahrhaftige Lebenskraft diesen Aussagen! Mögen sie der Boden sein, aus dem alle meine Handlungen erwachsen. Besiegelt im Vertrauen und Glauben. Amen.

«Bete nicht um leichtere Lasten,
sondern um einen stärkeren Rücken.»
Teresa von Avila

Innehalten: Welche Stützen hast du?

Wenn du magst, warte mit dem Weiterlesen der Zeilen und erforsche gleich, in der Tiefe deines Wesens, mit Fragen wie: Wenn du eine Stütze hast, welche ist es?
Vielleicht sind es ja sogar mehrere, welche?

Stelle dir eine oder mehrere Fragen, die dich beschäftigen, du kannst diese Fragen denken oder laut aussprechen. Dann halte ein, werde ganz still und lass dir und der Antwort Zeit. Es kann sein, dass diese aus der Tiefe deines Seins hochsteigt. Sei nicht gleich enttäuscht, wenn das nicht geschieht, bleib aber offen und sei dir sicher, die Antwort kommt aus verschiedenen Quellen oder Orten. Es kann sein, dass dir die Antwort auf deine Frage in einem Buch, das du gerade liest oder zufällig aufschlägst, entgegenkommt. Dass bei der Zugfahrt, in dem Abteil nebenan, du die klare Antwort bekommst, die jemand in einem Gespräch mit anderen äussert.

Oder es kann auch sein, dass du die Antwort träumst oder diese, auf magische Art und Weise, zu dir kommt.
Vertraue darauf!

Wenn du möchtest, kannst du deine Erkenntnisse hier unten aufschreiben:

_____

_____

_____

_____

_____

_____

_____

_____

_____

_____

_____

_____

_____

_____

_____

_____

_____

_____

_____

_____

_____

_____

_____

_____

*«Wäre das Wort «Danke», das einzige Gebet,
dass du je sprichst, so würde es genügen.»
Meister Eckhart*

Advaita Vedānta ist eine Philosophie, die zur Erkenntnis der höchsten, absoluten Einheit und der Überwindung von Dualität führen soll. Sie lädt uns ein, die wahre Natur unseres Selbst zu erforschen, zu erkennen und in einem Zustand des Friedens und der Einheit mit allem zu leben.

Advaita Vedānta wird oft auch als Non-Dualität oder Nicht-Dualität bezeichnet.
Advaita bedeutet: eines ohne ein Zweites.
Vedānta bedeutet: Ende des Wissens oder das Ende der Veden.

Veden, auch Veda bedeutet: Wissen und heilige Lehre und wurde früher, mündlich und später dann auch schriftlich überliefert. Es sind Sammlungen religiöser Texte aus dem Hinduismus,

Die Veden sind die ältesten und heiligsten Schriften der Hindus. Es gibt vier vedische Sammlungen oder vedischen Hymnen:
Der Rigveda – Das Wissen von den heiligen Versen
Der Samaveda – priesterliche Gesänge, heilige Lieder.
Der Yajurveda – Opfergesänge der Rituale
Der Atharvaveda – magische Sprüche für Heilrituale

Die Nicht-Dualität (nicht zwei), verwirft jegliche Art von Stützen. Da gibt es nur, dieses EINE ohne ein Zweites und bedingt, ein tiefes Vertrauen in das Absolute, haltlose sich fallen lassen. Advaita Vedānta lehrt, dass es keine wahre Trennung zwischen dem individuellen Selbst und der universellen Realität gibt. Beide sind identisch. Die Vorstellung, dass wir als Individuen getrennt voneinander oder von Gott sind, ist eine Illusion (Maya).

Advaita Vedānta betont den Weg der Erkenntnis (Jnana Yoga), der durch: Selbstreflexion (Vichara), das Studium der heiligen Texte (z.B. Yoga Vasistha, Tripura

Rahasya, Upanishaden), Meditation und vor allem die Loslösung von den weltlichen Begierden erlangt wird. Gleichzeitig werden Hingabe (Bhakti) und selbstloses Handeln (Karma Yoga) als unterstützende Wege anerkannt.

Das Ziel des Advaita Vedānta ist es, durch Selbsterkenntnis (Jnana) die Illusion von Maya zu durchschauen und die Einheit von Atman (das wahre Selbst) und Brahman (universelles Selbst) zu realisieren. Dieser Zustand wird als Befreiung (Moksha) bezeichnet und bedeutet das Ende des Leidens und der Wiedergeburt.

Der Ursprung des Advaita Vedānta
Sri Adi Shankara oder auch Sankaracharya genannt, war ein Weiser, der im 7. Jahrhundert lebte. Adi = Anfang, Ursprung, genannt Shankaracharya. Acharya = Meister sagte damals schon, was du dem Lied unten entnehmen kannst. Das Lied spricht über die Bedeutung des Advaita Vedānta.

Die Essenz des Advaita Vedānta
Nirvana Shatakam von Sri Adi Shankara

mano buddhi ahankara chittani naaham
na cha shrotravjihve na cha ghraana netre
na cha vyoma bhumir na tejo na vaayuhu
chidananda rupah shivo'ham shivo'ham

Ich bin nicht die Ohren, die Zunge, die Nase oder die Augen, Ich bin nicht der Raum, nicht die Erde, nicht das Feuer, das Wasser oder der Wind, Ich bin die Gestalt des Bewusstseins und der Glückseligkeit, Ich bin Shiva Ich bin Shiva, reines Sein, Bewusstsein, Glückseligkeit. Das ist meine wahre Natur.

na cha prana sangyo na vai pancha vayuhu
na va sapta dhatur na va pancha koshah
na vak pani-padam na chopastha payu
chidananda rupah shivo'ham shivo'ham

Ich bin weder der Lebensatem, noch die fünf vitalen Lüfte (Manifestationen des Prana). Ich bin weder die sieben Bestandteile des Körpers, noch seine fünf Hüllen, ich bin keines der Körperteile wie Mund, Hände, Füsse oder Ausscheidungsorgane. Ich bin die Gestalt des Bewusstseins und der Glückseligkeit, Ich bin Shiva (Das, was nicht ist)....

na me dvesha ragau na me lobha mohau
na me vai mado naiva matsarya bhavaha
na dharmo na chartho na kamo na mokshaha
chidananda rupah shivo'ham shivo'ham

In mir gibt es weder Zuneigung noch Abneigung, weder Gier noch Verhaftung, Ich kenne weder Stolz noch Eifersucht, Ich habe keine Pflicht, kein Verlangen nach Reichtum, Lust oder Befreiung, Ich bin die Gestalt von Bewusstsein und Glückseligkeit, Ich bin Shiva, reines Sein, Bewusstsein, Glückseligkeit. Das ist meine wahre Natur.

na punyam na papam na saukhyam na duhkham
na mantro na tirtham na veda na yajnah
aham bhojanam naiva bhojyam na bhokta
chidananda rupah shivo'ham shivo'ham

Keine Tugend oder Sünde, nicht Freude oder Schmerz bin ich. Ich brauche keine Mantras, keine Pilgerreise, keine Schriften oder Rituale, Ich bin weder das Erlebte noch das Erlebnis, noch der Erlebende. Ich bin die Gestalt von Bewusstsein und Glückseligkeit, Ich bin Shiva (Das, was nicht ist)

na me mrtyu shanka na mejati bhedaha
pita naiva me naiva mataa na janmaha
na bandhur na mitram gurur naiva shishyaha
chidananda rupah shivo'ham shivo'ham

Nicht gebunden vom Tod und seiner Angst, weder von Kaste noch von Glaubensart, Ich habe keinen Vater, keine Mutter oder gar Geburt, Ich bin weder ein Verwandter noch ein Freund, noch ein Lehrer, noch ein Schüler, Ich bin die Gestalt von Bewusstsein und Glückseligkeit, Ich bin Shiva (Das, was nicht ist)...

aham nirvikalpo nirakara rupo
vibhut vatcha sarvatra sarvendriyanam
na cha sangatham naiva muktir na meyaha
chidananda rupah shivo'ham shivo'ham

Ich bin frei von Dualität, meine Gestalt ist formlos, Ich existiere überall, ich durchdringe alle Sinne, Ich bin weder gebunden noch frei oder begrenzt, Ich bin die Gestalt von Bewusstsein und Glückseligkeit, Ich bin Shiva, reines Sein, Bewusstsein, Glückseligkeit. Das ist meine wahre Natur.

Zur Information: Auf YouTube lassen sich viele Lieder von dem Nirvana Shatakam finden, mir persönlich gefällt das von: Sound of Isha

«Ich bin verschieden vom Geist und deshalb bin ich frei von Sorgen, Anhaftung, Bosheit und Angst.»
Sri Adi Shankara

Frei von Bindung oder Anhaftung

Beschreibt einen Zustand, in dem eine Person frei von Bindung und Abhängigkeiten oder Verhaftungen an weltliche Dinge, Gedanken oder Menschen ist.

Bei manch einer Person geschieht es, dass durch ein Unglück oder durch sonst irgendeinen Schicksalsschlag den Menschen die Augen geöffnet werden. Erst dann fängt die Suche nach dem «warum oder wieso?» an. Die Suche lässt oft solch einen gepeinigten Menschen den Weg nach innen antreten. Erst dann kommt die höhere Instanz oder der Beobachter, klar und deutlich, ins Lebensspiel.

Auf die Fragen: «Warum oder wieso?» und die Antworten darauf hat es das grosse Potenzial der Selbsterkenntnis darin enthalten und lässt den Menschen in sich kehren. Dieser Eine fängt an, sich in der Tiefe seines Wesens zu erforschen. Der in sich suchende Mensch kann manchmal plötzlich erkennen, dass das Schicksal ihm diese Erfahrung zugespielt hat, damit er einen anderen Weg einschlagen kann, und zwar den Weg der Innenschau.

Das Loslassen von Anhaftungen wie: Begierde, Wut, Egoismus ist der Schlüssel zur Überwindung von Leiden.

Die Loslösung von äusseren Dingen und inneren Gefühlen, die Leid verursachen können. Dies bedeutet nicht, dass man nichts besitzen darf, sondern dass man sich davon nicht abhängig macht.

In jedem Menschen ist der Same der Erkenntnis oder der Befreiung gesetzt. Wann, wie und wodurch der Same zu spriessen beginnt, das ist individuell und je nach Person verschieden.

Bei dem Einen fällt der Same auf fruchtbaren und gut bewässerten Boden und spriesst schnell zu einer kräftigen Pflanze heran.

Ein anderer Same fällt auf einen etwas kargen Boden, dieser bekommt zwar auch Wasser, da dauert es aber etwas länger, bis die Pflanze heranwächst.

Bei wieder einem anderen fällt der Same auf einen Boden, der nur ganz selten, wenn überhaupt, bewässert wird. Da kann es sein, dass der Same liegen bleibt und in diesem Leben keine Frucht erbringt. Obwohl niemand weiss, ob der gesetzte Same zur vollständigen Frucht heranwächst, vielleicht auch nur zum Teil oder gar nicht.

So hat jeder Mensch, auf jeden Fall, das ganze Potenzial für Erkennung und Befreiung in der Tiefe seines Herzens enthalten.

Alles ist möglich, denn die Schöpfung ist unergründlich.

Fangen sich die Verhaftungen zu Menschen, Tieren oder Gegenständen an zu erlösen, so erfährt der Loslassende sogar Wunder und das, weil er in sich etwas Befreiendes wahrnehmen kann.

Es sei denn, der Mensch hält an der Angst vor Verlust unnachgiebig fest. Loslassen von Menschen muss nicht heissen, Lebewesen verlassen zu müssen. Es bedeutet eher, sich zu hinterfragen und zu ergründen, ob da noch Anhaftungen, die er selbst produziert, oder umgekehrt, andere Menschen, die noch aufrechterhaltende Bindungen an ihn haben, im Lebensfeld sind.

Erkennen kann der Suchende dies an Aussagen wie: «Ich brauche dich, sonst geht es mir schlecht». «Ohne dich kann ich nicht glücklich sein». «Alleine zu leben, macht mich unglücklich». Es gäbe da bestimmt noch ganz viele andere, solche Aussagen.

Es kann auch vorkommen, dass aus Angst vor dem alleine sein, Bekanntschaften oder Familienbande aufrechterhalten werden, obwohl diese nur Abwertung, Ärger, Frust und

Resignation in einem selbst hervorrufen und vor allem mehr Kopfkarussell, also Denken verursachen.

Sich selbst zu erkennen hilft, sich von Verstrickungen, den alten Gewohnheiten und den ausgelaufenen Verbindungen zu erlösen.

Im Alltag könnte das bedeuten, flexibel und offen zu sein, ohne sich zu sehr an bestimmte Ereignisse, Menschen oder materielle Besitztümer zu klammern.

Gut ist es, wenn der reflektierende Mensch seine Anhaftungen erkennt, innerlich prüft, ob er diese noch braucht oder ob er einige davon schon oder auch wieder loslassen kann. Es ist gut, wenn sich solche Konstrukte im Bewusstsein zu erkennen geben. Denn, durch das Bewusstwerden der Anhaftungen und das ohne immer gleich, etwas daran verändern zu müssen, nur schon dadurch, dass es ins Gewahrsein kommt, lösen sich bei vielen Menschen solche Verhaftungen fast wie von selbst auf.

Warum ist das so?

Oft ist es so, dass es im Unterbewusstsein daran arbeitet und der Mensch plötzlich erkennt, dass eine Veränderung stattgefunden hat und er gar nicht mehr an Dingen oder Menschen festhält.

«Entsagende, die frei von Wünschen und Wut sind, deren Geist kontrolliert und selbst Verwirklicht ist, sind sowohl im Diesseits als auch im Jenseits völlig frei.»
Bhagavad Gita 5:26

Befreiung hat keine Anhaftung an irgendetwas oder irgendjemanden. Der von Bindung befreite Mensch ist inmitten von allem Geschehen, zugleich losgelöst und ohne jegliche Anhaftungen an Menschen, Tiere oder Dingen. Dadurch sieht der Befreite die Zusammenhänge blitzschnell und glasklar. Er lebt, immer aus dem Moment wirkend, und spricht von der Einen, unveränderlichen Wahrheit. Der Weise spricht, wenn er gefragt wird, nicht nur davon, er lebt dieser auch, ist immerwährend wahr und authentisch im Sprechen und Handeln. In seiner Nähe fühlen sich die Menschen und die Tiere wohl.

Warum haftet der Mensch so oft an anderen Menschen oder Dingen? Ist es nicht so, dass er sich dadurch vermeintliche Sicherheit erhofft oder Geborgenheit wünscht? Denn der Unwissende sucht fälschlicherweise im Aussen? Unabhängig möchten zwar alle sein, aber sich von Bindungen erlösen, dann doch nicht. Ohne Bindungen zu leben, das könnte ja gefährlich werden, oder? Für wen würde das eigentlich gefährlich werden? Niemals für einen identifikationslosen Menschen, denn der weiss, tief in seinem Inneren, dass ihm nie etwas, was nicht in seinem Lebensplan geschrieben steht, zustossen kann. Obwohl er kein Drehbuch für den Werdegang seines Lebens besitzt, hat er das tiefe Vertrauen in das Leben, in Gott oder in das nicht wissen, das ihn trägt, lenkt und durch das Leben führt.

Jede Station oder Begebenheit, an die ein von Bindung oder von Anhaftung freier Mensch herangeführt wird oder die auf ihn zukommt, sieht er als eine Chance. Als eine weitere Möglichkeit, sich dadurch selbst und noch vertiefter erkennen zu können. Ein solcher Mensch weiss, dass er immer zur richtigen Zeit, am richtigen Ort ist und sein wird. Er folgt einfach nur den innerlich aufkommenden Im-

pulsen und tritt in Handlung oder nicht. Der Anhaftungslose erkennt klar, dass alles geschieht, weil es geschieht,
und er weiss einfach: «Keiner kann anders als die Schöpfung oder das Leben, es durch jegliche Lebensform
macht».

Das Leben wird von ihm als Spiel oder *Lila* (göttliches
Spiel) gesehen. Es gibt in Wirklichkeit keine Gewinner und
natürlich auch keine Verlierer, es gibt nur Erfahrungen. Es
ist der Verstand, mit seinem endlosen Denken, der nichts
anderes kann, als die Suppe der Vergangenheit immer
wieder aufzukochen und das, obwohl diese schon lange
nicht mehr geniessbar ist. Aber was soll er dann sonst tun?
Er kennt ja nur das Vergangene und produziert daraus in
die Vergangenheit. Ist aber niemals fähig, das Leben aus
dem Moment geschehen zu lassen. Warum nicht? Weil,
wenn du lieber Leser, nun gerade innehältst und schauen
willst, was an denken jetzt gerade da ist, wirst du bemerken, dass es da einfach nur still ist. Aus diesem Moment
der Stille geschah, geschieht und wird das Leben immer
geschehen.

Was ist eigentlich das Gute daran, wenn der alt geprägte
Mind aufhört, mit seinen Kommentaren und der Endlos-
schlaufe der Gedanken? Es wird ruhig, der Mensch wird
klar, er erkennt, was wirklich jetzt gerade ansteht und an
Handlung bedarf. Und das Beste daran ist; er schaut sich
zu, wie das Leben durch ihn selbst geschehen kann und
das ohne, dass da immer dieses; «Achtung, das geht
nicht, pass auf, du schaffst das nicht, usw.», ihm, in seinem, Tun aus dem Sein, hineinfunkt.

Losgelöst von den Anhaftungen seiner Gedanken, wird
der Mensch erst richtig anfangen zu leben.

Warum? Weil er dann aus der Präsenz der höchsten
Intelligenz agiert, und ihn seine eigenen Gedankenmuster
nicht mehr behindern werden.

«Wenn man lernen will zu fliegen, muss man loslassen, was einem herunterzieht!»

«Das Grübeln über Sinnesobjekte verursacht Anhaftung an sie. Anhaftung erzeugt Verlangen; Verlangen führt zu Wut.»
Bhagavad Gita 2:62

«Entsagung bedeutet, dass man das Selbst nicht mit dem Nicht-Selbst identifiziert. Wenn die Unwissenheit verschwindet, hört das Nicht-Selbst zu existieren auf.»
Ramana Maharshi

«Von Anhaftungen befreit sind wir erst, wenn wir uns das Liebgewonnene ohne Wehmut in Flammen vorstellen können.»
Andreas Tenzer

Innerhalten: Wo haftest du noch an?
Wenn du magst, überlege dir, wo haftest du noch am?
Kannst du erkennen, warum?
Stelle dir vor, wie es wäre, diese Anhaftung fallen zu lassen. Was geschieht in dir?

Wenn du möchtest, kannst du deine Erkenntnisse hier unten aufschreiben:

_____

_____

_____

_____

_____

_____

_____

_____

_____

_____

_____

_____

«Frei sein von Anhaftung, heisst nicht, dass wir gegen-
über anderen gleichgültig werden.»
Dalai Lama

Eine Geschichte zum Thema frei von Anhaftung und das Kundalini-Erwachen

Babuji, (damals noch John oder Johny genannt) wusste sehr wohl von der Bindungslosigkeit, denn er hatte damals, vor vielen Jahren und nach seiner Öffnung in das unpersönliche Sein, einen grossen Ab- und Loslösungsprozess durchlebt. Er war damals, in seinem Leben, eingebettet in einen liebevollen und gut funktionierenden Familienclan. John hatte ein kleines Haus und einen gut bezahlten Job. Seine Frau verstarb schon vor einigen Jahren. Sie hatte eine unheilbare Krankheit und Johny pflegte sie damals, bis zu ihrem Hinschied. Mit der Frau zusammen hatte er zwei mittlerweile schon erwachsene Kinder und die beiden kamen regelmässig zu Besuch. John war ein angesehener und sehr geselliger Mann, alle hatten ihn gern und man lud ihn des Öfteren zu allen möglichen Festen und Zusammenkünften ein.

Obwohl er in sich nach dem plötzlichen Erwachen eine starke Veränderung wahrnahm, konnte er sich lange Zeit nicht erklären, was das für ihn zu bedeuten hatte. Er war sich nicht im Klaren, warum ihm all das Materielle, sein Job und auch die Menschen in seinem Umfeld plötzlich nichts mehr bedeuteten. Mit der Zeit und bei dem genaueren Betrachten bemerkte John, dass er sich einfach mit nichts, niemandem und schon gar nicht mehr mit sich selbst identifizieren konnte. Weder noch mit seinem Körper und schon gar nicht mehr mit seinen Gedanken.

Johny sass nun am liebsten im kleinen Garten, der sein Haus umgab, und war dort draussen auf einer Bank sitzend, einfach still. So ging das einige Zeit lang, bis ihm klar wurde, er müsse sich von allem erlösen. Er wollte frei sein, frei von allen Gütern, die seine Pflege bedurften. Am liebsten, so wurde es in ihm immer klarer, würde er, wie ein Sadhu «Gott suchender» auf Wanderschaft gehen und alle altgewohnten Verpflichtungen zurücklassen. Und so geschah dann, dass er bald seinen Job aufgab, er verkaufte sein Haus, verschenkte einen Teil seines Geldes an seine beiden Kinder und den Rest spendete er an Wohltätigkeitsinstitutionen in seinem Dorf. Mit dem bisschen Geld, das er für sich noch behielt, kaufte er sich einen guten, wasserdichten und wärmenden Schlafsack, ein paar gute, bequeme Wanderschuhe, ein Essgeschirr und einen neuen, dichten Rucksack.

Die Leute in seinem Umfeld konnten seinen Wandel überhaupt nicht verstehen, alle fragten sich, ob er wohl verrückt geworden sei, einfach auszusteigen? «Wovon er dann existieren wolle?», fragten ihn seine Kinder und Freunde. Der «Aussteiger» beruhigte die Menschen, um sich herum und erzählte ihnen, er wolle nun diese losgelöste, anhaftungslose Erfahrung machen und auf der Suche nach dem Absoluten oder Gott, weitere Erkenntnisse sammeln. In seinem Inneren hatte er keinen Plan, aber zu seinem Glück hatte er schon als Kind bemerkt, dass es im Aussen keine vermeintliche Sicherheit gab. Dieses Vertrauen liess ihn diesen grossartigen Schritt in die Freiheit losgelöst gehen. John fühlte sich von jeglichen Bindungen frei und konnte jetzt so aufs Geratewohl losziehen.

Johny folgte seinen Füssen, die ihn trugen, und er machte stets die Erfahrung, dass er immer zur richtigen Zeit, an den besten Orten, und zu den für ihn gerade richtigen Menschen geführt wurde. Das alte Leben liess er schnell hinter sich, nur gelegentlich tauchte noch eine Erinnerung an vergangene Tage in seinen Gedanken auf, die er aber gleich wieder verwarf, denn er war in Frieden, mit dem, was war und hatte keine Anhaftungen mehr dazu. Er war mit allem, mit jedem und vor allem mit sich und seinem Leben ganz in Harmonie.

Sein Leben war nun einfach und bescheiden.
Johny war oft tagelang in sich gekehrt, meditierte und verweilte bei innerem Gespräch mit Gott oder der Existenz.

Er erfuhr dieses «zu-Hause-sein» in seinem Herzen, immer konstanter und das Denken in ihm hörte zeitweise gänzlich auf.

Die verschiedenen Menschen, die ihm auf seiner Wanderschaft begegneten, blieben sehr gern bei ihm sitzen und es wurden immer mehr, die in ihm einen wahren Gottessucher erkannten. Sobald es John aber zu viele Menschen wurde und er bemerkte, dass diese Begegnungen Anhaftungen auslösten, zog er von dannen. Er wollte sich nur noch an Gott binden, sonst an gar nichts mehr.

Eines Tages führte das Leben ihn in einen Ashram, wo eine weise Frau, man nannte sie Mataji (göttliche Mutter), als Oberhaupt der Lebensgemeinschaft lebte.

Johny blieb dort für einige Wochen, und das, um sich uneingeschränkt der Meditation widmen zu können. Er wusste, dass er dort, im Ashram, in einem geschützten Rahmen leben konnte, wo er sich noch ganz der Kontemplation und der Loslösung von seinen restlichen Neigungen und Tendenzen (Vasanas) hingeben konnte.

Die weise Frau vom Ashram erkannte den Besucher als eine grosse Seele, schaute, dass er zu essen bekam und von den anderen, in der Gemeinschaft Lebenden, nicht unnötig gestört wurde.

Johny verbrachte viele Stunden in Meditation, wo er teilweise sein Bewusstsein in Samadhi gänzlich verlor, oder wo er zwar hellwach, aber ohne sich bewegen zu können, auf einer Matte am Boden sass. Manchmal verlor er auch die Orientierung, wusste nicht mehr, wo er wahr und manchmal bebte sein Körper und es verdrehte ihn gänzlich und das, ohne dass er sich hätte zur Wehr setzen können. Oft brannte es wie Feuer, in seinem ganzen Körper, oder in seinem System strömte Energie in alle möglichen Richtungen. So vergingen für John, einige Wochen.

Die Weise vom Ashram, setzte sich sporadisch ganz still zu ihm und beobachtete das Geschehen. John wusste nicht genau, wie ihm geschah oder wofür das alles gut sein sollte. Gelegentlich bat er die Mataji, wenn sie bei ihm sass, um Erklärung zu diesen Zuständen. Die Weise aber schwieg einfach, lächelte ihn an und nickte ihm wohlwollend und wissentlich zu, das beruhigte den Mann.

Nach weiteren vergangenen Wochen des Sitzens, und glücklicherweise als die Weise gerade in seiner Nähe sass, da passierte folgendes; Johnys ganzes Körpersystem fing an, sich in heftigen Wellenbewegungen zu krümmen und zu verbiegen, zudem fing er immer lauter und immer tiefer zu atmen an. Es sah so aus, dass alles, in seinem Körpersystem, ausser Kontrolle zu geraten schien. John spürte den Drang, sich hinzulegen, was er auch gleich tat. Als er langgestreckt auf dem Rücken lag, fingen seine Beine unkontrolliert an, in die Höhe, zu schnellen und das so rasant, mit Absicht durchführen zu wollen, das wäre niemals möglich gewesen. Dann wieder sprangen seine Arme, so als würden diese ferngesteuert, in die Luft. Der ganze Körper fing an, sich, in der Senkrechte, aufzubäumen, um sich dann rasant wieder zu senken. Der Oberkörper verrenkte sich, wie kein lebendes Wesen es mit Absicht fertiggebracht hätte. Einmal sah er ganz klar zur Mataji und fragte, innerlich aber schon irgendwie wissend: «Das gehört dazu, nicht wahr?» Sie lächelte und nickte bejahend, und bereits rollte die nächste Welle durch sein ganzes Körpersystem. John spürte, wie sein Scheitel-Chakra voll geöffnet war und eine Energie durch die Mitte des Kopfes hochschoss und zugleich eine unbeschreiblich starke Energie vom Kosmos durch den höchsten Punkt am Scheitel des Kopfes einschoss. Sogleich durch seinen ganzen Körper fegte, gleichzeitig durch seine beiden Hände, die Füsse und durch jedes, seiner hinten und vorn geöffneten Chakras, mit sehr viel Energie, hinausströmte. Es war ein gewaltiges, fast unbeschreibliches und zudem auch orgastisches Ereignis, das John da erleben durfte. Er war die ganze Zeit vollständig bewusst und liess es einfach mit sich in diesem Körper geschehen. Es ging einige Zeit, bis die Wellen dann langsam abflachten und nach einer Weile ganz zum Stillstand kamen. Die Atmung wurde auch wieder ruhiger und normalisierte sich zusehends. Mataji verliess den Raum, in dem alles stattgefunden hatte, denn sie wusste genau, was mit Babu, so nannte sie Jonny fortan, geschehen war. Auch sie durfte vor vielen Jahren dieses vollständige Kundalini-Erwachen oder Verschmelzen mit dem Unendlichen erleben. Der Glückliche blieb noch lange Zeit liegen, er fühlte sich wie neu geboren und nahm wahr, dass in seinem Kopf, der Klang eines leisen OM, ertönte.

Nach einer weiteren Weile, verspürte John, Hunger. So raffte er sich auf und machte sich auf den Weg in Richtung Küche, um sich dort etwas Essen zu holen. Auf dem Weg dorthin begegnete ihm die Mataji, sie sah, einen längeren Moment, in seine nun strahlend, leuchtenden Augen und sagte zu ihm: «Wenn der Apfel reif ist, fällt er vom Baum».

Die Weise nahm John liebevoll in ihre Arme, und flüsterte leise in sein Ohr: «Babu mein lieber Babuji», darauffolgend nahm sie seinen Kopf, mit beiden Händen haltend, sah ihm nochmals tief in die Augen und küsste ihn dann sanft auf sein drittes Auge, in der Mitte zwischen seinen Augenbrauen. Zum Abschied standen sich die zwei gegenüber und beide verneigten sich mit zusammengelegten Handflächen, zum heiligen Gruss Namaskaram. Babuji wusste, dass für ihn nun die Zeit gekommen war, den Ashram zu verlassen und weiterzuziehen.

Kundalini Erwachen

Das Erwachen der Kundalini ist ein Konzept aus der indischen Spiritualität und bezieht sich auf das Entfalten einer schlummernden Energie, die laut der Yoga-Tradition an der Basis der Wirbelsäule im Bereich des Wurzel-Chakras (Muladhara) ruht. Das Erwachen der Kundalini wird als transformierende Erfahrung angesehen, die das Bewusstsein erweitert und zu spiritueller Erleuchtung führen kann.

Beim Erwachen der Kundalini-Energie (Schlangenkraft) steigt diese Energie durch die sieben Haupt-Chakren entlang der Wirbelsäule auf, bis sie das Sahasrara-Chakra (Sahasranamam) am Scheitelpunkt des Kopfes erreicht.

«Kundalini ist ein anderer Name für Atman oder Selbst oder Shakti. Wir sprechen davon, dass es im Körper liegt, weil wir uns als auf den Körper beschränkt betrachten. Aber in Wirklichkeit ist es sowohl innen als auch aussen nichts anderer ist als das Selbst oder Shakti.»
Ramana Maharshi

„Naga - die Kobra, ist ein Symbol der Kundalini-Kraft, der kosmischen Energie, die im Menschen gebündelt schlummert.“

Erweckung der Kundalini

Vorbereitung: Ein spiritueller, reiner Lebensstil bereitet den Körper und den Geist auf eine natürliche Weise für die Kundalini-Erweckung vor.

Es gibt auch viele verschiedene Praktiken, um die Kundalini-Energie zu erwecken.

Zum Beispiel: Bestimmte Yoga-Praktiken wie Kundalini-Yoga oder Tantra-Yoga können helfen, die Energie zu erwecken. Atemübungen (Pranayama) unterstützen dabei, die Energie zu lenken und zu kontrollieren.

Meditation: Tiefgreifende Meditationspraktiken können das Bewusstsein klären und die Kundalini-Energie sanft erwecken.

Mantra und Klang: Die heilige Silbe AUM (OM) zu singen, kann die Vibration im Körper stimulieren und die Energie zum Fliessen bringen.

«Wenn die Kundalini aufsteigt, löst sie eine Flut aus, die Ihre kleinlichen Schöpfungen auslöscht und Sie so zurücklässt, wie der Schöpfer Sie vorgesehen hat.»
Sadhguru Jaggi Vasudev

Symptome des Kundalini-Erwachens

Das Kundalini-Erwachen kann mit intensiven körperlichen, emotionalen und spirituellen Erlebnissen verbunden sein.

Körperlich – Kribbeln, Schauer, die von Fuss bis Kopf den Körper durchströmen, Vibrationen vor allem im Hara-Chakra (drei fingerbreit unter dem Bauchnabel). Wärme oder Kälteempfinden entlang der Wirbelsäule, den Händen, in der Mitte der Fusssohlen oder an verschiedenen Körperstellen. Der Körper kann spontan und unkontrollierten Bewegungen ausgesetzt sein. Diese Bewegungen können bis zu regelrechten Verbiegungen des Körpers geschehen, ohne dass sich etwas verrenkt oder auskugelt. Wichtig ist es aber in solchen Momenten den Körper gewähren zu lassen und nicht einzugreifen, sonst könnte das schmerzhafte Folgen nach sich ziehen. Meiner Erfahrung nach ist das einzig sinnvolle Eingreifen, den Vorgang mit tiefen und je nachdem, auch lautem Atmen zu unterstützen. Die Augen können zeitweise alles viel intensiver sehen, die Farben werden viel bunter und es kommt die Frage auf: wie ist das denn jetzt möglich? Gestern war die Welt bislang nicht so bunt wie heute.

Emotional: Intensive Gefühle bis hin zu dem Gefühl durchzudrehen, Ängste aller Art können zum Vorschein kommen. Es kann aber auch zu plötzlicher emotionaler Klärung kommen.

Spirituell: Visionen, ein Gefühl von Glückseligkeit, Gefühl der Einheit mit allen Lebewesen und der ganzen Welt und dem Universum. Gesteigertes Bewusstsein. Klarere Wahrnehmung dessen, was gerade ist.

«Wenn es gelingt, die Kundalini zu erwecken, sodass sie beginnt, aus ihrer blossen Potenzierung herauszutreten, entsteht zwangsläufig eine Welt, die sich völlig von unserer Welt unterscheidet. Es ist die Welt der Ewigkeit.»
Carl Jung

Aber Vorsicht!

Das Kundalini-Erwachen ist ein unglaublich, nicht nach-vollziehbarer Prozess, der über Monate, ja sogar Jahre, gehen kann. Meines Erachtens sollte das Manipulieren oder erzwungene Erwecken der Schlangenkraft, mit sehr viel Vorsicht, angegangen werden. Denn ein unkontrolliertes oder plötzliches Erwachen kann wahrlich zu vielen körperlichen, aber vor allem auch psychischen Herausforderungen führen. Das wird dann auch eine Kundalini-Krise genannt.

Auch wenn viele Menschen das Erwachen der Kundalini-Energie in ihrem Körper-Geist-System anstreben, kann der Prozess sehr intensiv und herausfordernd sein. Vor allem dann, wenn das Körper-Geist-System nicht auf natürliche Weise für den Aufstieg der Kundalini-Kraft vorbereitet ist, kann der Durchbruch sogar bis zu Schlafentzug und psychotischen Zuständen führen.

Meines Erachtens ist damit nicht zu spassen, denn die Frage ist nicht, kann die Kundalini erweckt werden. Die Frage wäre eher: kann der Manipulative oder Unwissende überhaupt mit dieser gewaltig verbrennenden Energie umgehen?

Manche Menschen erleben eine Phase, in der sie sich daran gewöhnen müssen (Integration), in der sie lernen müssen, mit ihrer neuen Wahrnehmung und ihrem Energiezustand klarzukommen und damit umzugehen. Dies erfordert oft viel Geduld, weitere spirituelle Praxis, aber auch Disziplin und vor allem, mit dem nichts mehr kontrollieren zu können, sein zu müssen.

Von Vorteil ist es auch, wenn man Lebend-Befreite im Feld hat und diese allenfalls in irgendeiner Form aufsuchen kann, um das eigene Geschehen als gutgeheissen oder als natürlicher Ablauf bestätigt bekommen zu können.

Begegnungen mit Kundalini-Erwachen

Es war einmal eine Frau, die hatte Kundalini Erfahrungen und mit dem Verstand versuchte sie, die Dinge zu lenken. Das führte zwar zu Energie Erhebungen im Körper, sodass der Körper in Bewegung geriet. Da sie aber bisher nicht reif für den vollkommenen Durchbruch der Kundalini war, blieb die Energie im Hals stecken, was dazu führte, dass sie sich längere Zeit unwohl fühlte und sie mit dieser Situation, die sie nicht kontrollieren konnte, lernen musste zu leben.

Einer anderen Person begegnete ich eines Tages in meiner Praxis. Sie kam für ein Reiki, damit sie wieder in den Einklang käme, sagte sie am Telefon. Als sie dann kam, war sie sehr dünnhäutig und erzählte mir, dass sie gestockt und von Fremdenergien besetzt würde. Vor allem in ihrem Hara-Chakra (drei Fingerbreit unter dem Bauchnabel) sei ein andauernder Sog und auch sonst manipuliere jemand aus der Ferne, an ihr herum. Sie leide zudem auch oft an unangenehmen Vibrationen, durchzogen mit Hitze und Schmerzen. Für mich klang das aber, durch meine eigen erlebten Erfahrungen, eher als Symptome der erwachenden Kundalini-Energie.

Als ich sie daraufhin fragte, ob sie meditiere, sagte sie mir, dass sie früher ganz viel meditiert habe und auch sonst sehr spirituell unterwegs gewesen sei. Schon länger könne sie aber nicht mehr meditieren, denn ihre Fremdbesetzungen würden sie so in Anspruch nehmen, dass sie immer kurz davor sei, durchzudrehen. Auch wäre sie schon mehrfach in einer Klinik für psychisch Kranke gewesen, erzählte sie. Mit der Polizei sei sie auch dran, weil sie eine Anzeige gegen Unbekannte, aufgrund ihrer Belästigungen aus der Ferne, gemacht habe. Sie werde sexuell missbraucht, (aus der Ferne) sie spüre das ganz klar in ihrem Unterleib und zeigte mit den Händen auf die Höhe des Sakral-Chakras, da, wo energetisch die Sexualkraft und Lebensfreude zugeordnet ist.

Das, Reiki, wofür sie in die Praxis kam, mittete sie immer wieder ein. Das letzte Mal, als sie kam, war sie so aufgewühlt und da ich feststellte, dass sie an ihrem Konzept von Fern bestimmt festhielt, sagte ich nichts mehr von Kundalini, sondern bot ihr einfach meine Hände auf ihrem Körper an, wo die Energie dann dahin fliessen konnte, wo es sein durfte. Bei der letzten Begegnung fing sie nochmals an wegen ihrer Unpässlichkeiten und ich konnte einfach nicht anders, ihr zu sagen, dass ich die von ihr beschriebenen Symptome der Erweckung der Kundalini Energie zuschreibe und das, weil ich selbst diese Symptome über längere Zeit durchlebt hätte. Sie konnte es aber nicht so nehmen und hielt vehement an ihrer Fremdbestimmung fest. Meine Vermutung war auch, dass da zu viel Angst war, sich auf sich selbst stützen und Verantwortung für das Leben übernehmen zu müssen, wäre ihr zu viel gewesen. Nach dieser Begegnung sah ich die Person nie mehr wieder.

Fazit: Wenn die Kundalini erwacht, ist es gut, jemanden an der Seite zu haben, der sich mit der Schlangenkraft auskennt und den Aufstieg selbst erfahren hat. Andernfalls kann diese Kraft viele Ängste und Unsicherheiten bei einem unerfahrenen Menschen auslösen. Zumal diese Kraft nicht kontrolliert werden kann und der Mensch ihr ausgeliefert ist.

«Das vollständige Kundalini-Erwachen lässt nichts Persönliches zurück. Das allgegenwärtige reine Bewusstsein durchdringt das Körper-Geist-System und verwirklicht sich. Der weibliche und der männliche Aspekt verschmelzen zur Einheit mit dem Selbst.»

Wenn die Kundalini vollständig erwacht ist und das Sahasrara-Chakra (genannt auch Kronen-Chakra oder Scheitel-Chakra) erreicht wurde, wird dies als der absolute Höhepunkt spiritueller Transformation oder Gnade angesehen. Es bedeutet, dass die Energie alle sieben Haupt-Chakren und ganz viele Neben-Chakren durchdrungen und harmonisiert hat, was zu einem Zustand vollständigem Bewusstsein und innerer Erleuchtung oder der Selbst-Verwirklichung führt.

Die Folgen daraus sind:
Die Vereinigung mit dem Göttlichen (Sahaja-Samadhi)
Die erwachte Kundalini-Kraft gipfelt in einem Zustand von Samadhi, vollständiger Einheit mit dem Universum oder mit dem Göttlichen. In diesem Sein löste sich das individuelle EGO auf, und ein tiefes Gefühl von Frieden, Glückseligkeit und Einheit ist entstanden.

Höheres Bewusstsein: Das voll erwachte Bewusstsein ist frei von Illusion (Maya) und Begrenzungen. Es umfasst eine tiefe Erkenntnis über das Leben, die Existenz und die Zusammenhänge allen Seins. Es wird das allumfassende, eine, wahre Sein, in jeder Kreatur gesehen.

Körper-Geist-System: Unpässlichkeiten lösen sich mit der erwachten Kundalini-Kraft auf, bereinigen das ganze System und bringen es in Einklang mit dem universellen Sein.

Unbegrenzte Energie und Kreativität:
Menschen in diesem Zustand verspüren oft grenzenlose Energie. Die natürliche Schöpferkraft wirkt durch den Menschen, und dieser ist in der Lage, Ideen und Visionen mühelos umzusetzen.
Eine immerwährend tiefe Gelassenheit durchdringt und umhüllt den im Leben-Befreiten - Jivanmukta.

Übersinnliche Fähigkeiten:

In den westlichen Breitengraden werden übersinnliche Fähigkeiten, oft als paranormale oder aussersinnliche Wahrnehmungen bezeichnet, es sind Phänomene, die ausserhalb der allgemein anerkannten Grenzen der wissenschaftlich erklärbaren menschlichen Fähigkeiten liegen. Sie werden oft mit einer besonderen Wahrnehmung oder Einflussnahme auf die Umgebung verbunden, die nicht durch die bekannten fünf Sinne (Sehen, Hören, Fühlen, Riechen, Schmecken) erklärbar ist.

Zu den häufig genannten übersinnlichen Fähigkeiten gehören:

Hellsehen: Die Fähigkeit, Ereignisse, Orte oder Dinge zu sehen, die sich ausserhalb der normalen Sinnesreichweite befinden.

Telepathie: Gedankenlesen oder die Fähigkeit, Informationen direkt von einem Geist zum anderen zu übertragen.

Präkognition: Die Fähigkeit, zukünftige Ereignisse vorherzusehen.

Psychokinese (Telekinese): Die Fähigkeit, Objekte durch die Kraft des Geistes zu bewegen oder zu beeinflussen.

Aura-Wahrnehmung: Das Wahrnehmen energetischer Felder oder „Auren", die Menschen oder Objekte umgeben sollen.

Medialität: Die Fähigkeit, mit Geistern oder Wesenheiten aus einer anderen Dimension oder der «Geisterwelt» zu kommunizieren.

Astralprojektion: Das angebliche Verlassen des physischen Körpers, um auf einer anderen Bewusstseinsebene zu reisen.

Wissenschaftlicher Standpunkt

Die Existenz übersinnlicher Fähigkeiten ist umstritten. Die meisten Wissenschaftler betrachten sie skeptisch, da es bislang keine belastbaren, wiederholbaren Beweise gibt, die solche Fähigkeiten im Rahmen der etablierten Wissenschaft erklären könnten. Viele Berichte über übersinnliche Erfahrungen werden mit psychologischen Phänomenen, Täuschungen oder Zufällen erklärt.

Spiritueller und kultureller Kontext

In vielen Kulturen und spirituellen Traditionen sind übersinnliche Fähigkeiten tief verwurzelt. Sie werden oft mit besonderen Gaben, spiritueller Entwicklung oder dem Kontakt zu einer höheren Realität in Verbindung gebracht.

Ob man an übersinnliche Fähigkeiten glaubt, hängt oft von der eigenen Weltsicht, kulturellen Hintergründen und persönlichen Erfahrungen ab.

«Für den, der glaubt, ist alles möglich.»
Markus 9:23

Was sind Siddhis?

Mit dem allmählichen Erwachen der Kundalini können ebenso die acht übersinnlichen Kräfte (Ashta Siddhis) auftreten.

Was sind Siddhis? Siddhi ist ein Wort aus dem Sanskrit und kann übersetzt werden als Perfektion, Einhaltung oder Verwirklichung. Siddhis sind Kräfte, die, die normalen Grenzen des menschlichen Geistes und des Körpers überschreiten und es solchen Individuen erlaubt, ausser-gewöhnliche Leistungen zu vollbringen.

Hier aufgeführt die Ashta Siddhis:
aṇimāsiddhē, laghimāsiddhē, garimāsiddhē, mahimāsid-dhē, īśitvasiddhē, vaśitvasiddhē, prākāmyasiddhē, prapti-siddhē,

Anima Siddhi, die Macht, klein zu werden.
Laghima Siddhi, die Macht, schwerelos zu werden.
Garima Siddhi, die Macht schwer zu werden.
Mahima Siddhi, die Macht, gross zu werden.
Ishitva Siddhi, die Herrschaft / Lordschaft über alles.
Vashitva Siddhi, die Macht alles zu befehlen oder Kontrolle über die Elemente zu bekommen.
Prakamya Siddhi, die Macht alle Wünsche zu erfüllen.
Prapti Siddhi, die Macht, sich überall hin auszudehnen und überall hinzukommen.

Anima, kleiner als ein Atom, das Schrumpfen des Körpers stellt die Abnahme des EOGs dar. Anima kann man bei-spielsweise auch als die Macht, klein zu werden, interpre-tieren. Gemeint ist aber auch die Fähigkeit zu besitzen, ganz demütig, sich nicht in den Vordergrund zu drängen, sondern auch in der Lage, ganz im Hintergrund oder mit wenig zufrieden zu sein.

Mahima, die Fähigkeit, sich auf immense oder unendliche Grösse auszudehnen. Über das alltägliche Leben hinauszusehen. Das Lebewesen ist nicht auf das Körper-Geist-System beschränkt. Es ist grösser als das Universum und weiter als der unendliche Ozean. Eins mit der Quelle oder mit Brahman. Zwänge werden überwunden. Mahima kann man beispielsweise, als die Macht gross zu werden, interpretieren oder als die Bereitwilligkeit, Verantwortung zu übernehmen und wenn nötig auch bereit zu sein, in den Vordergrund zu treten und viele Dinge zu bewirken.

Laghima, die Macht, leicht oder schwerelos zu werden. Levitation. Laghima lässt das Lebewesen über die Lasten des Lebens steigen. Lasten wie: Ängste, Wünsche, weltliche Sorgen usw. Laghima ist auch die Macht über den Geist zu haben. Frei von Materialismus und dem EGO-, Verstandesdenken zu sein. Es ermöglicht dem Individuum, höhere Bewusstseinszustände zu erreichen und zu erfahren.
Laghima kann interpretiert werden, als Bereitschaft, sich anzupassen und seine Ansicht zu ändern. Die Bereitschaft, sich an andere anzupassen und sie nicht zu blockieren. Man ist nicht derjenige, der sich dem Fortschritt entgegenstemmt.

Garima, die Macht schwer zu werden, kann man interpretieren, als die Fähigkeit, wenn nötig, auch bei seiner Meinung zu bleiben und mutig seine Meinung zu vertreten. Unerschütterliche Entschlossenheit, an den Tag zu legen. In der Wahrheit verwurzelt und unerschütterlich im Streben nach spiritueller Befreiung zu sein. Äussere Einflüsse haben keinen Einfluss auf den Frieden im Inneren des Seins. Keine Anziehung von Materialismus oder weltlichen Sorgen.

Prapti, die Möglichkeit alles anzuziehen, sei es materiellen Reichtum, spirituelles Wissen oder inneren Frieden. Erkennen und nutzen des Universellen und spirituellen Reichtums im Einklang mit der wahren Natur.
Prapti konzentriert sich auf Dinge ausserhalb des Körpers. Dieses Siddhi gibt einem die Fähigkeit, sofort die Dinge zu bekommen, die man sich wünscht. Die Siddhi-Benutzer können aus dem Nichts alles bekommen, was sie wollen. Manifestieren von zum Beispiel: Vibhuti (heilige Asche) oder Murtis (kleine indische Gottheiten in Statuen Form). Ein Prapti Sittar war Sathya Sai Baba - indischer Guru

Prakamya, bietet seinem Benutzer ein breites Spektrum an Fähigkeiten. Es ermöglicht dem Benutzer, zu teleportieren (nahezu zeitgleich an einem Ort verschwinden und an einem anderen Ort wieder zu erscheinen). Prakamya Siddhi können das Leben aussergewöhnlich lange verlängern. Im Allgemeinen ermöglicht Prakamya dem Benutzer, sich an die Umstände anzupassen. Zudem bietet dieses Siddhi die Meisterschaft über die Natur wie Erde, Feuer, Wasser und Luft. Einheit zwischen dem individuellen und dem kosmischen Willen, was dem Grossen und Ganzen zum Wohlergehen geschieht. Symbolisiert, auch die innere Erfüllung und Zufriedenheit.

Ishitva, der Einzelne, der dieses Siddhi erhält, hat die Fähigkeit, die Natur nach seinem Willen zu beeinflussen. Wenn jemand dieses Siddhi erreicht, wird sich die Erde gemäss seinem Wunsch bewegen, der Himmel wird regnen, wenn er es verlangt, und der Wind wird auf seinen Wunsch blasen.
Verschiedene Völker verfügten über Isitva-Kraft, sie konnten Bäume sofort wachsen lassen, es sofort regnen lassen und vieles mehr.

Vashitva, das letzte Ashta Siddhi, ermöglicht es dem Benutzer, die Gedanken anderer Menschen zu kontrollieren. Die Fähigkeit ist nicht nur auf den menschlichen Geist beschränkt, sondern auch auf den tierischen Geist. Diese Fähigkeit kann wilde Tiere und geistig gestörte Individuen zähmen. Verschiedene Avatare von Lord Vishnu konnten wütende Tiere und Einzelpersonen mit diesem Vashitva Siddhi sofort beruhigen.

Das Leben mit erwachter Kundalini

Zu guter Letzt (zum Thema Kundalini), ist noch zu erwähnen:

Das Leben mit einer vollständig erwachten Kundalini, auch Gottesverwirklichung oder Verwirklichung des Selbst genannt, ist geprägt von einem Gefühl tiefen Friedens und Mitgefühls. Menschen in diesem Zustand handeln selbstlos, grossherzig und aus reiner Menschenliebe, da sie sich als Teil eines grösseren Ganzen verstehen. Sie erleben Glückseligkeit nicht mehr durch äussere Umstände, sondern immerwährend aus ihrem inneren Sein heraus.

«Auch wenn der Yogi zu diesem Zweck über seine Methoden der Atemkontrolle, Pranayama, Mudras usw. verfügt, ist die Methode des Jnani nur die der Forschung. Wenn mit dieser Methode der Geist mit dem Selbst verschmilzt – Das Selbst, seine Shakti oder Kundalini, erhebt sich automatisch.»
Ramana Maharshi

Der Student fragte: «Was ist Kundalini?»

Der Meister antwortete: «Kundalini ist der Name einer schlafenden potenziellen Kraft im menschlichen Organismus.» Der Student fragte: «Wo liegt sie?»

Der Meister antwortete: «Sie befindet sich an der Wurzel der Wirbelsäule. Im männlichen Körper befindet es sich im Perineum zwischen den Harn- und Ausscheidungsorganen. Im weiblichen Körper befindet sich seine Position an der Wurzel der Gebärmutter, im Gebärmutterhals. Dieses Zentrum ist als Muladhara-Chakra bekannt.»

Der Student fragte: «Wie kann man Kundalini erwecken?»

Der Meister antwortete: «Um die Kundalini zu erwecken, werden verschiedene Praktiken angewendet. Wenn Sie Ihr Prana in den Sitz der Kundalini zwingen können, erwacht die Energie und gelangt durch Sushumna Nadi (den zentralen Nervenkanal) zum Gehirn. Wenn die Kundalini aufsteigt, passiert sie jedes der Chakras, die mit den verschiedenen stillen Bereichen des Gehirns verbunden sind.»

Der Student fragte: «Was passiert nach dem Erwachen der Kundalini?»

Der Meister antwortete: «Mit dem Erwachen der Kundalini kommt es zu einer Explosion im Gehirn, wenn die ruhenden oder schlafenden Bereiche wie Blumen zu blühen beginnen. Daher kann Kundalini mit dem Erwachen der stillen Bereiche des Gehirns gleichgesetzt werden. Sobald der vielschichtige Lotus der Sahasrara-Blüten (unsere Kundalini wird geweckt, um das Chakra zu krönen), dämmert neues Bewusstsein.»

Der Student fragte: «Was ist der Unterschied zwischen unserem gegenwärtigen Bewusstsein und diesem neuen Bewusstsein?»

Der Meister antwortete: «Unser gegenwärtiges Bewusstsein ist nicht unabhängig, da der Geist von den Informationen abhängt, die von den Sinnen geliefert werden. Zum Beispiel: Wenn Sie keine Augen haben, können Sie nie sehen. Wenn Sie taub sind, werden Sie nie hören.

Wenn jedoch das Überbewusstsein auftaucht, werden unser Wissen und unsere Erfahrungen völlig unabhängig (von Sinnesorganen). Das nennen man dann Befreiung oder Moksha.»

«Kundalini ist unsere Mutter, wir sind ihre einzigen Kinder und sie war unser ganzes Leben lang bei uns und hat nur auf den Moment der Erfüllung gewartet.»
Shree Mataji Nirmala Devi

„Entzünde das Feuer der Kundalini tief in der Meditation. Bringen Sie Ihren Geist und Ihren Atem unter Kontrolle. Trinken Sie tief von der göttlichen Liebe, und Sie werden den Zustand der Einheit erreichen ..."
Die Shvetashvatara Upanishad 2:6

«Geist, Atem und Kundalini sind miteinander verbunden. Kümmere dich um eines davon und die anderen beiden werden automatisch beeinflusst.»
Sri Amma Bhagavan

Śri Yantra oder Śri Chakra

Kreation von Nishkàma

Śrī Yantra gilt als das heiligste und bedeutendste Yantra. Dieses Yantra zeigt die Vereinigung zwischen dem männlichen und dem weiblichen Aspekt im Menschen, so wie es nach dem vollständigen Erwachen der Kundalini geschieht. Es ist ein geometrisches Diagramm von starker Wirkkraft und erzeugt mit seiner hohen Schwingung ein starkes, ausbalanciertes Energiefeld. Es steht für die gesamte Schöpfung und verbindet den Betrachter mit dem Bewusstsein der göttlichen Mutter in all Ihren Aspekten. Das Yantra repräsentiert die Lebens- und Liebesenergie und wirkt auf das Herzchakra. Bindu ist der Punkt in der Mitte, um den das Mandala entsteht und der das Universum darstellt. An dem die Schöpfung beginnt und zur Einheit werden kann. Es wird auch als das heilige Symbol des Kosmos in seinem unmanifestierten Zustand beschrieben.

«Es gibt kein Ziel zu erreichen, nichts, was erlangt werden kann. Du bist das Selbst. Du existierst immer. Über das Selbst kann nicht mehr ausgesagt werden als: Es existiert. Gott oder das Selbst zu sehen ist nur: Du selbst zu sein.» Ramana Maharshi

Innehalten: Kundalini-Erwachen und Siddhis?

Wenn du magst, reflektiere dein Leben: Kennst du Kundalini-Erlebnisse oder übersinnliche Kräfte, wie sie oben beschrieben wurden?

Geschahen oder geschehen dir Dinge, mit denen du alleine umgehen musst, weil es für die «Gesellschaft» nicht nachvollziehbar ist?

Wenn du möchtest, kannst du es hier unten festhalten.

_____

_____

_____

_____

_____

_____

_____

_____

_____

_____

_____

_____

«Der wahre Beruf des Menschen ist,
zu sich selbst zu kommen.»

«Ein grosser Mensch ist, wer sein kindliches
Herz nicht verliert.» Menzgi

Werdet wie die Kinder und die Masken werden fallen.
Als Kinder tragen die Kleinen noch keine Masken, die Mädchen und Buben sind ganz authentisch und es drückt sich das, was gerade da ist, durch ihre Formen, aus. Im Laufe der Zeit werden diese unschuldig freien Wesen geformt und verbogen, damit sie in unsere antrainierte Gesellschaft hinein passen. Es gibt aber immer wieder Kinder, die sich schon von klein auf einfach nicht verbiegen lassen.

So stellt sich die Frage: geht es nicht genau darum, die Unschuld, die die kleinen Kinder ausdrücken, als erwachsener Mensch wiederzuerlangen?

Es ist möglich, wieder wie die Kinder zu werden, deshalb ist auch der Vers aus dem Matthäus-Evangelium, der lautet:

«Wenn ihr nicht umkehrt und werdet wie die Kinder, werdet ihr nicht in das Himmelreich hineinkommen.» (18,3).

«Wenn ihr nicht umkehrt» - wenn ihr euch nicht nach Innen wendet, um die Wahrheit in euch zu finden, werdet ihr nicht nach Hause kommen oder das Selbst realisieren können.

«Und werdet wie die Kinder», wenn wir dem Kind oder den Kindern zusehen, können wir feststellen, dass die kleinen Geschöpfe sehr aufmerksam sind. Sie lernen durch Beobachten und Nachahmen, sind im Ursprung schon zu Hause und somit nach ihren Möglichkeiten stets authentisch. Das würde so bleiben, würde das Kind nicht von den Grossen verändert werden. Würden die Kinder nicht gelobt oder bestraft werden, würde niemand sie auf Leistung trimmen und die Kinder so aufwachsen könnten, wie sie im Ursprung sind. Was wäre dann? Wäre es dann vielleicht einfach ein harmonisches, neutrales, wahrhaftiges Lebewesen, zuerst als wachsendes Kind und später als erwachsener Mensch?

Beobachten wir kleine Kinder, erkennen wir, dass diese sich aus dem Moment heraus stets neu erfahren. Man könnte auch sagen, wie sich die Existenz oder Gott von Moment zu Moment durch diese unschuldigen, noch freien Geschöpfe immer mehr Ausdruck durch Nachahmen verschaffen. Die bislang nicht geprägten Kinder zeigen Freude, lachen oder weinen aus einem inneren Gefühl, ihres angeborenen Instinktes heraus. Folglich gibt es bei den kleinen Kindern keinen Verstand, sondern ihr Verhalten und Handeln geschieht nach dem Überlebensmechanismus des Körpers heraus. Sie machen sich bemerkbar bei Freude, Hunger, voller Windel, Schmerz oder sonstigem Unwohlsein. Solange sie bisher nicht gelernt haben zu sprechen, können sie auch noch nicht denken, jedoch Gefühle können sich bei ihnen schon einprägen. Das Kind macht, wie wir ja wissen, ganz viele verschiedene Erfahrungen, bis es gross ist.

Erfahrungen, aus denen es lernt und mit der Zeit, je nach Erziehung (oder müsste hier stehen Verziehung?), auch anfängt, aus dem Nachahmen von den Erwachsenen, den Schmerz zu vermeiden und das Genüssliche oder das Befriedigende zu suchen. Da die Kinder nachahmen, was die Grossen vorleben, ist es wundervoll, wenn Kinder bei bewussten Menschen und in liebevoller Gesellschaft aufwachsen können. Was aber leider noch nicht immer dem alltäglichen Geschehen entspricht.

Das Kind wächst heran und schon früh wird es lernen, sich anders zu geben, als es eigentlich im Ursprung ist. Das Natürliche, im Ursprung des Wesens, geht durch das Umfeld, in dem es aufwächst, schnell verloren. Und so werden Masken angezogen. Wer legt uns dann die Masken an? Zuerst legen die Grossen, die schon Masken tragen, den

Kleinen auch welche an und weil das Kind durch Nachahmung und geliebt werden wollen, lernt, wird es bald sich selbst und das ganz automatisch, Masken aufsetzen. Und vorüber ist es mit der natürlichen Unschuld seines kindlichen Seins.

Erzählung: Osho und seine ersten sieben Lebensjahre
Oshos gebürtiger Name: Chandra Mohan Jain geboren am 11. Dezember 1931 in Kuchwada-Bhopal, Madhya Pradesh. Indien. Gestorben am 19. Januar 1990 in Pune Maharashtra Indien. Auch als Bhagavan Shree Rajneesh bekannt.
Als erstgeborenes Kind wurde Chandra seinen Grosseltern mütterlicherseits gegeben, um die ersten sieben Jahre in einem kleinen Dorf an einem kleinen See bei ihnen aufwachsen zu können. Sein Grossvater nannte ihn Raja («König»). Seine Grossmutter war eine sehr weise Frau und gab Raja keinerlei Vorschriften oder Regeln. Der Junge konnte sich dadurch frei entfalten. Obwohl er viele Streiche anstellte, wurde er nie bestraft, er konnte tun und lassen, was er wollte. Sein Grossvater kam manchmal mit dem Jungen an Grenzen, die Grossmutter achtete aber, dass dieser ihn immer weiter gewähren liess. Raja liebte seine Grosseltern mehr als seine leiblichen Eltern. Einmal geschah es, dass der Guru von seinem Grossvater zu Besuch in ihr Haus kam und viele Leute zugegen waren. Dieser Guru trug keine Kleider, was der junge Raja nicht verstehen konnte und zu seiner Grossmutter sagte: «Zumindest ein Tuch hätte dieser doch über seine Lenden legen können.» Als dieser Guru die Besucher belehrte, hörte der Kleine Raja aufmerksam zu, durch seine Klarheit und Unverdorbenheit bemerkte er sehr schnell das dieser

Mann kein echter Guru war und stellte ihm kritische Fragen, die dieser in Wut und Rage brachte. Raja sagte zu seinem Grossvater: Siehst du, der wird wütend, kann es sein, dass er gar kein echter Meister ist? Der Grossvater schämte sich und wurde ebenfalls wütend, doch die Grossmutter unterstützte Raja lächelnd. Der Junge sprach ja einfach nur die Wahrheit. Als der Guru dann bald das Haus verliess, sagte Raja zu seinem Grossvater, ob er sich nicht einen neuen Guru suchen wolle. Seine Grossmutter doppelte gleich nach, Grossvaters Wut war schon lange verflüchtigt und er sagte ebenfalls lachen, er werde sich demnächst nach einem anderen Guru umsehen. Was er dann aber doch nie tat. Raja wurde ein kleiner Rebell, was ihm niemand mehr nehmen konnte, dass er dank seiner Grossmutter, die ihn in seinen ersten Jahren in dieser Welt liebevoll unterstützte, wo sie nur konnte.
Mehr zu: OSHO-Autobiografie vom Allegria Verlag.

Ein authentisches Leben heisst; sich zuerst einmal den aufgesetzten Masken bewusst zu werden, um dann diese angeeigneten Masken wieder fallen zu lassen. Ohne sich seiner eigen aufgesetzten Masken gewahr zu werden, wird der Mensch nicht nach innerem Erkennen oder nach Befreiung suchen können. Er wird sich vergeblich bemühen, nach Wahrhaftigkeit zu streben und das, um gleichzeitig angstfrei leben zu können.

Das Leben an sich hat aber immer das volle Potenzial der Erkenntnis in sich selbst verborgen und deshalb ist nichts unmöglich. Es ist so wundervoll, wenn ein Mensch bereit ist, nach innen zu horchen, um sich dabei seiner Schwachstellen gewahr zu werden. Und dieser anfängt, Prägungen und überlagerte Muster zu erkennen, zu klären, zu beseitigen und somit Maske um Maske wegfallen kann.

Wenn wir uns solcher auferlegten, nicht authentischen Masken bewusst werden, wollen viele Menschen diese, glücklicherweise, wieder fallen lassen.

Manche Masken können einfach und schnell abgelegt werden und bei anderen kann es etwas länger dauern, bis diese dann, durch, das Arbeiten daran auch wegfallen.

Bei Begegnungen mit fremden Leuten oder wenn sich neue Bekanntschaften ergeben, kann oft leichter ohne Masken aufgetreten werden. Schwieriger wird es, bei Familienmitgliedern oder alten Freunden aufzutreten, wenn die Masken gefallen sind. Gerne fällt der Mensch zu Anfang unbewusst und automatisch, in die alten Rollen zurück. Bis er dann ganz bewusst, auch dort die alten Muster, nicht mehr bedienen wird.

Es braucht zwar vielleicht manchmal etwas Mut, aber es lohnt sich alleweil. Wundern sollte man sich aber nicht, wenn dann genau diese altbekannten Leute nicht mit der Veränderung des Gegenübers umgehen können und diese vielleicht sogar belächeln oder irgendwelche Sprüche fallen lassen.

Es ist sehr wertvoll bei jeder Kritik, die von aussen kommt, sich nicht klein machen zu lassen, sondern in Gedanken auf die eigene Schulter zu klopfen und innerlich, zum Beispiel, zu sagen: «Super, nun habe ich keine Maske mehr aufgesetzt. Auch wenn die anderen nicht damit klarkommen, so weiss ich; die können jetzt nicht anders, als sie sich gerade ausdrücken. Aber es ist gut für mich zu erkennen, dass es in erster Linie geschieht, damit ich mich reflektieren kann und ich brauche da nicht mehr in Resonanz zu gehen oder mich erklären zu wollen, sondern kann es einfach und ohne Worte stehen lassen.»

Maskenfrei, authentisch und wahrhaftig zu leben hat auch den grossen Vorteil, denn mit wem auch immer wir in Kontakt treten, wir müssen uns nie überlegen, was wir bei dem letzten Treffen gesagt haben. Wir sind, wie wir sind, und das ewiglich aus dem Moment heraus, klar, wahr und ehrlich.

Authentisch (ohne Masken) zu leben, verändert die Begegnungen mit den Menschen. Wenn solche Menschen gefragt werden, geben sie ehrliche Antworten (sofern sie das Gefühl haben, es kommt beim Gegenüber auch an). Ansonsten erzählen sie eher weniger und wenn, dann nur Gutes oder Aufbauendes und können es gut aushalten, wenn es in der Begegnung auch einfach längere Zeit still ist. Es gibt weder Tratschen noch über weltliche Dinge zu diskutieren oder gar über Krankheiten zu klagen. Somit wird es wahrlich, einfach und sehr still. Es sei denn, es gibt aufbauende, energiestärkende Gespräche über tiefgreifende Themen, die bei beiden Parteien früchtetragend sind.

Es ist gut möglich, dass sich durch ein maskenfreies Leben, Menschen aus dem Umfeld entfernen. Aufgrund dessen, weil sie die Stille nicht aushalten oder den Small-Talk vermissen.

Authentisch, maskenfrei lebende Menschen werden mehrheitlich den Alltag mit sich selbst geniessen und haben tendenziell, wenn überhaupt noch, immer weniger wahre Freunde. Da kommt beim einen oder beim anderen, vielleicht auch die Fragen auf: «Möchte ich mir wegen eines menschlichen Verlustes, doch lieber wieder Masken aufsetzen oder lasse ich solche Menschen einfach weiter ziehen?» oder «Erlaube ich mir wahrhaftig zu bleiben und mich allenfalls von Menschen zu erlösen, die nicht mehr stimmig für mein System sind?»

«Lass gehen, was du nicht halten kannst».

Der Unterschied zwischen dem Kind und dem Erwachsenen, der die Befreiung erlangt hat und dadurch wieder zum Kind geworden ist, ist, dass er das maskenfreie, unschuldige Leben bewusst erleben kann. Was bei dem Kind (bis zu vielleicht ganz wenigen) nicht so ist und das darum, weil bei dem Kind das Bewusstsein noch fehlt.

Das Kind lernt im Laufe seines Lebens, je nach Lebensumständen, in denen es aufwächst und wie es konditioniert und geprägt wird, sich viele Masken aufzusetzen. Diese Masken werden dann unbewusst gehegt und gepflegt, und da das alles ohne Bewusstsein geschieht, entfremdet sich das Lebewesen immer mehr von seiner wahren Natur. Das Tragen von Masken geschieht aus Angst, Unsicherheit und aus der fälschlichen Idee heraus, so in Sicherheit zu sein. Durch solche Geschehnisse konditionierte sich der Mensch oder besser sein Verstand und ist deswegen immer tiefer in die eigene Selbstentfremdung gefallen.

Diese Entfremdungen sind unterschwellige Absichten wie zum Beispiel: Der Angst vor Verletzung und dieser aus dem Weg gehen zu können, aber auch um geliebt zu werden, etwas im Leben darzustellen oder eine fixe Idee aufrechterhalten zu können. Viele Menschen wollen wichtig genommen oder von anderen als etwas Besonderes angesehen werden. So gäbe es noch viele weitere Beispiele, warum sich der Mensch Masken angezogen hat und an diesen meistens und auch unbewusst festhält.

Mit der Zeit vergisst der Mensch dann seinen Instinkt oder seine angeborene Intuition und baut Grenzen um sich auf. Grenzen, mit denen er kontrolliert, damit ja nichts Unvorhergesehenes oder Unkontrolliertes geschehen kann.

Denn die Angst vor unterschiedlichen, zuvor im Leben erlebten Dingen, kann nur schon bei der Vorstellung, grosse Unruhe im Körper-Geist-System auslösen.

Meistens durch einen Schicksalsschlag oder eine plötzliche Öffnung fängt der, bis zuvor nach Aussen gerichtete Mensch, sich zu hinterfragen an; «Warum habe ich Angst?» «Warum bin ich traurig?» «Warum verstecke ich mein wahres Gesicht, hinter so vielen anstrengenden und gut getarnten Masken?» «Warum ticke ich so und nicht anders?» «Wer bin ich überhaupt?» «Wer sind die anderen?» «Gibt es eine höhere Macht oder einen Gott?» «Wenn Ja, wer ist Gott oder die Macht, die alles steuert?» Und noch viele andere Fragen können, bei dem aufwachenden Menschen, auftauchen.

Das Sinnieren oder Kontemplieren, um Antworten auf die oben erwähnten Fragen zu erhalten, lässt den Menschen zu einem Suchenden werden und er ist bemüht, seiner wahren Natur näherzukommen und diese zu verwirklichen.

«Manchmal sind es nicht die Menschen, die sich ändern, sondern die Masken die fallen.» Unbekannt

«Enorme Energie wird freigesetzt, wenn wir endlich unsere Masken fallenlassen und wagen, ganz wir selbst zu sein.»
Frederic Laloux

Innehalten: Welche Masken trägst du noch?

Wenn du magst, warte mit dem Weiterlesen der Zeilen und erforsche gleich in der Tiefe deines Wesens mit den Fragen wie:

Welche Masken trägst du heute noch?

Kannst du dir vorstellen, diese jetzt fallen zu lassen?

Übung: Stelle dir mental vor, wie es ist, frei von dieser, von dir erkannten Maske sein zu dürfen.

Wie fühlt es sich an, authentisch zu sein?

Was hat sich verändert, in dir?

Bist du bereit, die Maske jetzt endgültig fallen zu lassen und die dadurch entstehende, neugewonnene Freiheit zu geniessen?

Wenn du möchtest, kannst du deine Erkenntnisse hier unten aufschreiben:

_____

_____

_____

_____

_____

_____

_____

_____

_____

_____

_____

_____

_____

_____

_____

_____

_____

_____

_____

_____

_____

_____

_____

_____

_____

_____

_____

_____

*«Die falsche Vorstellung - «Ich bin der Körper» ist die
Ursache von allem Unglück. Diese falsche Vorstellung
muss verschwinden. - Das ist Verwirklichung. -
Verwirklichung ist kein Erwerb von etwas Neuem
und keine neue Fähigkeit. Sie ist lediglich die
Entfernung aller Tarnungen.»*

Satsanga

Das Wort Satsanga kommt aus der Sanskrit-Sprache, einer der ältesten Sprachen, die im Ursprung in Gesangsform gesprochen wird. «Sat», lässt sich mit wahr oder weise übersetzen. «Sanga» heisst, Zusammentreffen mit einem Guru, Meister oder Lehrer. Mit einer Sanga kann auch eine Gemeinschaft oder Kommune gemeint sein. Eine Gruppe von Menschen, die zusammen kommen, um über die Wahrheit zu sprechen. Zudem kann es ein Ashram mit einem Meister oder einer Meisterin sein.

Satsanga oder die Begegnung mit einem verwirklichten Meister, ist eine grosse Hilfe für einen Sadhaka, der ein Gott suchender ist, der sich unerlässlich um Fortschritt nach Verwirklichung bemüht. Guru oder Meister sind eine Anlaufstelle, damit sich der Schüler meist klarer «im unpersönlichen Sein» erfahren und festigen kann. Auch um seine Anhaftungen von «ich» und «mein» besser überwinden zu können und um sich aus den Fesseln des Materiellen leichter befreien zu können, kann die Präsenz eines verwirklichten Menschen sehr hilfreich sein.

Die Begegnung mit einem Meister beinhaltet das Potenzial, dass der Funke vom Meister auf den Suchenden überspringen kann.

Der nach Befreiung strebende Mensch hat zudem eine Anlaufstelle, wo er, mit seinen oft nicht mehr alltäglichen Geschehnissen, Gehör findet. Sowie auch Bestätigung, dass all das Ungewohnte, was der Suchende nach einer Öffnung erlebt, zu seinem Loslösungsprozess dazu gehört.

Der Meister macht darauf aufmerksam, sollte sich das EGO bei Aspiranten irgendwie erneut einschleichen. Ein Guru zeigt auch die fallen zulassenden Neigungen und

Tendenzen (Vasanas) sowie Überlagerungen und Konstrukte auf und das, damit der Suchende versteht, wie wichtig es ist, diese Anhaftungen gehen zu lassen.

Im Westen wurde das Wort Satsanga vielfach auf Satsang geändert. Es wird dazu verwendet, eine bestimmte Menschengruppe anzuziehen. Menschen, die an Erleuchtung, oder dem Erwachen, also an ihrer eigenen Befreiung interessiert sind. Wahrheitssuchende finden heute viele Angebote. Sie müssen auch keine langen Reisen mehr nach Indien unternehmen, um dort einen Guru zu finden. Um sich diesem dann, wie es zur Meister-Schüler-Tradition gehört, zwölf Jahre zu verpflichten. Diese «Meister-Schüler-Tradition» half dem Sadhaka, Demut und Hingabe zu lernen. Als Gegenleistung, so heisst es; schenkt der Guru dem Schüler dann die Erleuchtung.

Natürlich kann kein Meister jemandem Befreiung schenken, denn da ist immer die göttliche Gnade mit im Spiel, und die ist unergründlich. Auch wenn es manchmal so aussieht, als habe ein Meister etwas getan, ist es doch immer nur das, was geschehen darf und geschieht genauso, wie es in jedem einzelnen Wesen angelegt ist.

In den letzten Jahren, und das vor allem durch das Internet, ist es hier im Westen leicht geworden, an sogenannte Wissende, Sprecher oder Satsanglehrer heranzukommen. Sei es über das Internet durch Online-Angebote oder je nachdem, sich auch persönlich mit solchen Menschen zu treffen.

Das ist gerade ein Stichwort: «Ein eigenes Bild machen». Es ist das A und O und notwendig, denn es gibt mittlerweile ein so grosses Angebot von Satsang Lehrern, dass es leicht zu mehr Durcheinander als zu Loslösungserfahrungen führen kann. Vor allem, wenn man dann, diese Leute, meist unbewusst auf einen Sockel hinauf stellt, mit der Idee, diese seien etwas Besseres oder etwas Besonderes. Das sind sie aber nicht und sollte ein Lehrer von sich sagen, er sei etwas Besonderes, so würde ich persönlich schon mal vorsichtig, kritisch und sehr wachsam sein.

Es gibt in diesem spirituellen Feld alles Mögliche an Menschen, und das ist gut so, damit jeder Einzelne seine Erfahrungen mit Sprechern oder Lehrern machen kann. Das Spektrum der Erfahrungsmöglichkeiten ist gross, es gibt sogenannte Lehrer oder Meister, die selbst noch nicht alle Neigungen befreit haben, aber diese trotzdem eine transformierende Energie ausstrahlen. Leider gibt es auch diese, die ihre eigenen noch nicht befreiten Anteile im Schein der Heiligkeit, an suchenden, oft unsicheren oder hörigen Menschen, ausleben. Sei es in Macht- oder sexuellen Dingen, das bis zu Übergriffen gehen kann. Das sind dann auch solche «sogenannte Befreite», die mit fadenscheinigen Aussagen wie: «Es geschieht ja durch mich!» sich alles Mögliche erlauben.

Glücklicherweise gibt es viele weise Seelen, die sich berufen fühlen, den suchenden Menschen als Unterstützung dienen zu dürfen.

Darum ist es wichtig, in welcher Begegnung auch immer, sich nur das heraus- oder mitzunehmen, was in einem selbst anklingt und alles andere zu verwerfen. Das gilt übrigens auch in diesem Buch. Herauszufiltern, was gerade genutzt werden kann, auch zu hinterfragen oder einfach stehenzulassen.

Wie schon früher einmal in diesem Buch erwähnt, ist der wahre Guru schliesslich nur im eigenen Herzen, das heisst; in sich selbst zu finden. Satsang-Begegnungen mit Sprechern sind da, um sich reflektieren zu können und auch zu erfahren, wie viel der Suchende sich seiner Selbst schon bewusst ist. Denn es sind wahrlich nur ganz wenige, die auf einen Schlag die totale Befreiung, in das unpersönliche Sein, erlangen. Die anderen werden Schritt für Schritt voranschreiten. Eben genau so, wie es in jedem Einzelnen angelegt ist. Die Einen schneller und die anderen in einem gemächlichen Tempo. Und wisse: «Der Weg, ist das Ziel!» Ob der im Ursprung gesetzte Same auf fruchtbaren Boden fällt oder er nur wenig, bis keinen Nährboden findet, um zu spriessen, das ist wiederum nicht möglich zu ergründen.

Für einen Menschen, der in Gruppenbegegnung zum Satsang oder zu einem Sprecher geht, ist es gut, wenn er weiss, dass wenn irgendeine Person aus dem Publikum eine Frage an den Meister stellt, die Antwort in erster Linie für den Fragesteller bestimmt ist.

Besucher, die das nicht wissen, nehmen oft alles eins zu eins für sich persönlich, kommen dadurch schnell in Widerstand oder in Konflikt mit den gesprochenen Worten des Meisters. Umgekehrt kann es geschehen, dass der eine oder andere auf seine innere Frage eine für ihn hilfreiche Antwort bekommt. Und das, obwohl der Meister ja gerade mit einer anderen Person im Gespräch ist. Alles ist möglich. Meines Erachtens ist es aber auch gut, in einer Begegnung die Energie des Meisters wahrzunehmen oder zu spüren. Wie fühle ich mich gerade? Was strahlt der Meister aus? Und darauf zu achten, ob das Denken ruhiger wird oder eine Vertiefung der Stille, im eigenen System wahrnehmbar ist.

Die Antwort eines wahrhaftigen Meisters kommt direkt, unverfälscht und immer von der höchsten Präsenz oder göttlichen Instanz. Darum wird es auch klar, warum solche Menschen genau zu prüfen sind. Leben sie selbst auch das, wovon sie sprechen?

Also nochmals;
Wenn der Meister in direktem Bezug zu einem Fragesteller steht, sind die gesprochenen Worte, die aus seinem Munde kommen, manchmal gar nicht für die anderen Zuhörer geeignet. Also darf nicht immer alles Gehörte, ohne es in sich zu prüfen, übernommen werden. Ansonsten können die nicht für ihn gesprochenen Worte zur Unklarheit bis hin zur Desorientiertheit führen.

Fazit; prüfen, ob etwas anklingt, wenn nicht, unbedingt verwerfen oder persönlich beim Meister nachfragen. Den gut zu wissen; das Göttliche lässt jedes einzelne Lebewesen seine eigenen Erfahrungen machen, das zeigt auch auf, dass Befreiung keine kollektive Angelegenheit sein kann.

«Wer du bist. Sei so wie du bist. Sei einfach still. Ignorieren Sie alle Vasanas (geistige Tendenzen), die im Geist aufsteigen, und richten Sie Ihre Aufmerksamkeit stattdessen auf sich selbst.» Annamalai Swami

*«Die größten Meister sind diejenigen,
die nie aufhören, Schüler zu sein.»
Ignaz Anton Demeter*

Geschichte: Im Satsang

Es war einmal ein Meister, die Menschen nannten ihn Babu oder Babuji. Es gab viele verschiedene, meist suchende Menschen, die zu Babu fanden. Er war ein achtsamer, authentischer und im Leben stehender Mann. Viele erkannten ihn als einen im Leben befreiten, erleuchteten Meister, also einen Jīvanmukta. Das, wovon er sprach, kam aus der Tiefe des absoluten Seins und war für die Menschen, die zu ihm kamen, und offen dafür waren, eine transformierende Erfahrung mit der Wahrheit. Denn das, wovon der Weise sprach und was der Weise vorlebte, war identisch, denn er hatte das, wovon er sprach, im Laufe seines eigenen Lebens an sich selbst erfahren.

So zog es Menschen aller Gattungen zu ihm in den Satsang. Solche, die ein tiefes, inneres Verlangen nach der eigenen Befreiung hatten. Es gab auch die Menschen, die wahrlich nicht verstanden, warum sie immer wieder zu den Begegnungen mit Babuji hingezogen wurden. Das waren vielfach die Menschen, die sich von ihrem Herzen leiten liessen. Es kamen solche, die zwar schon gerne befreit werden wollten, aber nicht bereit waren, dafür alles an Anhaftungen aufzugeben. Einige waren darunter, die es toll fanden, sich in einer Gemeinschaft mit einem Meister aufzuhalten, um nebenbei vielleicht noch neue Freunde finden zu können. Auch die kopflastigen und belesenen Menschen, die die Befreiung mit dem Verstand machen wollten, kamen zu Babu. Diese Menschentypen waren wie: «das feuchte Holz, das nur schwer zu brennen anfängt», weil diese kopflastigen Besucher zuerst frei von ihren festgefahrenen Ideen und Meinungen werden mussten. Diese waren auch die, die in den Gruppen-Begegnungen gerne andere Teilnehmer oder den Weisen belehren wollten. Was der Meister aber dann immer gleich wieder korrigieren musste und das, weil es einfach nicht der Wahrheit entsprach. Denn solchen Menschen mangelte es meistens an den eigenen tiefen Erfahrungen, die nicht in Büchern zu finden sind. Und es kamen auch solche, die gerade mal wieder in einer Lebenskrise steckten und sich erhofften, dass Babuji sie von ihren Leiden erlösen würde.

Babu begegnete gerne den verschiedenen Menschen im Satsang. Manchmal war es ganz still im Raum und er sah dem ein oder anderen lange und tief in die Augen. Er wusste, dass die Möglichkeit bestand, dass sein Blick im Gegenüber etwas transformieren konnte, so es sein durfte. Er machte aber nichts, es war, als schaue sich die Existenz selbst in die Augen. Aus der Stille des Seins tauchten aber auch Worte auf, die der Meister dann aussprach. Es ging immer um Befreiung und Erkennung, dass es in jedem Lebewesen nichts Persönliches oder Eigenständiges gibt. Und dass, solange es sich bei den Besuchern noch nicht verinnerlicht hat, die Begegnungen auf verschiedenen Ebenen, mit oder ohne Worte, stattfanden. Wer oder was ist es dann eigentlich, das die Idee von einer eigenständigen Person macht? Ist es nicht der Verstand, der schon in ganz früher Kindheit anfängt, sich als etwas Eigenständiges zu konzeptualisieren oder zu prägen? Um das zu erkennen und sich dessen zu entledigen, war die Begegnung mit Babuji eine wundervolle Möglichkeit.

Der Weise war sich bewusst, dass eigentlich nur die Stille des Seins dem Suchenden wahrhaftige und immerwährende Erlösung bringen konnte.

Verschiedene Leute, mit verschiedenen Interessen, kamen zum Satsang.

So kam unter anderem eine Zeit lang eine Frau, diese verliebte sich heimlich in den Meister. Sie kam immer schon lange Zeit, bevor der Weise eintraf und sass so jedes Mal in der vordersten Reihe und das natürlich, um ganz nahe bei Babuji sein zu können. Diese Frau *schwelgte heimlich in der Vorstellung; wie es wohl wäre, mit dem Weisen, als Liebespaar, zusammen sein zu können. Diese Träumerin verlor sich in ihren Gefühlen von Verliebtheit und den fantasievollen Geschichten, die ihr, ihr eigener Verstand erzählte. Bis sie, wegen ihres interpretierenden Verstandes, sogar behauptet hätte: Sie wisse, dass auch der Meister in sie verliebt wäre.*

Babuji nahm das sehr wohl wahr und hoffte, dass sich bei der Frau in den Begegnungen mit der Wahrheit dieses Konstrukt in ihr erlösen könnte. Er sprach gelegentlich auch über Mann und Frau und wie es ihm heute damit erginge. Babu erzählte, dass für ihn, seit dem vollständigen Durchbruch der Kundalini-Energie in die unpersönliche Verwirklichung des Selbst, kein Unterschied mehr zwischen Frau und Mann existierten. Er erkenne nur noch das Ganzheitliche oder das Göttliche in jedem Menschen. Und das sein Ausdruck, in dieser Welt geschehe, um die Überlagerungen in den Suchenden aufzudecken oder auf deren Wunsch bei Klärung behilflich zu sein. Die Sexualität, die er früher mit seiner Frau gelebt hätte, oder Gefühle wie Lust oder sexuelles Begehren, seien durch Entsagung und Sadhanas (spirituelle Übungen), schon früh fast aufgelöst worden und hätten sich mit dem Kundalini-Durchbruch in seinem System gänzlich verabschiedet.

Ein Mann sass ebenfalls oft im Satsang, dieser Mann bezog, was vom Weisen gesprochen wurde, auf sich selbst. Dieser hatte Babu schon bei der ersten Begegnung auf einen hohen Sockel gestellt. Wahrlich, der Meister war Gottgleich und er nur ein armer Sünder, so dachte sich dieser Mann und gab seine ganze Eigenverantwortung ab. Also einfach beim Meister bleiben, er weiss, was ich brauche. Das war seine unwissende Meinung und sein Verstand sagte im Stillen zu ihm: «Der Meister ist allwissend und ich tue einfach nur, was der sagt, und das, damit ich so wie er werden kann». So dachte und machte der arme Mann. Er glaubte alles, was auch immer aus dem Munde des Weisen gesprochen wurde und das, ohne es für sich selbst zu überprüfen. Ohne dem Gehörten im Gruppensatsang auf den Grund zu gehen, ob die von Babuji gesprochenen Worte auch für ihn gut und gerade richtig waren. Dieser Besucher lebte nicht authentisch und er versuchte, seine noch laufenden Wünsche abzuwürgen. Dadurch wurde sein EGO hochmütig und zugleich kamen in ihn immer wieder tiefe Frustrationen und Ärger hoch, dass er dann an anderen Menschen, Tieren oder Dingen auslassen musste. Nach solchen Entladungen folgten dann wieder starke Gefühle von Scham und Schuld. Dieser Mann steckte in einem Teufelskreis fest. Babuji versuchte immer wieder aufs Neue und unermüdlich dem Mann begreiflich zu machen, dass er sich tiefer betrachten sollte, um erkennen zu können, welchen EGO-Konstrukten er unterworfen wäre.

Es gab auch eine Besucherin, diese war sehr auffällig in ihrem Verhalten, wollte stets recht haben und benutzte jede Möglichkeit, die sich ihr im Satsang ergab, um andere Menschen belehren zu können. Das, was die Frau aussprach, war oft verletzend, natürlich traf sie im Satsang auch immer wieder auf Resonanz bei anderen Menschen, die, wie sie, ihr EGO auch noch nicht durchschaut hatten. Es gab immer einmal wieder laute Auseinandersetzungen zwischen ihr und anderen Teilnehmern, sogar während des Satsangs, vor allem aber in den Pausen, geschahen solche Begebenheiten. In der Runde mit Babu machte dieser die darin involvierten Teilnehmer, stets durch klärende Worte, auf ihr eigenes EGO-Gehabe aufmerksam. Die einen waren dankbar dafür und konnten seine manchmal dann sehr strengen Worte annehmen. Solche erkannten und verbesserten dadurch ihr eigenes Verhalten. Durch das Bewusstmachen vom Meister bekamen sie Erkenntnis über ihr Fehlverhalten und Klärung, warum sie in dieses Fettnäpfchen hineingeraten oder getreten waren. Andere verliessen frustriert den Satsang, weil sie nicht recht bekamen und ihr EGO verletzt oder gekränkt war.

Die ältere Frau kam trotz allem immer wieder zum Satsang. Mit der Zeit wurde diese auf wunderliche Weise immer liebevoller mit sich selbst und dadurch auch mit ihrem Umfeld.

Es gab auch die Menschen im Satsang, die ruhig und eher zurückhaltend waren. Menschen, die in sich gekehrt waren, aber auch solche, die sich gerne zur Show stellten und es dann liebten, wenn der Meister mit ihnen mitspielte und der ganzen Gruppe dadurch den Tag mit viel Gelächter versüsste.

Es gab aber auch die Dramaköniginnen und Könige oder die, die sich Mitleid vom Meister und den anderen Anwesenden erhofften, durch das Erzählen von ihren dramatischen Geschichten.

Da waren auch wenige, die meinten, sie hätten ihre eigene Meisterschaft schon erreicht und erwarteten vom Babuji eine Bestätigung, dass es so sei. Die sie aber nicht bekamen, weil es einfach nicht der Wahrheit entsprach und sie deshalb vom Weisen, der das Erkannte, enttäuscht werden mussten. Denn bei solchen Geschöpfen war es der spirituelle Hochmut, der wirkte und der musste vom Meister zwingend zu Fall gebracht werden.

Und dann gab es vielleicht ein oder zwei Menschen im Satsang, die dort zu Besuch waren. Diese sassen oft hinten im Raum und ohne grosses Aufsehen zu erregen. Sie waren meistens still, aber ganz präsent während der Zeit der Begegnung mit dem Meister. Diese wenigen Menschen erfuhren in der Präsenz des Meisters tiefe, Loslösungserfahrungen und Transformation. Wo es sich nicht gelohnt hätte, diese erlebten Erfahrungen in Worte fassen *zu wollen. Der Meister war ständig in innerer Verbindung mit diesen wenigen, ruhigen Menschen. Er wusste, dass solche im Erkennen oder der Befreiung schon fortgeschrittenen, achtsamen Menschen in Stadien kommen würden, wo es darum ging, Mauern zu durchbrechen oder Hürden zu überspringen. Es war für den Weisen sehr wertvoll, für genau solche Menschen da sein zu dürfen. Um ihnen, wenn sie danach verlangten, den weglosen Weg zu erleuchten. Oder diese Menschen abzuholen, bevor diese sich verlaufen würden, und das, weil das noch latent vorhandene EGO sich aufbäumte oder die Tendenzen (Vasanas) sich wieder einschleichen wollten. Ansonsten wussten diese Wenigen, dass sie den „weglosen Weg" alleine gehen mussten oder durften, und das ohne egoistische Anhaftungen an zukünftigem oder der Vergangenheit, sondern aus dem Jetzt heraus. Weitgehend kamen diese Menschen dann bald nicht mehr in die Gruppe, sondern besuchten den Meister in Einzelbegegnungen, wenn sie ein klärendes, transformierendes Gespräch haben wollten.*

In den angebotenen Satsangs war es ein ständiges Kommen und Gehen, und das war auch gut so. Denn Babuji wusste, dass keiner anders konnte, wie es durch oder mit ihm geschah. Wie auch er nicht anders gekonnt hätte, als diese Möglichkeiten von Treffen für die Suchenden anzubieten. Der Weise hatte auch keinen Anspruch darauf, dass die Menschen bei ihm bleiben sollten. Das Einzige, was er manchmal zu einer reifen Seele sagte, war: «Richte dich, wenn jetzt die unbekannten Dinge in dir geschehen, an mich, wenn du zu mir die Resonanz hast, denn jetzt erst in dieser schon wundervollen Losgelöstheit ist es gut, wenn du bei Unklarheiten eine Bezugsperson für Klärung hast». Babuji konnte sich sowieso nur immer, von Moment zu Moment, selber zusehen, was sich durch sein Bewusstsein zum Ausdruck bringen wollte. Er hatte keinen Plan für Inhalte, bei den Begegnungen. Jeder Satsang entstand aus der gerade zusammenkommenden Gruppe und fand immer in der unergründlichen Präsenz des jetzigen Momentes statt.

Natürlich gab es Satsang Besucher, die durch grosse Prozesse hindurchgehen mussten und sich dadurch vieles in und auch um sie herum, in ihren Leben veränderte.

So geschah es auch mit den Leuten, die am Anfang der Geschichte erwähnt wurden, wie folgt:

Die Frau, die in Babuji verliebt war, musste nach vielen Bemühungen um den Meister erkennen, dass er wirklich nicht an ihr als Person interessiert war. Aufgrund dessen, dass sie nicht bekam, was sie wollte, suchte diese Frau sich dann einen anderen oder nächsten Meister, in den sie sich wahrscheinlich dann auch wieder verlieben konnte.

Der Mann, der innerlich und unbewusst Babuji auf einen Sockel gestellt hatte und den Worten, die aus dem Munde des Meisters kamen, Glauben schenkte, ohne die gesprochenen Worte für sich zu prüfen, ob diese für ihn persönlich resonierten. Dieser kam in der transformierenden Energie des Meisters immer mehr zur Klarheit, natürlich auch weil er anfing nachzufragen, wenn ihm etwas nicht verständlich war oder es sich für ihn nicht stimmig anfühlte. Das hatte den Erfolg, dass der Mann zudem auch begreifen konnte, warum es wichtig war, niemanden auf einen Sockel oder unter den Scheffel zu stellen. Der Meister erwähnte auch, dass es das Beste sei, jeden Menschen auf Augenhöhe zu sehen und zu lernen, mit sich selbst einen klaren, wahren und ehrlichen Umgang zu erarbeiten und zu pflegen.

Babuji sagte im Satsang auch ab und zu, dass es hier kein Ort für Schafe sei, denn er züchte hier keine Schafe. Jeder, der ihm hier im Satsang begegnet, hat das Potenzial eines Meisters in sich und man sollte sich das immer einmal wieder vor Augen führen. Betrachten, ohne dabei *dem EGO zu gestatten, überheblich zu werden, sondern ganz klar die eigene Befreiung für möglich zu halten.*

Er sagte auch, dass diese Zusammentreffen dazu da seien, den Menschen in seiner tiefsten Tiefe zu transformieren, ihm mehr Klarheit und vor allem den Mut zur vollkommenen Wahrheit zu vermitteln.

> *«Mögen die Ohren geöffnet sein, um zu hören und die Augen klar, um zu sehen.»*

Der zu Anfang der Geschichte erwähnte Mann, der sich die Bestätigung für seine eigene Befreiung vom Meister erhofft hatte, kam bald nicht mehr in die Begegnungen mit Babu. Denn Babuji konnte die Erwartungen des Mannes nicht bestätigen und dass, weil es einfach nicht so war. Denn dieser Mann unterlag der Täuschung seines eigenen EGOs.

Ja, so ist diese Geschichte aus dem Leben eines Meisters geschrieben worden, damit der Suchende sich selbst prüfe und sich vielleicht auch irgendwo selber darin erkennen kann.

Fazit: Solange der Mensch irgendein Wesen auf einen Sockel stellt, muss der Hochgestellte irgendwann auch wieder herunterfallen. Ebenso, wenn ein Mensch sich selber erhöht. Das heisst: Jemand anderen klein macht und von oben herab, auf denjenigen schaut. Es ist wichtig für jeden nach Befreiung strebenden Menschen, mit jedem Lebewesen auf Augenhöhe zu sein. Sei es Kind, Greis, Freund, Feind, Tier, oder was auch immer das sein mag.

Und weiter noch; solange der Mensch irgendeine Erwartung in sich trägt oder die Erwartungen von anderen erfüllt, wird er immer wieder weitere neue Enttäuschungen erfahren müssen. Denn wie sonst sollte er sich dessen, den Täuschungen seines Verstandes bewusst werden?

Erwartungsfrei und aus dem Moment zu leben, lässt den Menschen Wunder erfahren.

«Alle Zweifel verschwinden, wenn der Zweifelnde und seine Quelle gefunden sind. Es nützt nichts, einen Zweifel nach dem anderen zu beseitigen. Haben wir einen besiegt, taucht schon der Nächste auf, und die Zweifel nehmen kein Ende. Wenn man aber die Quelle des Zweifelnden sucht, findet man, dass er gar nicht existiert, und dann sind alle Zweifel verschwunden.»
Ramana Maharshi

«Unfreiheit entsteht dann, wenn das JETZT mit Erinnerungen und Erwartungen infiziert wird.»

«Wer Freiheit aufgibt, um Sicherheit zu gewinnen, wird am Ende beides verlieren.»
Benjamin Franklin

«... und ist der Schüler nicht wenigstens die Hälfte seines Weges alleine gegangen, so hat er nichts gelernt.»
Sokrates (470 - 399 v. Chr.), griechischer Philosoph

Geschichte: **Der Bauer und sein Esel**

Es war einmal ein Bauer mit einem Esel, der einen kleinen Stall auf einer Weide hatte. Der Esel lebte dort und der Bauer liess den Esel im Sommer auf der Weide grasen. Eines Winters stahl sich der Esel regelmässig davon, um im Nachbarstall das Futter, das dort lag, zu verzehren. Der Bauer suchte zu Anfang den Esel überall in der Umgebung und fand ihn dann, nach langer Suche, im Nachbarstall am Fressen. Zuerst dachte sich der Landwirt, nicht viel dabei. Als der Esel aber auch in den kommenden Tagen nie in seinem Stall aufzufinden war, fragte sich der Bauer allmählich, was das zu bedeuten hatte. Natürlich holte er jeden Morgen, manchmal auch mit etwas Geschimpfe, den Esel dort heraus und brachte ihn wieder in die Scheune, wo sich auch der Stall von dem Esel befand, zurück. Eines Morgens war der Bauer gerade mit dem schon wieder ausgebüggsten Esel auf dem Heimweg, als ein Mann mit einem langen weissen Bart des Weges kam. Der Bauer blieb stehen, um den fremden Mann zu begrüssen. Die beiden Männer kamen ins Gespräch, der Weissbärtige sah dabei den Esel an und sagte: «Ein prächtiges Tier haben sie da, und sehr gut genährt, sieht dieses Maultier, auch aus.» «Ja, kein Wunder, gut genährt, dieser Schlawiner haut auch jede Nacht ab und ich finde ihn jeden Morgen im Stall auf der Nachbarwiese wieder.» Der Bärtige hörte aufmerksam zu, was der Bauer erzählte und fragte den Eselbesitzer: «Sag mal, was gibst du denn deinem Esel, so zu fressen?» «Natürlich das Heu aus dem Heuschober, was denn sonst?» Antwortete der Bauer etwas verwundert, über solch eine Frage. Der Fremde fragte weiter: «Und was hat es in dem Nachbarstall, was der Esel dort frisst?» Der Bauer überlegte einen Moment und sagte: «Dort hat es immer etwas Gras, dass auch im Winter, unter dem Dach der Scheune wächst, sonst hat es dort nichts weiter.» Da schmunzelte der bärtige Mann mit einem funkeln in seinen Augen und sprach: «Ach so. Dann gibt es nur eine Lösung für dich, mit deinem Esel.» «Und das wäre?» fragte der Bauer, etwas verwundert. «Gib deinem Esel etwas mehr Auslauf und lass ihn hier, vor deiner überdachten Scheune, das grüne Gras fressen. Du wirst sehen, dein Hans Langohr wird dir nicht mehr ausbrechen. Und so brauchst du auch nicht mehr täglich in den Nachbarstall zu gehen, um dein Grautier zurückzuholen». So sprach der Bärtige und ging seines Weges. Der Bauer überlegte einen Moment, und nach kurzer Zeit hatte er den Auslauf des Esels so hergerichtet, dass dieser an das beste Futter, nun das immer frische Gras, vor seinem eigenen Stall herankam. Ab diesem Tag suchte der Esel nie wieder das Weite.

Fazit: Gib deinem Verstand eine Aufgabe und er muss nicht mehr aus der Vergangenheit, in die Zukunft fantasieren.

«Höre auf, dich mit deinem Denken zu identifizieren und du wirst anfangen, alles zu verstehen.»

«Beobachte die Stille zwischen den Gedanken und um sie herum.»

«Je einfacher etwas ist, desto mehr Kraft und Stärke liegt darin.» Meister Eckhart

Das Denken

Das instinktive oder handelnde Denken braucht der Mensch, um sein eigenes Leben zu bewerkstelligen, und auch um überleben zu können. Von diesem Denken möchte ich hier nicht schreiben, denn daran gibt es, solange Denken geschieht, nichts auszusetzen.

Ich möchte von dem Denken sprechen, das schon in früher Kindheit eine Eigendynamik entwickelt und wie eine Blase mit dem kleinen Kind mitwächst. Diese Blase, die je nach Umfeld immer grösser wird, kann auch kleines «ich» oder EGO genannt werden. Da alles mit einer angelernten Eigendynamik des Verstandes zusammenhängt und der fälschlichen Idee, es gäbe eine eigenständige Person, wird dieses Verstandes-Konstrukt aufrechterhalten. Der Mensch identifiziert sich mit dem EGO-Denken, jedoch ist dieses Ego nur eine angeeignete Sammlung von erlebten Begebenheiten aus der Vergangenheit und den dazu passenden Gedanken. Jedes Detail an Geschehnissen wird vom Verstand schubladisiert und das aus einer grossen, meist unbewussten Unsicherheit heraus. Da der Mensch schon früh gelernt hat: «Achtung, das Leben ist gefährlich, da kann man niemandem Trauen». Oder: «Das Leben ist ein Sonnenschein und jeder ist ein Engel, der mir entgegenkommt». Dann gibt es die gemischten Leute, für die Hochs und Tiefs normal sind und die alles so nehmen, wie es kommt. Mal empfinden sie sich vom Leben gestraft und dann wieder beglückt. Und es gibt auch die Kinder, mit den bewussten Eltern, die das dementsprechend passende Umfeld für das Kind schaffen, damit dieses seine Erfahrungen in einem geschützten Rahmen machen kann. In einem Feld, wo das Kind von weniger Angst und Unsicherheit, ausgehend von den Erwachsenen, geprägt wird und dadurch ein gutes Selbst- und Urvertrauen entwickeln kann. Schon bewusst aufzuwachsen, das gibt es leider auch heute noch eher selten. Viele Kinder und Erwachsene erfahren das Leben eher als gefährlich. Menschen entwickeln schon in frühen Lebensjahren eine Eigendynamik eines Schutzmechanismus, um zu überleben. Diese bauen Gedanken-Konstrukte auf und versuchen das Leben zu kontrollieren, um sich so zu schützen, oder machen die verrücktesten Sachen, damit sie gesehen und auch gehört werden. Einfach alles Mögliche an Dingen, damit sie sich dazugehörig fühlen können, oder schlicht damit sie nicht vergessen gehen. Denn in jedem menschlichen Lebewesen ist die Angst vor dem Alleinsein oder Sterben tief und unbewusst verankert.

Es ist der Überlebensinstinkt, der das Lebewesen steuert. Durch Erziehung, äussere Umstände und Lebenssituationen entfremdet sich das Lebewesen schon früh und immer mehr von der Natürlichkeit des Seins. Das Leben, nach Sicherheit und Schutz ausgerichtet, hat begonnen, den Verstand zu konditionieren. Und diesen, mit seinen dazu passenden Gedanken, die er laufend schubladisiert, hat so meistens unbewusst den Menschen in Gefangenschaft genommen.

Unbewusst, ist es die Natur des konditionierten Verstandes, der den Menschen immer weiter drängt, um ständig nach dem Nächsten, noch schöneren, noch besseren oder nach noch mehr Sicherheit, noch mehr nährenden und befriedigenden Situationen oder Dingen zu streben.

«Nur das Denken, das wir leben, hat einen Wert.»
Hermann Hesse

Aber warum eigentlich, geschieht das?

Ist es nicht so, dass der Mensch sich unbewusst selber nicht aushalten kann, besser gesagt «das Sein» vermeidet, weil es für den konditionierten Verstand tödlich ist und deshalb er vom EGO ständig zu noch mehr und weiteren Aktivitäten gedrängt wird? Ist es nicht so, dass niemand die Langeweile ertragen kann? Was heisst hier niemand? Es ist nichts weiter als das EGO-Verstands-Konstrukt, das den Menschen ins Chaotische lenkt, um ihn dann auch wieder in das, zwar oberflächliche, nicht konstant haltbare, aber schöne, zu führen.

Könnte der Mensch innehalten und sich einmal eine Weile, mit etwas Abstand zu betrachten, könnte er erkennen, wie versklavt er von seinem eigenen Denken geworden ist. Da aber innehalten, einfach so gefährlich für das EGO-Verstands-Konstrukt ist, geschieht das, oft erst dann, wenn der Mensch nicht mehr kann, weil alles zu viel geworden ist. Er sich so viele Masken übergezogen hat und so sich weit von dem natürlichen Sein entfernt hat.

Gut dem Menschen, der von sich selber und seinen geprägten aufgedrückten Konditionierungen genug hat. Der es leid ist, sich von seinem Verstand tyrannisieren zu lassen, der es leid ist, von diesem EGO-Verstands-Konstrukt versklavt zu werden.

Könnte der Mensch alles von der höchsten Warte aus sehen und zugleich erkennen, dann würde er bemerken, dass das Leben ein göttliches Spielen (Lila) ist und er sich im Leben abmüht, obwohl er genauso gut damit aufhören könnte. Es käme auf dasselbe hinaus. Nur ohne immer wieder in das Leid und Freud Spiel fallen zu müssen. Anstelle dessen würde er als Beobachter den eigenen Handlungen oder nicht Handlungen im Leben zusehen und er könnte die Stille im Herzen oder den immerwährenden

Frieden in sich wahrnehmen. Könnte sich selber als Ganzes erkennen und würde sich seiner wahren Natur tiefgreifend bewusst werden? Gnade dem Menschen, dem diese bewusste Erfahrung der Identifikationslosigkeit zu Lebzeiten geschehen darf.

Nochmals zurück, zu dem denkenden Verstand. Nennen wir es hier das Fantasie-Denken. Diese Gedanken mögen ja ganz viele Geschichten erzählen, aber solange der Mensch das Fantasie-Denken und das Handelnde-Denken nicht auseinanderhalten kann, wird er immer wieder durch die gedanklichen Fantastereien versklavt werden.

Also der Verstand wird, und das unnachgiebig, seine Eigendynamik aufrechterhalten wollen. Je nach Konzeptualisierung, die das Denken geprägt hat, ist es wichtig und gut, sich selber zu reflektieren, zu erforschen und sich zu fragen: «Was sind das für Gedanken, die auftauchen?» Wenn der Mensch das beobachten kann, wird er bemerken, dass der Verstand ständig plappert und die Gedanken oft zusammenhanglos auftauchen. Es ist wichtig, den Verstandesmechanismus zu durchschauen, damit das fantasievolle Denken aufhören kann.

Warum eigentlich Fantasie-Denken? Der geprägte Verstand, mit seinem Denken, kann niemals still sein. Er bringt das längst vergangene und produziert in die Zukunft, aber meistens hat das alles nicht wirklich Sinn, denn die Erfahrung zeigt, dass es ja doch oft anders kommt, als der Mind es an Gedanken bringt. Aber nicht nur, dass dieses Denken nicht nötig ist, es ist eine unnütze Beschäftigung, die den Menschen realitätsfremd macht und je nachdem auch grosse Unsicherheiten und Ängste im System auslösen und bewirken kann. Zudem ist der Mensch durch dieses Denken nie im gegenwärtigen Moment, da, wo das wirkliche Leben stattfindet. Da, wo es kein Denken braucht oder besser, wo kein Denken stattfindet.

Wenn der Mensch einmal im Leben diese Gedankenstille wahrnehmen kann, ist das ein so vertiefendes, erholsames Erleben, dass der Erfahrende auf die Suche geht, weil er das, was er erlebt hat, diesen stillen Moment wieder haben möchte.

Geschieht es, wie ich von einem jungen Mann gehört habe, auf dem Gipfel eines Berges, so will der Mann wieder auf den Berg. Eine andere Person, möchte ans Meer, weil sich der stille Moment ihr dort präsentiert hat. Andere suchen ihn in der nächsten Verliebtheit oder wo auch immer dieser stille Moment auftaucht. Da wollen sie auf jeden Fall, einfach wieder hin. Oft wird diese erlebte Stille auch mit anderen Menschen gekoppelt und man hört dann Aussagen wie: «Ich kann das Stille, Glücksgefühl nur mit dem oder diesem Gegenüber bekommen», was natürlich nicht stimmt.

Das ist wie die Metapher *von der reifen Frucht am Baum und der Krähe.*
Eine Frucht am Baum ist überreif und wartet, bis sie vom Baum fällt. In dem Moment, wo die reife Frucht vom Baum losgelassen wird, setzt sich zugleich eine Krähe auf einen Ast desselben Baumes. Nun wird gesagt; als, oder weil, der Vogel auf dem Ast landete, fiel die Frucht herunter. Wahr ist aber, die Frucht war reif und fiel deshalb herunter und nicht weil die Krähe sich, zum selben Moment, auf dem Ast niederliess.

So ist es auch mit der spontan, auftauchenden Wahrnehmung der Stille oder dem Glücksgefühl. Wenn man genau
hinsieht, bemerkt man, dass einfach gerade ein Fenster
inwendig sich geöffnet hat und die Präsenz der Stille sich
genau in dem Moment zeigt, weil sie sich zeigt und nicht
weil eine Begegnung geschieht oder ein Ziel erreicht wird.
Natürlich kann der Mensch dieses Stille-Glücksgefühl in
sich, sobald er sich dessen bewusst ist, jeden Moment
wahrnehmen. Die Stille ist immer da, war niemals weg,
kann auch nicht abhandenkommen, es fehlte nur am Gewahrsein darum.

So ist es eben im unbewussten Leben, der Mensch hat die
Tendenz alles zu verkoppeln und zu vermischen oder
durcheinanderzubringen. Das ist aber wohlverstanden nur
der Verstand, der solche Geschichten macht. Der bewusste Mensch sieht die Dinge, wie sie wirklich sind, und
nicht so, wie es der Verstand mit seinen Geschichten erzählen möchte. Wenn der Verstand durchschaut wird,
dann wird der Erkennende, sich nicht mehr von dem Denken in Unruhe bringen lassen.
    Der Verstand rebelliert vielleicht zuerst, aber mit der
Zeit, wenn der Erkennende sich nicht erneut wieder ver-
stricken lässt, bekommt der Mind vertrauen, in das Stille
SEIN.

Auch das Vertrauen in das nicht Wissen stärkt sich immer
mehr und der Mensch kann gut und innehaltend zusehen,
was sich durch die Form ausdrücken möchte und kann es,
ohne sich einzumischen, geschehen lassen. So nimmt das
Leben seinen natürlichen Lauf und der Betrachter ist sich
bewusst, dass die Unruhe ausschliesslich von dem konditionierten Verstand produziert wird und das möchte er
nicht mehr bedienen.

Wenn das Vertrauen, in das nicht Wissen mehr Kraft bekommt, wird das unnütze Denken stiller werden. Deshalb ist es gut, sich selber zu erforschen, um die eigene Person immer noch vertiefter, kennenzulernen.

Zu sehen, welche geprägten Konstrukte, welche Mind-Geschichten noch aufrechterhalten werden, welche Neigungen und Tendenzen das Körper-Geist-System noch steuern. Gnade dem, der sich seiner Selbst bewusst ist.

Der Fantasie-Mind wird sich durch das Erkennen und das bewusste Durchschauen, immer weniger in den Vordergrund stellen und früher oder später selber in sich auflösen. Das heisst, er verliert die eigene dynamische Kraft. So dann, ist die ursprüngliche Natur des menschlichen Daseins wieder hergestellt und der Mensch ist Meister über die Gedanken. Und der Verstand, ist sein bester Gehilfe, den es geben kann.

«Das Herz hat eine Vernunft,
die der Verstand nicht begreift.»

«Aller Humor fängt damit an, dass man die
eigene Person nicht mehr ernst nimmt.»
Hermann Hesse

Vergleich: Der Hund und der Verstand

Hier ein Vergleich mit dem Hund und dem menschlichen Verstand. Das unbewusste, ungeschulte Denken, ist wie ein junger Hund, der noch nicht, zu gehorsam erzogen worden ist. Nennen wir den Hund hier, Bello.

Bello ist noch klein und hat einen Menschen, als seinen Betreuer, bekommen. Er hat von Natur aus schon, ein sicheres und selbstbestimmtes Auftreten. Aber folgsam, ist er noch lange nicht. Nicht weil er nicht will, sondern weil er gehorsam sein, einfach nicht kennt. Der Kleine braucht eine Erziehung, so wie der Verstand das auch braucht. Bello, zieht beim Gassigehen, wie verrückt, an der Leine, der Meister muss ihn immer wieder bremsen, stehen bleiben und warten, bis Bello aufhört, an der Leine zu reissen.

So wie auch der Unbewusste seinem Denken freien Lauf lässt, ist dieser Mensch dazu aufgefordert, die Gedanken zur Ruhe zu bringen. Bello lernt schnell, er merkt, wenn der Meister stillsteht, hat er irgendetwas gemacht, was er wohl nicht machen sollte. Der Hund lernt schnell, wenn er aufhört, an der Leine zu ziehen, dann darf er weiter herumschnüffelnd spazieren, bis er sich wieder aufs Neue vergisst und er vom Meister erneut angehalten wird, nicht an der Leine zu reissen.

Der konzeptualisierte Verstand braucht auch eine Schulung, dafür muss dem Menschen aber zuerst einmal bewusst werden, dass und welches Denken ihn steuert. Ist er sich dann des Gedankengutes bewusst, bekommt er die Möglichkeit, den Verstand zu schulen. Das kann, mit innehalten und warten, geschehen, wie bei Bello.

Bello liebt seinen Meister und er möchte von ihm gelobt werden, also lernt er und bemerkt schnell, «wenn er macht, was sein Meister ihm zeigt oder sagt, hat er ein unbeschwertes und gutes Leben bei diesem Menschen.»

Wenn der Besitzer in der Erziehung des kleinen Hundes

verfrüht nachlässt, wird Bello in das vorherige Muster von Ungehorsamkeit zurückfallen. Der Kleine wird die Situation, wie es ihm gerade in den Sinn kommt, ausnutzen und ist er von der Leine los, wird der Hund auch nicht auf seines Meisters Befehle hören. Zurückrufen ist da ein zweckloses Unterfangen, da hilft dann einfach nur noch Ruhe zu bewahren, um den passenden Moment zu erwischen oder mit einem Leckerli, Bello zu locken, um ihn schnellstmöglich wieder anleinen zu können.

Auch bei den Menschen ist es ähnlich wie bei Bello. Das unbewusste, unkontrollierte Denken macht gerne, was es gerade will. Der Verstand mit seinen Gedanken lässt den Menschen immer wieder in das «Leid-Freud-Spiel» fallen. Solch ein Mensch ist dann, die Marionette des geprägten und konditionierten Verstandes und dieser zieht die Fäden. Da aber der Verstand nur die Vergangenheit, mit seinen schubladisierten Gedanken kennt und diese in die Zukunft projiziert, ist der unbewusste Mensch, diesen Gedanken und den dazu gekoppelten Gefühlen ausgeliefert.

Aber zum guten Glück besteht die Möglichkeit, sich dessen bewusst zu werden und dadurch Meister über das Denken zu werden. Um dem Fantasie-Mind den Gar auszumachen, wird das Denken an die kurze Leine genommen.

Bello, ist nach Monaten der konsequenten Schulung und mit viel Geduld des Meisters, nun ganz folgsam geworden und das genauso wie ihn der Hundehalter haben möchte. Bello liebt es, mit dem Ball zu spielen, sein Meister wirft den Ball und er holt ihn zurück. Und das, damit ihn der Mensch erneut werfen kann, so wiederholt sich das Spiel und das würde der Kleine, wenn er könnte, solange machen, bis er umfällt.

Bei der Geistes- oder Verstandesschulung ist es auch so, dass der Verstand gehorsam wird und seinem Meister immer mehr anfängt zu vertrauen. Hört der nach Befreiung strebende Aspirant auf, dem Verstand Freiraum zu erlauben und gibt ihm eine Aufgabe, wird er erfahren, dass der Verstand bald ein Kompagnon oder lernfähiger Begleiter wird und nicht mehr seine Eigendynamik leben muss.

Gedankenschulung hat viele Module, die genutzt werden können, wie zum Beispiel folgende: Japa = ständige Namenswiederholung. Mantras = Sätze in Gesangsform wiederholen. Sich unablässig auf die Ein- und Ausatmung zu konzentrieren, den Fokus unablässig auf den jetzigen Moment oder die Körperwahrnehmung zu geben. Wenn der ernsthaft nach Befreiung strebende, konsequent dranbleibt und dem Verstand eine Aufgabe, wie oben erwähnt und weiter unten dann noch detailliert beschrieben wird, gibt, wird er bald feststellen, dass die Gedanken sich verändern.

Immer öfter wird der Schauende bemerken, dass das Mantra oder der Namen wiederholt wird und das, obwohl er dem Verstand gar keinen Auftrag dazu gegeben hat. Weiter gilt es dann zu kontrollieren, dass der Verstand die ihm gegebene Aufgabe, immer weiter praktiziert. Sollte dieser es vergessen, liegt es am Meister, den Verstand daran zu erinnern, die Wiederholung der Aufgabe, aufs Neue wieder auszuführen.

Mir ist sehr wohl bewusst, dass sich hier einige Leser fragen könnten: «Aber was soll das denn, für die Befreiung bringen?» «Oder was hat diese Geistesschulung mit Befreiung zu tun?» Meine Antwort, aus eigener Erfahrung ist, wenn der Verstand, mit seiner ungeschulten Eigendynamik tun und lassen kann was er will, wird das «Leid-Freud-Spiel» nicht aufhören. Es sei denn, du bist einer von einer Million, bei dem der Blitz einschlägt und das Mind-Konstrukt, sich auf einen Schlag ganz auflöst. Und dann ist da aber doch noch die Frage: «Kannst du, mit der totalen Los-gelöstheit, wirklich sein?»

Der Rest der Suchenden geht Schritt für Schritt, den weglosen Weg und kommt, so Gott will; zu der tiefgreifen-den Erkenntnis, dass es da noch nie etwas Eigenständi-ges oder Persönliches gegeben hat. Also keine Person, die sich mit etwas identifizieren könnte. Sondern im Strom des Lebens fliesst, so wie der Fluss, bis er sich in der Weite des Ozeans auflöst.

Die Einen schneller, die anderen gemächlicher, so wie es die Existenz eben durch jede einzelne Form haben will. Es kann von Vorteil, für die Befreiung sein, den Verstand zu schulen. Vor allem bei Menschen, die sehr kopflastig und kontrolliert geprägt wurden und natürlich auch für alle anderen. Durch konsequente und gezielte Erziehung ver-liert der Verstand an Kraft. Der Mensch erkennt, durch das weniger Denken, welche Gedanken noch auftauchen und hat es dadurch einfacher, sich auf das, was gerade im jet-zigen Moment da ist, zu konzentrieren. Sollte ihn der Ver-stand oder die Gedanken doch gelegentlich wieder in die Geschichten hineinziehen, bemerkt es der Mind-trainierte Mensch sehr schnell und kann sofort davon ablassen, sich in der Präsenz des Seins wieder wahrnehmen und be-obachten, was gerade da ist. Denn, das Leben geschieht nun einfach einmal, nur im jetzigen Moment.

Das geprägte Verstandes-Konstrukt verliert zusehend an Kraft. Der nach Befreiung Strebende beobachtet, dass der Mind unaufgefordert und das anstelle von den frühe-ren Fantasie-Gedanken, das gelernte Mantra oder Wort wiederholt. Mit dem Beobachten wird klar, dass der Ver-stand oder das Denken, einfach nicht still sein können. Der Geist braucht eine Aufgabe, und zwar, solange, bis er sich im DAS aufgelöst hat oder in die Unendlichkeit des Seins eingegangen ist.

Wachsam sein lohnt sich alleweil, denn so entfaltet es sich, dass es damit aufhört, dass der Mind die Herrschaft über den Menschen hat. Dieser wird ein wunderbarer Geselle oder Mithelfer, für den sich reflektierenden, nach Innenschauenden Menschen.

Und zu guter Letzt, wenn der Mensch erlebt, dass der Verstand dann doch mal wieder etwas an Unruhe kreieren möchte, kann er ihn sofort stoppen und dieser wird parieren. So wie der Hund Bello, der nach geduldiger Schulung, ein gut erzogener und erfreuender Gefährte des Menschen geworden ist.

«Der denkende Geist ist von Natur aus ein Wanderer. Das Einzige, was du zu tun vermagst, ist, deine Aufmerksamkeit auf das zu richten, was jenseits davon liegt.»

«Wer wärest du ohne die Geschichten, die dir, dein Phantasie-Verstand erzählt?»

«Das was du bist ist jenseits von Gut und Böse.»

Sādhanas oder spirituelle Übungen

Das Sanskrit-Wort Sādhana bedeutet spirituelle Praxis, Bemühungen, Übungen, Gewinn. Gemeint sind Handlungen, die täglich mit der Zielsetzung wiederholt werden, sich dem Göttlichen anzunähern und den Zustand der Erleuchtung zu erlangen

Den geprägten Verstand oder die gewohnten Gedanken zu durchschauen ist das eine, diesen dann auch nicht mehr anzuhaften das andere und bedingt zuerst einmal Bewusstsein. Darauf folgt, je nachdem, ein kürzerer oder ein längerer Prozess der Umwandlung.

Zur Beruhigung des Denkens und um den Verstand zu beschäftigen, gibt es viele Werkzeuge und manch eine früchtetragende Übung, die angewendet werden kann.

Es geht dabei darum, von den alten Gedanken, aus den Prägungen, die dem Menschen, nicht mehr dienlich sind, aussteigen zu können. Damit die wahrhaftige Stille mehr Raum und Konstanz bekommt, sich die neuronalen Netze im Gehirn, mit Neuem vernetzen und somit die Altlasten des destruktiven Verstandes, wegfallen können.

Zur Beruhigung des Denkens gibt es viele Werkzeuge, die eingesetzt werden können. Immer im Hinblick, den Verstand zu beschäftigen, damit er dem Menschen zum Gehilfen wird und seine Eigendynamik aufgeben kann.

«Ich habe Stille vom gesprächig sein gelernt, Tolerierung von dem Intoleranten, und Freundlichkeit vom unfreundlichen; doch seltsam, ich bin dankbar für diese Lehrer.»
Khalil Gibran

Zur Veranschaulichung hier gleich eine Geschichte:
Stille-Meditation und Aham

Ein Jüngling, namens Anand oder Ananda (was Glückse-ligkeit heisst), war wieder einmal auf dem Weg zu seiner Meisterin Dakinī Devi.

Eine weise Frau, die auf einem Berg, in einem Häuschen, in der Natur lebte. Sie war da für Menschen, die nach der Wahrheit oder nach der Befreiung suchten.

Anand hatte von der Devi gelernt, wie man in Stille sitzt. Er erinnerte sich noch gut an die Anfangszeit. Ihn der Zeit als ihm, vom vielen langen Sitzen, der ganze Körper schmerzte. An die Zeit, wo ihn noch die vielen Gedanken drangsalierten und wo das Denken ihn, immer wieder vom bewussten Sein, wegtrieb.

Es war eine Zeit, in der Ananda oft dachte, er schaffe das niemals, dahin zu kommen, wo ihn das Denken, so wie Devi ihm erklärte, nicht mehr mitreissen würde. Er konnte sich beim besten Willen nicht vorstellen, dass es jemals längere Zeit der Gedankenstille, für ihn geben könnte.

Aber die Dakinī Devi, spornte ihn immer wieder aufs Neue an, weiter zu sitzen, egal was der Mind oder die Ge-danken treiben würden. Sie forderte ihn auf, nicht müde zu werden und dass er nicht nachlassen solle, was auch immer geschehen würde. «Dranbleiben und sitzen so viel es geht», sprach sie so oft zu Anand, der konnte gar nicht anders, als immer wieder stillzusitzen. Denn, er war ein wahrhaftiger Sadhaka, ein Mensch mit einer, in sich tief angelegten Ernsthaftigkeit. Also machte er einfach immer weiter. Mit der Zeit konnte er, immer längere Abschnitte von Gedankenstille, in sich wahrnehmen.

Er beobachtete, was da war, mal geschah Denken und mal nicht. Während des Sitzens kamen, mit der Zeit, auch Zustände, in denen er gar nicht mehr wusste, ob Denken geschah oder nicht. Ananda fiel immer wieder in vertieftes

Sein, so als wäre da nicht mehr die Welle auf dem Ozean, sondern nur noch die Stille, in der Tiefe des Meeres. Bis er dann erneut wieder Wellen, von Gedanken wahrnahm. Das Denken störte ihn immer weniger, bis er keine Reaktion auf Gedachtes, in sich mehr wahrnehmen konnte. Ihn also das Denken nicht mehr störte und er wollte es auch nicht mehr weg haben.

Ananda kam aber, seiner Ansicht nach, einfach nicht vom Fleck. Er wollte dieses Denken ausmerzen, da es doch immer noch Phasen gab, wo ihn die Mind-Geschichten mitrissen. Deshalb ging, der junge Mann, den anstrengenden Weg hoch zur Devi.

Schon von weitem, sah er seine Meisterin, auf der Bank vor ihrem Häuschen sitzen. Als er näherkam, sah er, dass sie mit geschlossenen Augen dort in Meditation versenkt sass. Er wollte die Weise nicht stören und setzte sich still in ihre Nähe, und zwar so, dass er sie gut sehen konnte, falls sie die Augen öffnen würde. So sass er da, hörte die Vögel zwitschern, der Bach, der in der Nähe vom Haus durchfloss, strömte leise, säuselnd, talwärts, und er nahm den weichen, erdigen Boden unter sich wahr, auf den er sich im Lotussitz hingesetzt hatte.

Es ging nicht lange, da wurden seine Gedanken ganz still und eine angenehme, transformierende Energie durchströmte seinen ganzen Körper. Er konnte die Reinheit und die Liebe der Dakinī Devi gut in sich aufnehmen, denn auch er resonierte immer mehr mit der Reinheit und Liebe zu sich selber und dadurch, auch zu anderen Lebewesen. So erfreute sich der junge Mann, an der Präsenz, des unendlichen Seins, dass hier die ganze Gegend, ausgelöst durch die Devi durchdrang, so wie auch ihn.

Plötzlich öffnete die Weise ihre Augen und sah auf Anand, der einem inneren Impuls gefolgt, seine Augen auch öffnen musste. Der Augenkontakt löste, wie immer, bei Ananda eine leichte Unruhe aus, denn er hatte grossen Respekt vor der Weisen. Dieser Blick war für ihn stets so, als würde das Göttliche, durch die leuchtenden Augen der Devi, direkt in seine Seele blicken. War er schon rein genug, für solch einen Blick? Das fragte sich Ananda, des Öfteren, im Stillen. Der Darshan ging eine Weile, bis die Devi sanft nickte, ihre Augen für einen kurzen Moment schloss, um danach lächelnd den Ankömmling, mit einem Namaste, zu begrüssen.

«Was führt dich, auf den Berg?», fragte die Weise, und wartete, bis Anand bereit war, ihr eine Antwort geben zu können. Denn Anandas Verstand war beim Sitzen zuvor so still geworden, dass er einen Moment brauchte, um sprechen zu können. Er erzählte der Devi von seinem in Stille sitzen und was er damit so erleben würde. Der Mann fragte die Dakinī Devi, ob er wohl alles recht mache oder ob es noch etwas Weiteres gäbe, was zu beachten wäre. Die Weise schaute den Mann eine Weile an und sagte dann: «Mein lieber Anand dein System ist nun reif für eine weitere Übung, die du in Kombination mit der Stille ausführen kannst. Es ist das Sadhana mit dem Namen: «Aham», «Ich» oder einfach I (gesprochen Ai)». Gib deinem Verstand jetzt die Aufgabe, diesen Aham Gedanken ununterbrochen zu wiederholen und das, solange, bis es sich verselbstständigt.

Es wird so weit gehen, dass wenn du in der Nacht einmal aufwachen solltest, sehen kannst, dass der Mind dieses Wort auch dann wiederholt, wenn du ihm gar nicht die Aufgabe gegeben hast. Das ist eine ausgezeichnete Technik, um den Verstand zu schulen, damit er aufhört, die alten, ausgelaufenen Fantastereien, weiterzuerzählen. Mit dem Aham Gedanken bekommt er ein neues Werkzeug, und du wirst sehen, er wird es mögen. Der Verstand kann indessen einfach mal nicht aufhören zu denken, das ist halt einfach so, aber was er denkt, das kann mit Sadhanas gesteuert werden. *Es soll so sein, dass du der Meister von deinem Verstand bist und nicht der Sklave von ihm. Und es hat natürlich auch das Potenzial des Stillstandes von Gedanken darin.*

Nimm das mal mit und komm wieder, wenn du, ganz viele Erfahrungen, mit dem Aham Gedanken gemacht hast, dann sehen wir weiter». So sprach die Devi und verabschiedete sich wieder, mit einem Namaste, in dem sie abermals ihre Hände vor ihrer Brust zusammenlegte und ging danach ins Haus.

Ananda machte sich gestärkt durch die transformierte Energie und voller Freude, mit der neuen Aufgabe im Gepäck, auf den Nachhauseweg. Er fing beim Gehen, natürlich gleich an, den Aham Gedanken zu wiederholen. Mal sang er ihn laut, mal sprach er ihn leise in sich, dann wieder laut, so wie es ihm gerade gefiel.

«Lenke die Aufmerksamkeit auf das Herz und wiederhole dort einen Namen der dich Inspiriert.»

Namo Buddhaya, Namo Dharmaya, Namo Sanghaya.
Erklärung: Namo = Ich verneige mich. Gemeint ist: Ich nehme Zuflucht. / Die drei Juwelen, sind der Buddha (das Vorbild), das Dharma (die Lehren) und die Sangha (die Gemeinschaft der Praktizierenden).

Japa

Bei Japa *ist da* gemeint, ein Wort oder einen Namen ununterbrochen zu wiederholen. Meines Erachtens ist es eine Voraussetzung, ein positives oder Freude erfüllendes Wort für Japa, zu wählen.

Die eigene Erfahrung möchte ich hier niederschreiben. Eines Tages kam in mir die Idee auf, einige Zeit, das englische Wort für Ich - I (ausgesprochen AI) zu wiederholen. Es machte mir Spass und so wiederholte ich das Wort, wann immer ich wollte, und das mehrere, Wochen lang. Eines Nachts erwachte ich und bemerkte, dass der Verstand dieses I wiederholte. Es wunderte mich, da ich ihm ja keine Anweisung gegeben hatte, er solle das Wort auch in der Nacht wiederholen. Wie sollte ich auch, der machte ohnehin, was er wollte, denn das war meine unwissentliche Meinung. Erst durch diese Beobachtung, wurde mir bewusst, der Mind hatte sich dieses Wort zur Aufgabe genommen und führte diese Praxis der Wiederholung pflichtgemäss durch, ob ich nun gewahr war oder schlief. Mir wurde damals ebenfalls bewusst, dass der Verstand eine Aufgabe braucht, welche für ihn nicht relevant ist. Einfach etwas denken, wahrscheinlich ist das sein Auftrag, oder?

Diese Erfahrung war so genial. Jetzt hatte er sich dieses I geschnappt und war voll und ernsthaft damit beschäftigt. Dadurch fielen die alten Gewohnheiten des sonstigen Denkens, immer mehr weg, bis dann irgendwann keine Fantasiegedanken mehr auftauchten. Natürlich geschieht das handelnde Denken auch heute noch, wenn ich zum Beispiel, diese Zeilen in den Computer tippe oder irgendetwas im Alltag bewerkstelligen muss. Das unkontrollierte Denken, über alte Zeiten, oder was wohl die Zukunft noch bringen würde, das ist nicht mehr.

Mantra

Es gibt auch noch weitere wertvolle Möglichkeiten, den Verstand zu schulen, wie Mantras zu singen.

Mantra, ist ein Wort aus dem Sanskrit, das mittlerweile auch im Westen sehr wohlbekannt ist. Mantras können gesungen, gesprochen, geflüstert oder gedacht werden.
Wichtig dabei ist die Wiederholung, denn aus ihr schöpft der Spruch oder das Wort die Kraft.

Mantras können auch helfen, sich bei der Meditation zu fokussieren.
Es gibt tausende von Mantras, und wenn sie aus dem Sanskrit kommen, haben sie eine starke Energie.

Anmerkung: Die Sprache, Sanskrit, ist eine sehr alte Sprache, die vor Tausenden von Jahren, auf dem indischen Subkontinent, entstanden ist. Sie gehört zur Familie der indoeuropäischen Sprachen. Sanskrit ist die Sprache der alten indischen Schriften, wie der Veden. Das ist eine Sammlung religiöser Texte im Hinduismus.

Devanāgarī wird das Alphabet der Sanskritsprache genannt und ist schon immer in Gesangsform, ausgedrückt worden. Durch die Heiligen in Gesangssprache rezitierten Silben und den Klang daraus, erzeugen Mantras eine hohe Schwingung.

Mantras werden auch gebraucht, um irgendwelche Absichten oder Zwecke zu erfüllen. Seien sie weltlicher Natur wie zum Beispiel; ein neues Auto, der bessere Job, mehr Reichtum, aber auch bei Kinderwunsch, Heiraten oder Heilung von Gesundheit usw. Auch Menschen, welche die Befreiung anstreben, singen Mantras. Oder solche, die auch einfach nur das Göttliche in den verschiedenen Gottheiten, als eine Art Gebet singen.

*Hier einige, **persönliche Erfahrungen, mit Mantras.***
Als ich zum ersten Mal an Mantras hingeführt wurde, das war in einem Workshop, wo uns die dortige Kursleiterin, viele verschiedene Mantras und ihre Bedeutungen dazu, erklärte. Wir erfuhren vieles über Mantras und die dazu passenden hinduistischen Gottheiten. Wir lernten und rezitierten, den ganzen Tag über, verschiedene dieser Gesänge. Am Ende des Kurses durften wir die Blätter mit den aufgeschriebenen Texten mit nach Hause nehmen. Bei mir zu Hause, lagen diese Zettel dann lange, in einer Ecke im Büro. Diesen Unterlagen schenkte ich keine weitere Aufmerksamkeit. Der Zufall wollte es so - als ich gerade etwas in Unruhe, wegen des fehlenden Geldes war und nicht wusste, wie ich meine anfallenden Rechnungen bezahlen sollte, räumte ich wieder einmal den Schreibtisch auf. Beim Ordnen und Sortieren der vielen Zettel auf dem Tisch, vielen mir die Unterlagen vom Mantra Kurs in die Hände. Ziellos blätterte ich dieses Skript durch, als meine Augen plötzlich bei einem Mantra, von der hinduistischen Göttin Lakshmi, stehen blieben. Ich fing an, die Übersetzung des Mantras zu lesen und war überrascht und zugleich glücklich, dass es da ein Lied gab, das für Reichtum und Fülle im Leben stand. Ich erinnerte mich noch, dass die damalige Kursleiterin sagte: «Wir sollen, wenn wir ein Mantra anwenden würden, dieses für mindestens vierzig Tage und im Minimum, einmal täglich für 108-mal, am besten mit einer Mala zählend und ohne Unterbruch singen.

Am vergangenen Kurs lagen solche, Mala-Gebetsketten mit 108 Steinen, zum Verkauf auf. Dort kaufte ich mir extra eine dieser Ketten, die dafür gemacht wurden, um diese heilige Zahl zu beten oder eben ein Mantra zu rezitieren.

Ich, begann am selben Tag noch, das Mantra von Lakshmi zu wiederholen und sang es, ab dem damaligen Mo-

ment, täglich ohne einmal ausfallen zulassen und dass sogar mehr als vierzig Tage lang. Am Anfang machte es mir noch etwas Mühe wegen der Aussprachen der Sanskritworte, bald konnte ich diese aber gut aussprechen und hatte riesigen Spass, bei der täglichen Rezitation. Der Verstand hatte seine neue Aufgabe gepackt und ich konnte sogar, wie durch ein Wunder, alle meine Rechnungen bezahlen.

Immer wieder bereitete es mir Freude, ein Mantra zu wiederholen und dabei zu erfahren, wie es still in mir wurde. Es kam mir vor, als fing der Verstand an, diese Gesangswiederholungen, zu lieben. Und, ich konnte immer öfter feststellen, dass in meinem Kopf, anstelle des früher sinnlosen Denkens, vielfach Mantras wiederholt wurden.

Im Jahr 2018, kam ich in Kontakt mit Śri Vidya und den heiligen Gesängen, die der göttlichen Mutter geweiht sind. Ich fing an, das Lalitha Sahasranamam und andere Texte, zu lernen und diese täglich zu rezitieren.

Das Sahasranamam enthält 1000 Namen der Göttin Lalitha, die in Hymnen (Stotras) angeordnet sind. Es wird betont, dass man Lalitha nur verehren kann, wenn sie es von uns wünscht.

Warum, auch immer das geschah, wusste ich nicht. Das Lernen und Singen, der Lieder, machte mir einfach Spass und bereitete mir grosse Zufriedenheit. Zusätzlich erkannte ich, dass der Verstand auch da wieder hocherfreut war, dass er eine Aufgabe schnappen konnte. Und ich bemerkte, dass der Mind, tagein, tagaus, am Rezitieren von irgendwelchen Sätzen, von den 1000 Strophen des Lalitha Mantras, war.

Einmal, als ich gerade wieder in Indien war, besuchte ich in Kanchipuram (einem Ort in Südindien), einen Tempel von der Göttin Kamakshi. Dort sass ich draussen, vor dem heiligen Schrein der Göttin, und meditierte. Plötzlich *hörte ich, in mir, Sanskritworte, die ein Mantra ergaben. Dieses, damals als Geschenk bekommene, Mantra, wiederholt der Verstand, heute noch. Wenn ich, gelegentlich, beobachte, was der Geist gerade so treibt. Zuvor wiederholte ich, die Gesänge der Lalitha, aber viele, ja sogar mehrere Tausendmale, leise oder laut.*

In den letzten Jahren gab es auch einige Menschen, die mich, um ein Mantra gebeten haben. Ein Mantra kann ich nicht einfach so geben, dafür muss ich, darüber meditieren. Wenn eines, für eine Person auftaucht, wird es weiter gegeben und sonst gibt es einfach keines. Was mir auffiel, es gab immer nur Mantras, für ernsthaft Suchende und nie für Solche, die aus Neugier, ihren Verstand, mit einem Mantra, nähren wollten.

Ein Mantra, kann ein interessierter Mensch aber auch in der Kontemplation oder in der Meditation erhalten, dann kommt es direkt, aus seinem Inneren und nicht über jemand anderen, und das hat meistens, noch mehr Kraft. Aber ja klar, natürlich kann man sich auch ein eigenes Mantra, mit aufbauenden und freudvollen Worten, kreieren.

«OM NAMA SHIVAYA».
Ein hilfreiches, einfaches, aber sehr powervolles Mantra, ist das: «OM NAMA SHIVAYA». Es steht dem Leser frei, seine eigenen Erfahrungen, mit dem Wiederholen, dieses Mantras zu machen. Probieren geht über Studieren und einmal ist keinmal, also mindestens 108-mal pro Durchlauf und wenn möglich, mehrere Tage hintereinander folgend wiederholen. Es beseitigt alle Hindernisse, alle Not und verleiht ewiges Glück und Unsterblichkeit. Das Mantra verhilft zu Frieden, stärkt das Selbstwertgefühl und gleicht aus

Warum ein Mantra 108-mal?

Man sagt, dass die wiederholte Rezitation eines Mantras eine besonders hohe Energie aufbaut und den Übenden in einen Zustand tiefer Meditation versetzt. Angesichts dessen werden Mantras, oft 108-mal gesungen. Auch wegen der Bedeutung, dass jeder Gesang eine Reise von unserem materiellen Selbst, zu unserem höchsten spirituellen Selbst darstellen solle. Die Wiederholung eines Mantras 108-mal hilft, den Geist zu fokussieren und eine tiefe meditative Trance zu erreichen.

Die Zahl 108 hat in vielen spirituellen und religiösen Traditionen eine tiefgreifende Bedeutung, insbesondere im Hinduismus, im Buddhismus und Yoga.

Eine Mala oder Gebetskette erleichtert das Zählen, da die Kette mit 108 aneinander liegenden Perlen, Rudrakshas oder Steinen auf einem Faden oder einer Schnur aufgezogen sind.

Rudraksha sind die Samen eines Baumes, dem in Indien seit tausenden Jahren besondere Kräfte zugeschrieben werden. Der Baum wächst vor allem im Himalaja-Gebirge und auf Java und gilt im Hinduismus als heilig. Die Samen der bläulichen Früchte werden von Yogis traditionell zur Herstellung ihrer Malaketten verwendet und gelten als besonders geeignete Hilfsmittel auf dem spirituellen Weg.

Erklärung zu Śri Vidya

Śri Vidya: Śri ausgesprochen Schri, bedeutet: höchst verheissungsvoll, schön, freudvoll. Vidya, bedeutet: Wissen der Wahrheit oder der Wirklichkeit.

Śri Vidya, ermöglicht die, schönste und verheissungsvollste, Wirklichkeit in uns zu erfahren. Praktisch gesprochen ist es, der Weg des Yoga Sadhana - spirituelle Übungen, auf dem wir unsere essenzielle Natur entdecken und im Licht dieser reinen Realität eine Brücke zwischen dem, was in uns und ausserhalb von uns ist, schlagen. Es ist ein Weg, der dazu führt, die höchste Erfüllung und Freiheit zu finden, während wir in dieser Welt leben.

Śri Vidya basiert auf einer Philosophie, die besagt, dass unser Körper, unser Geist, unsere Sinne und das Universum nach genau demselben Muster aufgebaut sind: Alles, was im Universum existiert, existiert in unserem Körper, und alles, was in unserem Körper existiert, existiert im Universum.

Śri Vidya geht ausserdem davon aus, dass wir ein integraler Bestandteil dieses unendlich grossen Lebensnetzes sind. In diesem riesigen Gewebe sind wir absolut eins mit dem Universum. Wir wachsen aus dem Universum heraus, so wie ein Fötus aus einer Zygote wächst. Wie ein Wandteppich werden wir immer komplexer, je weiter wir ihn weben. Die immerwährende und alles durchdringende Intelligenz fügt dem Wandteppich des Lebens, der wir sind, ständig mehr und mehr Schönheit hinzu.

«Heute sehe ich in allem und in mir die Schönheit.»
Selbst kreierte Mantras sind sehr wertvoll.»

Das Gayatri Mantra

«OM BHUR BHUVAH SVAHA,
TAT SAVITUR VARENYAM,
BHARGO DEVASYA DHIMAHI,
DHIYO YONAH, PRACHODAYAT»

OM - parabrahman - die absolute, ewige Quelle
BHUR - bhuvarloka - physische Ebene (panchabhutas-5 Elemente)
BHUVAH - pranashakti – die astrale, mittlere Welt
SVAHA - svarloka – der Kausal-Himmel
TAT- paramatman – DAS, Gott-Brahman
SAVITUR - das, woraus all dies geboren ist
VARENYAM - anbetungswürdig
BHARGO - Strahlung-Weisheit-Licht
DEVASYA - scheinend, strahlend, göttliche Wirklichkeit
DHIMAHI - wir meditieren
DHIYO - buddhi - reine Unterscheidungskraft
YONAH - welcher unser
PRACHODAYT - erleuchten, führen

Das Gayatri Mantra ist eines der ältesten Mantras der Veden. Die Bedeutung der Sanskrit-Wörter kann so übersetzt werden: Wir meditieren auf die erhabene Herrlichkeit der höchsten Gottheit, die im Herzen der Erde ist, im Leben der Luft und in der Seele des Himmels. Möge sie unser Geist erwecken und erleuchten.

Lachen

Zu Lachen ist ebenfalls eine gute Sache, wenn viele Gedanken den Menschen überfluten. Lachen und denken sind nicht gleichzeitig möglich. Lachen lässt nicht nur den Verstand still sein, es erhöht blitzschnell die Energie im Körper-Geist-System und kann genutzt werden, um aus so manchem Leidenskonstrukt oder Gedankenkarussell auszusteigen.

Gut zu wissen: Zu lachen, wirkt heilend auf der Körper- und auf der Gefühlsebene: Lachen stärkt das Immunsystem, es werden Endorphine (Glückshormone) freigesetzt. Lachen stärkt das Immunsystem, kann Schmerzen reduzieren und stärkt das Herz-Kreislauf-System. Lachen regt die Durchblutung an und kann somit den Körper positiv beeinflussen. Das Lachen, ob mit oder ohne Humor, kann Depressionen und Ängsten entgegensetzen, vermindert Stress, hebt definitiv die Stimmung und erhöht die Frequenz im System.

«Das Leben ist zu kurz, um nicht jeden Tag mindestens, einmal herzhaft zu lachen!»

Sich diesen oben erwähnten Spruch zur Gewohnheit zu machen, bewirkt wahrlich Wunder.

Sollte das Lachen nicht gehen, können auch einfach die Mundwinkel, zu einem Smiley, hochgezogen werden.

Aber auch, sich selber, im Spiegel zu betrachten und das Gesicht zu verziehen. Auch einige Grimassen zu machen, hebt die Stimmung ebenfalls, und die Frequenz erhöht sich sofort.

Sollte im Spiegelbild, ein grimmiges Gesicht gesehen werden, kann zudem auch gleich, wenn man aufmerksam ist, bemerkt werden, wie die Stimmung den Keller hinunterfällt. Nur so als wahrnehmbarer Vergleich.

Ein Erlebnis zum Thema Lachen, möchte ich, an dieser Stelle niederschreiben.

Es war vor vielen Jahren, in einem Stille-Retreat in Deutschland, als mir diese, für mich damals tiefgreifende Erfahrung, geschenkt wurde.

Es geschah eines Morgens beim Frühstück, das die Seminarteilnehmer gemeinsam einnahmen, und ereignete sich wie folgt. Ich ass mein Müsli und mir gegenüber sass eine Frau, die ass, ebenfalls etwas Feines, zum Frühstück. Für mich war es immer spannend, in der Stille, also ohne zu sprechen, weil das verboten war, die Menschen auch ohne Worte und nur durch das beobachten, kennenzulernen.

Aber zurück zu dem Geschehen, an diesem besagten Morgen, beim Frühstück. Ich war gerade nicht ganz präsent, und das, weil mich der Verstand, wieder einmal in irgendein Konstrukt gezogen hatte. Worum es ging, weiss ich nicht mehr, aber ich weiss sehr wohl noch, dass der Mind sehr aktiv war und meine Aufmerksamkeit regelrecht, einforderte.

So in den Gedanken versunken, schaute ich unbewusst, der Frau gegenüber in die Augen, und ich muss wohl so doof drein geschaut haben, dass diese einen Lachanfall bekam. Sofort war ich wieder ganz präsent und da, denn es war schon immer so, wenn jemand herzhaft lacht, kann mein System nicht still bleiben und so musste auch ich sofort mitlachen. Dieses Lachen wurde zu einem richtigen Lachanfall, aber nicht nur, weil mein Gegenüber, mich mit ihrem Lachen, angesteckt hatte, sondern, weil ich bemerkte, dass während des Lachens kein Denken geschah. Das Ganze, zuvor intensive Gedankenkonstrukt war weggefegt und kam auch nie wieder zurück. Wie toll, war diese Erfahrung für mich. Das Ganze geschah ohne Worte, sondern nur durch Lachen, einfach grandios und wundervoll.

Lachyoga

Lachyoga kommt aus Indien und wurde 1995 von dem Arzt Madan Kataria in Mumbai entwickelt. Dieser hat früh erkannt, dass Lachen extrem positiv auf die Gesundheit wirkt und wollte so eine Methode finden, um mehr zu lachen. Im Gegensatz zu anderen Yogaarten ist Lachyoga ein recht junger Yoga-Stil. Es hat die Welt aber längst im Sturm erobert: Mittlerweile gibt es auf der ganzen Welt Studios, in denen gemeinsam gelacht wird.

Beim Lachyoga, auch Hasya Yoga genannt, geht es nicht primär um körperliche Anstrengung oder Meditation. Es geht, das ist nicht überraschend, vor allem um das Lachen. Dafür fangen die Teilnehmer zu Anfang künstlich an zu lachen, es gibt also keinen Auslöser. Und das geht in der Gruppe aber meist schnell, denn lachen steckt ja bekanntlich an.

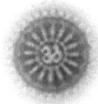

«Jede Minute die man lacht,
verlängert das Leben um eine Stunde.»
aus China

«Lachen ist für die Seele dasselbe,
wie Sauerstoff für die Lunge.»
Louis de Funés

Innehalten: Herzhaft lachen

Wenn du magst, nimm dir einen Moment Zeit und überlege dir:

Wann habe ich, das letzte Mal, so richtig und herzhaft gelacht?

Aufgabe: Hole dir mindestens drei Erlebnisse, aus der Vergangenheit, in dein Gedächtnis und erfreue dich daran. Erkenne selber, dass es beim Lachen, kein Denken gibt.

Wenn du möchtest, kannst du deine Erkenntnisse hier unten aufschreiben:

_____

_____

_____

_____

_____

_____

_____

_____

_____

_____

»Beginne den Tag mit einem Lächeln
und er wird schön!»

Die Wirkung von Pranayama

Weitere Werkzeuge für die Schulung des Körpers und des Verstandes sind Atemübungen, genannt auch Pranayama. Die yogischen Atemübungen helfen uns, zurück zu einer natürlichen Atmung zu finden. Bedeutung des Wortes: Prana = Energie, Ayama = Kontrolle.

Mithilfe der Atemkontrolle lernen wir, unseren Atem wieder bewusst wahrzunehmen und zu steuern. Und so unsere Lebensenergie zu aktivieren und zum Fliessen zu bringen.

Atmen oder die Atmung kann auch ganz bewusst zur Beobachtung der Stille in sich genutzt werden, denn, wenn der Fokus auf die Atmung gegeben wird, ist das Denken sofort inaktiv.

Diese Atemübung, auch *Nadi Shodhana* genannt, bringt die beiden Gehirnhälften ins Gleichgewicht. Diese Atemtechnik hat eine beruhigende Wirkung, auf den Geist. Sie bewirkt, dass sich das Körper-Geist-System entspannt und Verspannungen im Körper abgebaut werden.

Die Finger einer Hand werden dazu zu einem Vishnu Mudra (siehe weiter unten) geformt.

Dieser Atemtechnik werden einige positive Effekte nachgesagt. Angeblich gleicht dieses Pranayama die rechte und die linke Seite des Gehirns aus, sorgt für eine verbesserte Konzentration und ist eine gute Vorbereitung für eine anschliessende Meditation. Die *Nadis* oder astralen Energiebahnen werden gereinigt, sodass die Energie wieder frei fliessen kann. Des Weiteren beruhigt die Praxis von Vishnu Mudra den Geist und reduziert Stress. Durch tiefe und langsame Atemphasen verbessert und steigert sich die Energie. Bei langsamer und tiefer Atmung kann der dem Körper zugeführte Sauerstoff vom ganzen Körper besser aufgenommen werden. Die meisten Menschen fühlen sich nach der Anwendung dieser Wechselatmung mit Einbezug des Vishnu Mudras ausgeruht, in ihrer Mitte und energetisch aufgeladen.

Mudra

Was bedeutet Mudra auf Deutsch? Das Sanskrit-Wort bedeutet übersetzt: Mudra = Siegel, Zeichen, Geste oder Stempel. Mud = Freude, Glückseligkeit und Ra = Auslösen, geben.

Frei übersetzt lassen sich Mudras auf Deutsch als Geste, Finger- oder Körperhaltung verstehen.

Während einige Mudras den gesamten Körper betreffen, werden die meisten aber nur mit den Händen und den Fingern ausgeführt.

Für die Praxis vom Vishnu Mudra werden Zeigefinger und Mittelfinger in Richtung Daumenballen gebeugt. Ringfinger, Daumen und kleiner Finger werden abgespreizt. Mit Daumen und Ringfinger werden die Nasenlöcher abwechselnd zugehalten, um die Wechselatmung zu unterstützen.

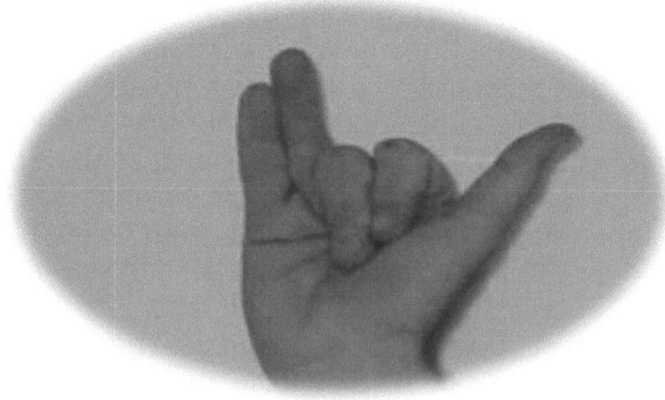

Anleitung zu: Nadi Shodhana Pranayama

- Die linke Hand liegt auf dem linken Oberschenkel, Daumen- und Zeigefingerkuppe berühren sich.
- Wenn du magst, kannst du zusätzlich, den Mittelfinger der rechten Hand sanft auf das Stirn-Chakra zwischen deinen Augenbrauen legen.
- Atme vollständig aus, verschliesse dann das rechte Nasenloch mit dem rechten Daumen.
- Atme 5-7 Sekunden lang durch das linke Nasenloch ein.
- Schliesse das linke Nasenloch mit dem Ringfinger, öffne dann das rechte Nasenloch und atme 5-7 Sekunden lang durch das rechte Nasenloch aus.
- Atme 5-7 Sekunden lang durch das rechte Nasenloch ein, verschliesse das rechte Nasenloch mit dem Daumen, öffne das linke Nasenloch und atme 5-7 Sekunden lang durch das linke Nasenloch aus.
- Das ist eine Runde, führe zwischen 8 und 21 Runden durch.
- Abschliessend lege auch die rechte Hand auf den rechten Oberschenkel. Daumen- und Zeigefingerkuppe berühren sich und spüre nach.

«Ich atme ein und komme zur Ruhe.
Ich atme aus und lächle. Heimgekehrt
in das Jetzt wird dieser Moment ein Wunder.
Thich Nhat Hanh

«Achtsames atmen ist der Anker für das Hier und Jetzt.»

Japa, Mantras, Lachen oder Pranayama sind sehr hilfreiche Anwendungsmöglichkeiten, um den Verstand zu schulen. Ein geschulter Verstand wird zu einem genialen Diener oder vielleicht besser gesagt, zu einem wertvollen Gehilfen. Gerade erst recht, wenn es um die Selbstrealisation, die Befreiung der Person oder die Identifikationslosigkeit geht. Der Mensch verliert die Angst vor sich selbst und vor dem Leben. Er kann gut aus dem Moment heraus agieren oder handeln und muss nicht mehr alles und jedes Geschehen hinterfragen. Und das, weil sich das Vertrauen; in das nicht Wissen; in das Leben; in Gott oder das Selbst, (lieber Leser, nenne es, wie es dir beliebt) gestärkt hat und immer noch mehr stärken wird. Sollte es beim Forschenden noch Tendenzen oder Neigungen (Vasanas) im System haben, so wird sich der Erkennende dessen bewusst werden. Er kann daran arbeiten, um diese nicht mehr zu bedienen.

«Sei bereit, jeden Morgen ein Anfänger zu sein.»
Meister Eckhart

«Wenn du aufgebracht bist, tue oder sage nichts.
Atme nur ein und aus, bis du ruhig genug bist.»
Thich Nhat Hanh

Meditation

Meditation ist eine Praxis, die darauf abzielt, den Geist zu beruhigen, die Aufmerksamkeit zu fokussieren und ein tieferes Bewusstsein für sich und die Umwelt zu entwickeln. Sie wird angewendet, um inneren Frieden, Klarheit und spirituelles Wachstum zu fördern.

Ziel der Meditation ist es: Den Geist zu beruhigen und Stress abzubauen. Und sie kann zu mehr Geduld und Gelassenheit verhelfen. Meditation, ein Wunder wirkendes Instrument für die Geistesschulung zur Förderung der Gedankenstille.

Die heutigen wissenschaftlichen Erkenntnisse in Bezug auf Meditation sind: die Senkung des Stresshormons Cortisol. Vermutet wird auch, dass Meditation zur Beruhigung der Amygdala im Gehirn beitragen kann.

Meditation zur Linderung von Angst und Depressionen fördert die Schlafqualität, kann den Blutdruck senken und das Immunsystem stärken.

Der Begriff Meditation kommt aus dem lateinischen «meditatio», was «Nachdenken oder Nachsinnen» bedeutet.

Der Geist wird durch das Meditieren ruhiger und das unablässige Denken verliert, mit der Zeit, an Kraft. Meditation ist ein Weg zur tiefen Entspannung, von Kopf bis Fuss. Dabei kann meditieren, wie ein mentales Training, wirken: Es baut Stress ab und löst negative Gedanken auf.

Es gibt ganz viele Arten von Meditation. Das, was hier gemeint ist, ist das Stillsein, also Sein mit dem, was gerade da ist. Das heisst, mit den auftauchenden Gedanken einfach nichts machen zu wollen. Jeder Gedanke, der auftaucht, darf sein und wenn nichts damit gemacht wird, verschwindet dieser auch wieder. Es ist ein wachsames Sein, ohne sich von Gedanken oder Tagträumen ablenken zu lassen. Sollte das Denken ablenken und es bemerkt werden, einfach immer wieder zurück, um sich erneut dessen, was gerade da ist, gewahr zu sein. Egal, auch wenn es den Menschen fünfzig, fünfhundert oder fünftausend Mal aus dem präsenten Wahrnehmen oder Sein wegzieht, einfach unnachgiebig wieder zurück zur Atmung, oder mit dem Sein, was da gerade aufmerksam wahrnimmt.

Eine weitere Möglichkeit: Die Aufmerksamkeit ist nicht auf das Denken, sondern kann, mit geschlossenen Augen, auf «das Herzen der Stille» in der Herzgegend gerichtet werden. Die Konzentration kann aber auch auf dem Stirn-Chakra (Ajna-Chakra) sein, auch als das dritte Auge bekannt. Dieses Chakra wird direkt über der Nasenwurzel, zwischen den Augenbrauen, lokalisiert.

Diese Art von Meditieren kann auch Stille-Meditation oder in die Stille gehen genannt werden.

Anwendung: Man sollte bequem auf einem Stuhl, oder mit verschränkten Beinen, auf dem Boden sitzen, und dass, so gut es geht, mit einer aufgerichteten Wirbelsäule. Liegend in Stille zu sein, ist wegen der Gefahr einzuschlafen, nicht empfehlenswert.

Also nochmals, es gibt nichts zu machen, ausser einfach absichtslos, still, präsent und beobachtend zu sein. Es kann mit geschlossenen oder auch mit geöffneten Augen gesessen werden. Menschen, die mit der Stille beginnen, sollten nach Möglichkeit täglich mehrere kürzere Zeiten einplanen. Fortgeschrittene Meditierende können die Zeit zum Sitzen ausdehnen, je nachdem morgens und abends eine Stunde oder so wie es dem Aspiranten, der Tagesablauf, ermöglicht.

Meditieren sollte absichtslos praktiziert werden, das heiss, es geht beim Meditieren nicht darum, etwas erreichen zu können. Sondern eher mit der Zeit festzustellen, dass im Alltag weniger Stress oder Gedanken sind.

Ja, genau, das Wort «Absichtslos», passt für dieses Stille-Sein, sehr treffend zu. Es ist auch von Wichtigkeit, sich dessen klar zu sein, dass der Geist/Verstand kein Interesse an Stille hat und schon gar nicht absichtslos sein kann. Der Verstand sucht immer eine Beschäftigung, deshalb ist es gut, wenn man sich dessen gewahr ist, ob das in Stille sitzen wirklich absichtslos geschieht oder ob sich der Verstand mit dem Deckmantel der Stille in den Fantasie-Geschichten aufhält. Das hat dann nichts mit Meditation oder stillem Sein zu tun. Sondern ich würde es dann, «Gedanken-herumsurfen-lassen» Spiel nennen.

Eine andere Art zu meditieren wie folgt beschrieben:
Der Verstand kann auf einen Punkt oder ein Wort fixiert werden, das ist gut, wenn einem das Denken beim Sitzen ständig ablenkt. Eine vielversprechende Möglichkeit, bedingt aber einen starken Willen und konsequentes Aufbringen, an dieser spirituellen Übung dranzubleiben. Hier geht es darum, den Verstand zu schulen. Das heisst, ihn, seiner fantastisch geprägten Eigendynamik, zu entledigen.

«Wo es Frieden und Meditation gibt,
gibt es keine Angst und Zweifel.»
St. Francis de Sales

Meditation Swami Sivanandas

Einmal sagte Sivananda, er wolle den ganzen Tag hauptsächlich meditieren und deshalb nicht ins Büro kommen. Seine Schüler dachten in diesem Moment nicht mehr daran, dass das der Tag war, an dem die Straße gemacht werden sollte, die direkt bei Sivanandas Hütte vorbeiführte. Den ganzen Tag arbeiteten die Straßenarbeiter also dort, mit dem Presslufthammer und allem, was so mit dem Straßenbau zusammenhängt.

Am Abend, als Swami Sivananda zum Satsang kam, entschuldigten sich die Schüler, dass sie ihn nicht vorgewarnt hätten. Er fragte, wieso und wovor. «Na ja, die Straßenarbeiten...» Sivananda sagte: «Ich habe nichts gehört» und war wirklich total erstaunt, als sie ihm das sagten. Er war nicht nur höflich, sondern er hatte tatsächlich nichts gehört. Er hatte einen Presslufthammer direkt neben seinem Meditationsraum nicht gehört – das ist Meditation in Vollendung.

Text von Sukadev Bretz aus Yoga Akademie Austria

Wenn man in Meditation geht, ziehen sich die nach aussen gerichteten Strahlen des Geistes und der Sinne allmählich immer mehr nach innen, bis, in der vollkommenen Versenkung, die Sinne ihre normale Funktion vorübergehend vollständig eingestellt haben. Swami Sivananda war ein Meister der Meditation, meditierte er doch bis zu vierzehn Stunden täglich! Über die Bedeutung der Meditation sagte er: «Meditation ist der einzige, königliche Weg zum Erlangen der Freiheit. Sie ist eine mystische Leiter, die von der Erde bis zum Himmel reicht, vom Irrtum zur Wahrheit, von der Dunkelheit ans Licht, vom Leiden zur Wonne, von der Ruhelosigkeit zum bleibenden Frieden, von der Unwissenheit zum Wissen, von der Sterblichkeit zur Unsterblichkeit. Strebende! Meditiert regelmäßig und systematisch jeden Tag! Es ist ein Verlust, wenn ihr einen Tag verliert!»

Innehalten: Wenn du magst, nimm dir die nächsten Tage, Zeit, um täglich mindestens fünfzehn Minuten oder länger still dazusitzen, ohne irgendwo hinkommen zu müssen. Einfach nur Sein.

Natürlich kannst du auch am Morgen gleich, nach dem Erwachen und am Abend vor dem zu Bett gehen je 15 Minuten einplanen. Von Vorteil ist es immer, denselben Platz, um zu meditieren, zu nutzen, denn mit der Zeit erhöht sich dort die Schwingung und du kommst schneller in die Stille des Seins.

Wenn du magst, kannst du deine Erkenntnisse, hier unten aufschreiben:

_____

_____

_____

_____

_____

_____

_____

_____

_____

_____

_____

«Ein ruhiger Geist, ist alles was du brauchst!»

Das reine oder erwachte Bewusstsein

Das reine Bewusstsein, das alles durchdringt, ist unveränderlich und immerwährend. Es wurde nie geboren, ist unsterblich und die alles durchdringende Unendlichkeit. Jedes Ding, das Form annimmt, ist durchdrungen von diesem einen, reinen Bewusstsein. So auch jedes Lebewesen, Gnade dem, der das unverblümt erkennen und erleben kann. Ist es nicht so, dass viele Menschen den Alltag bestreiten, ohne sich des reinen Bewusstseins, das sie durchdringt, gewahr zu sein?

Geschichte über Bewusstsein:

In einem kleinen Dorf lebte ein alter, weiser Mann namens Arun, der für seine Gelassenheit und Weisheit bekannt war. Eines Tages kam ein junger Mann namens Ravi zu ihm, voller Zweifel und Frustration.

«Meister Arun», sagte Ravi, «ich habe viele Bücher über reines Bewusstsein und Erleuchtung gelesen, viele Lehrer besucht und unzählige Meditationen praktiziert, aber ich fühle mich keinen Schritt näher an der Erleuchtung. Was mache ich falsch?»
Arun lächelte sanft und sagte: «Komm mit mir.»

Er führte Ravi zu einem stillen See ausserhalb des Dorfes. Arun kniete sich an das Ufer, tauchte seine Hand ins Wasser und schöpfte ein wenig Wasser in seine Handfläche. «Siehst du das Wasser in meiner Hand?», fragte er.
«Ja», antwortete Ravi.

Plötzlich öffnete Arun seine Hand, und das Wasser floss zurück in den See. «Jetzt siehst du es nicht mehr, oder?»

Ravi schüttelte den Kopf. «Die Erleuchtung oder das reine Bewusstsein, ist wie dieses Wasser», sagte Arun. «Solange du es festhalten willst, entgleitet es dir. Wenn du jedoch loslässt und akzeptierst, dass es immer da ist, wirst du erkennen, dass es nie wirklich verloren war.»

Ravi war verwirrt. «Aber wie kann ich loslassen, Meister?»

Arun nahm einen kleinen Stein und warf ihn in den See. «Schau auf die Wellen. Der See ist in Bewegung, weil der Stein hineingefallen ist. Das bist du, wenn du suchst, dich anstrengst, kämpfst. Aber wenn du aufhörst, Steine zu werfen, wird der See ruhig. Dann kannst du die Klarheit des Wassers erkennen.»

Ravi verstand langsam. Er setzte sich ans Ufer des Sees und begann, einfach nur zu sein. Kein Streben, kein Drängen, nur Stille.

Und in diesem Moment der Ruhe fühlte er etwas, das er nicht in Worte fassen konnte – ein stilles, unendliches Wissen, das immer da gewesen war.

«Der Bereich des Bewusstseins ist viel grösser, als sich mental ermessen lässt. Wenn du nicht länger alles glaubst, was du denkst, löst du dich vom Denken und siehst klar, dass der Denker nicht der ist, der du bist.»
Eckhard Tolle

Das «ES»

Du bist nicht der Körper, du bist auch nicht der Verstand. Du bist erwachtes Bewusstsein, das sich selber erfährt. Oder es könnte auch gesagt werden; du bist DAS, was dem Leben immer zusieht. Wie wäre es, das, was du bist, hier einmal als, «ES» beschrieben zu erfahren?

In der Philosophie wird das «ES» oft mit einem universellen Sein oder einer grundlegenden Wirklichkeit assoziiert.

In einigen spirituellen Traditionen wird das «ES» als eine Art allumfassendes, formloses Bewusstsein beschrieben, das jenseits des individuellen EGO-Verstandes existiert. Das «ES» repräsentiert das Göttliche oder die Quelle.

Das «ES» sieht immer wertfrei zu, wie Ursache und Wirkung geschehen, und das «ES» involviert sich weder mit dem Denken noch mit den Handlungen.

Das «ES» ist immer frei von Bewertung und erkennt, dass das Leben immerwährende Leichtigkeit und stille Freude ist. Alles, was nicht Freude und Leichtigkeit ist, kann niemals das «ES» - sprich - reines oder erwachtes Bewusstsein sein, was du in Wirklichkeit bist.

Werde dir dessen gewahr und du kannst dieses Lebensspiel, immerwährend geschehen lassen und das, immer ohne, als etwas Persönliches eingreifen zu müssen.

Welche Situationen auch immer als Erfahrung geschenkt werden, werden und können einfach und konstant als erwachtes Bewusstsein und daraus als erlebte Erfahrungen gesehen werden.

*«Solange der Geist versklavt ist,
kann der Körper nie frei sein.»
Martin Luther King*

Der Geist

Der Geist ist unser Diener und der macht immer genau das, was wir ihm mitteilen. Da würden jetzt bestimmt, viele Leute fragen: «Warum bekomme ich dann nicht den Job, den ich mir wünsche, oder den Wohlstand, den ich brauche, um frei leben zu können?». «Warum leide ich an Krankheit und wieso finde ich, nicht endlich, den Partner, den ich mir, schon so lange, wünsche?»

Warum? Weil, wenn der Mensch sich genau unter die Lupe nimmt, kann er feststellen, dass er zwar meint, er würde aussprechen, was er braucht und will, in Wahrheit ist es aber so, dass er, durch sein Unbewusstsein, genau das Gegenteil aussendet. Das Gegenteil, das noch mehr Leiden verursacht oder nicht in die Erfüllung kommen kann.

Ist es nicht so, dass der Mensch sagt: «Ich möchte nicht mehr krank sein?» und dabei nicht erkennen kann, dass er somit, nach dem universellen Gesetz, immerzu sagt: «Ich möchte krank sein». Wie wäre es, anstelle von dem vorherigen Satz, zu sagen: «Ich bin gesund»? Oder eine weitere Möglichkeit, wie wäre es, die Worte nicht oder nie, so gut wie möglich aus dem Verstand und den ausgesprochenen Worten, zu verbannen?

Aber vor allem darauf zu achten, was wir aussenden. Hier ein Beispiel dazu; jemand wünscht und bestellt sich zwar einen Partner, ist aber innerlich gar nicht bereit dazu, und das, weil diese Person, viel zu grosse Angst hat, sie könnte von einem Partner verletzt werden. Oder bei jemand anderem, ist schon bevor ein Gegenüber auftaucht, die Verlustangst in der Vorstellung bereits im Feld und kann durch, meist unbewusste Selbstsabotage, gar nicht ins Leben treten. Also bitte, wie soll das Leben denn da jetzt Klarheit bekommen, was es liefern soll. Zum Beispiel bestellt ein Mensch zwar einen neuen Job, und wenn er Glück hat, bestellt er ihn nicht nur, sondern fühlt ihn auch, vergisst aber die Bestellung genauer zu formulieren und wartet so vergeblich.

Da das Leben nicht weiss, was der neue Job beinhalten soll und kann diesen, deswegen gar nicht liefern. Auch wenn, der Mensch vielleicht nicht genau weiss, was die Tätigkeit im neuen Job sein sollte (Büro oder Verkauf, Handwerk oder Beratung), weiss er aber, was er möchte. Zum Beispiel: mehr Freude und Leichtigkeit, gute Bezahlung, mehr Freiheit und Freizeit, tolles Arbeitsklima, in der Nähe vom Wohnort und so weiter.

Stell dir einmal vor, Leben geschieht so, es ist, wie wenn du in einem Katalog etwas bestellst. Dann hast du doch schon eine Vorstellung oder ein Bild in deinem Kopf, von dem Kleid, das du für das kommende Fest haben möchtest. Findest das passende Kleid im Katalog und schaust vielleicht noch nach dem Material, der Farbe und der Grösse. Du schaust genau und siehst dich schon in diesem, dir gefallenden Kleid. Zugleich spürst du die Freude, die in dir aufsteigt. Ein weiteres Beispiel, zur Verinnerlichung: Du siehst im Katalog, die neuen Möbel, die du haben möchtest und siehst in Gedanken schon, wo diese stehen werden und spürst zugleich die grosse Vorfreude in dir. Wenn du dir sicher bist, dass du diese Möbel haben möchtest, erkundigst du dich noch nach der Lieferfrist und wenn alles, für dich stimmig ist, schickst du die Bestellung ab. Somit bist du nun in der vorfreudigen Stimmung und kannst es kaum erwarten, bis die Bestellung geliefert wird.

Aber was macht der unbewusste Geist, mit dem Menschen im Leben? Er möchte zwar finanzielle Freiheit oder seine Berufung leben können, sendet diese Bestellung aus und sofort kommt der Zweifel oder die Gedanken, die dagegen sprechen, ins Spiel. Der Mensch gibt diesen Gedanken Raum und somit ist die Bestellung, im geistigen

Versandhaus wieder annulliert.

Wenn sich der Mensch dessen bewusst wird, was er aussendet und dazu auch noch weiss, dass sein Verstand gerne Gegenargumente produziert, dann kann er an sich arbeiten. Es ist ganz leicht und geschieht, nur, indem er einfach nicht mehr zuhört, was der Geist mit den geprägten Gedanken ihm sagt. Denn er weiss ja, die Bestellung ist abgesendet, also bleibt dem Leben gar nichts anderes übrig, als fristgerecht und genau, das zu liefern, was zuvor von ihm bestellt wurde. Seine einzige Aufgabe ist es, das, was er haben möchte, zu fühlen, und zwar genau so, als ist es schon da!

Denn Wissen steht auch im weisen Buch der Schöpfung geschrieben:

> *«Darum sage ich euch: Alles, was ihr betet und bittet, glaubt nur, dass ihr's empfangt, so wird's euch zuteilwerden.» Markus 11,24*

Wenn sich der Mensch nicht mehr von den Tatsachen oder Umständen täuschen oder beeinflussen lässt, dann ist er der ständige Schöpfer, der weiss, was er will und er bestellt genau dass, was er braucht und haben möchte, um in seinem Leben; Klarheit Fülle, Erfolg, Wohlstand, Partner, Gesundheit oder was immer, er möchte schöpft. Aber wisse, das Denken darüber, ist nur ein kleiner Teil von Erfüllung. Der grosse Teil dazu ist das Fühlen. Bleibe im WOHL-Gefühl, bis die Bestellung eingetroffen ist, und lass keine Zweifel zu. Und du wirst, einfach alles ins Leben ziehen oder was du möchtest erhalten.

> *«Euch geschehe nach eurem Glauben!»*
> *Matthäus 9,29*

Wie du die Welt siehst

Krishna wollte die Weisheit seiner Könige testen. Er liess eines Tages den für seine Grausamkeit und seinen Geiz bekannten König Duryodhana zu sich rufen und gab ihm die Aufgabe, durch die ganze Welt zu reisen und einen wahrhaft guten Menschen zu finden und zu ihm zu bringen. Gehorsam machte sich Duryodhana auf die Suche.

Er begegnete vielen Leuten und sprach mit ihnen, und nach langer Zeit kehrte er zu Krishna zurück und sagte: «Ich habe auf der ganzen Welt gesucht, wie du mir aufgetragen hast, aber ich habe keinen wahrhaft guten Menschen finden können. Alle sind selbstsüchtig und böse!»

Dann liess Krishna einen weiteren König namens Dhammaraja zu sich holen.

Dhammaraja war bekannt und beliebt für seine Freigiebigkeit und Güte. Krishna gab ihm den Auftrag, die ganze Welt zu bereisen und ihm einen wahrhaft bösen Menschen zu bringen. So machte sich der König auf den Weg und sprach auf der ganzen Welt mit vielen Menschen und kehrte nach einigen Jahren wieder zurück und berichtete Krishna: «Oh Krishna, ich habe versagt.

Es gibt Leute, die irregeleitet sind, Menschen, die aus Blindheit handeln, aber nirgends konnte ich einen wahrhaft bösen Menschen finden. Trotz aller ihrer grossen oder kleinen Fehler sind sie alle im Herzen gut.»
von Arjuna P. Nathschläger

Ein berühmter Ausspruch aus den Upanishaden lautet: «Tat Tvam Asi»: «Du bist das». Du bist, was du siehst, denn was du wahrnimmst, ist durch deinen eigenen Geist, deine Einstellungen, Erfahrungen und Erwartungen gefärbt. So können wir an unserer Umwelt sehr gut ablesen, wie es in unserem Geist aussieht – und daraus lernen!

Innehalten: Lass die Leben zurück laufen.
Wenn du magst, betrachte jetzt dein Leben und erkenne, wie viel und was du schon alles erschaffen hast.

Lasse dein Leben, von genau diesem Moment an, noch einmal zurück, also Revue passieren. Erkenne dabei, was das Leben dir, alles an Erfüllung geschenkt hat.
Betrachte das, was dich leicht und freudig stimmt, und verweile bei jedem Gedanken dieser Erfüllung einen Moment.

Erfahre ganz bewusst, wie die Freude in deinem Körper-Geist-System, gleich wieder Einzug nimmt. Ist das nicht einfach wundervoll? Und wisse, genau jetzt hat sich deine Frequenz oder Schwingung, erhöht.
Sei freudig und lebe immerwährend, in dieser Zufriedenheit.

Wenn du magst, kannst du deine Erkenntnisse, hier unten aufschreiben:

_____

_____

_____

_____

_____

_____

_____

«Trage Freude in deinem Herzen und du kannst jeden Moment verzaubern oder verändern!»

Die Befreiung ist in dir!

Wenn erkannt wird, dass jede Begegnung, ob sie nun resoniert oder nicht, mit der eigenen Person zu tun hat, und dem Menschen geschieht, weil sie das Potenzial, der Erlösung in sich trägt. So wird das Leben eine spannende Sache und der Mensch fängt sogar Unpässlichkeiten an zu lieben, weil er sich gewahr wird, dass es um bewusstes Erkennen und um die vollständige Auflösung oder Befreiung, von der Idee der Eigenständigkeit, eines EGOs oder der Person geht.

Der Mensch beginnt immer weniger, einen Sinn im äusseren Leben zu suchen. Das heisst; das neue Auto, die bessere Stelle, der höhere Lohn oder der tolle Urlaub und so weiter, verlieren an Wert. Das nach Bespassung suchende oder nach Befriedigung strebende, verliert in ihm an Kraft. Natürlich kommt es so, wie es im inneren Wesen angelegt ist, oder so wie der schon geschriebene Film, jedem einzelnen Menschen aufgezeigt wird und das, ohne dass jemand die zukünftige Geschichte oder das Drehbuch kennt. Der Mensch wird in Geschehnisse geführt, in denen er sich nicht mehr findet. Gemeint ist hier, im Aussen nicht mehr findet und zugleich im Inneren vieles noch vernebelt oder unklar ist. Die Suche nach konstanter Glückseligkeit und Befreiung des Leidens, drängt oder zwingt ihn nun aufmerksamer zu werden.

Aus der unbewussten Suche nach dem, was ihm früher ein kurzes gutes Gefühl ausgelöst hatte, wie zum Beispiel; die Ankunft des neuen Autos, die neue Verliebtheit, der sexuelle Orgasmus, das Ansehen, der momentane Erfolg und vieles mehr. All dieses verliert an Wichtigkeit und bröckelt immer mehr weg. Solche Dinge haben, dem Menschen damals, einen kurzen Moment der Freude oder das Gefühl des «zu-Hause-seins» gegeben, blieben aber nur als «kurze Besucher». So musste er, von seinen Begierden gesteuerte und ausgelieferte Mensch, sich pausenlos weiter bemühen, um den nächsten Glückseligkeits-Kick, erleben zu können.

Durch das Wegfallen des äusseren Strebens sucht der Mensch dann immer mehr und bewusster, dass «zu-Hause-sein», dass er länger und wenn er es hat, behalten möchte. Dieses innere Gefühl möchte konstant und für immer erlebt werden. Denn dem Menschen ist dieses «Gefühl des zu-Hause-Seins», sehr wohlbekannt. Das hat er ja im äusseren Leben strebend, auch schon erfahren, nur hielt es einfach nicht an. Denn, der unbewusste Erdenbewohner, ist ein unwissentlicher Sklave des eigenen Verstandes, der ständig von den fünf Sinnen angetrieben wird.

Der, nach Innen gerichtete erwachende Mensch, wird bewusster und sieht immer klarer oder weiss es ganz plötzlich einfach, dass die absolute Freiheit, nur im Herzen der Stille gefunden werden kann.

Gefunden werden kann, sind vielleicht nicht die richtigen Worte, denn es gibt nichts zu finden. Aber es gilt, sich zu erforschen und zu erkennen, dass das schon immer der wahre Ausdruck des Lebewesens war und ist. Also nur der Blickwinkel wechselt sich und siehe da, plötzlich erkennt der Mensch nicht mehr das Aufgedrückte oder die Idee von einer eigenständigen Person, sondern erkennt, dass alles das Eine-Ganze ist.

Dieses Konstrukt, kann einfach nicht mehr ernst genommen werden und das, weil der Mensch erkennt, dass es gar nichts zu finden gibt. Dass er die wahre Natur ist, was zuvor einfach nicht gesehen werden konnte, weil der Ausdruck, der durch die Form immer wirkt, noch etwas Leid und Freude als Erfahrung spielen wollte. Wenn dieses Erkennen konstant bleibt, heisst das vielleicht noch nicht, dass sich das Selbst schon ganz verwirklicht hat, aber es ist bereits ein wundervoller Zustand der Einsicht und Einheit, die dem nahezu Befreiten geschenkt wird.

Der Rest der Tendenzen oder Neigungen (Vasanas) wird ihm, im Laufe der Zeit, im ewig angekommenen Jetzt, auch noch verloren gehen. Und dass, weil das Vertrauen in das nicht Wissen sich bei dem nach Vollendung-Strebenden noch mehr stärkt und er noch deutlicher erkennt und erlebt, dass es da nichts Persönliches gibt. Demnach nichts Eigenständiges, keine Person, niemand, der sich mit dem Körper-Geist-System identifiziert.

Wahrlich Gnade dem Menschen, dem diese zu erlebende absolute Erkenntnis geschenkt wird.

Auch wenn sich die Vasanas noch zeigen können, wird der achtsame Mensch sie erkennen und auslaufen lassen, bis diese zum endgültigen Stillstand kommen. Meist ist es im Erkennenden so angelegt, dass er sich weiterhin in der Wahrheit reflektiert. Der Bewusste sieht, wie die Unschuld das System durchdringt und er immer noch durchlässiger wird. In sich still geworden, lebt der von der Illusion Befreite, das Leben, das sich ihm von Moment zu Moment anerbietet. Aus der immerwährenden Präsenz heraus handelnd, erlebt er sich so, wie es niemals in Worten beschrieben werden könnte.

Und das, solange, bis der Körper dann eines Tages aufgegeben wird. Dieser Tod, mit dem sich der Weise schon längstens, vor dem Verlassen des physischen Körpers, auseinandergesetzt hat. Denn der Gedanke an das Sterben oder den Tod löst in ihm weder Angst noch Freude aus. Er weiss tief in seinem Herzen, es wird ein physisches Ausatmen des Körpers sein. Die Hülle oder der Körper wird der Erde zurückgegeben, denn dass, ist der Kreislauf der Natur. So wie jedes Blatt, das im Herbst vom Baum fällt, wird mit der Zeit wieder zu Erde werden. Mehr möchte hier nicht geschrieben werden. Denn es gibt genug Antworten von Leuten auf die Frage:

«Gibt es ein Leben nach dem Tod?»

Sterben, um zu Leben

Memento Mori - Hast du heute schon gelebt?

Der Ausdruck Memento Mori – «Denke daran, dass du stirbst!» (lat. «Sei dir der Sterblichkeit bewusst») entstammt dem mittelalterlichen Mönchslatein. Auch der Toden-Schädel ist bei vielen Menschen ein erschreckendes Symbol und das, weil sie dadurch an ihre Vergänglichkeit im Körper erinnert werden. Auch eine verwelkte Blume erinnert an die Vergänglichkeit. Raben gelten vielerorts als ein Symbol des Todbringenden. Das Verhältnis der Menschen zu Rabenvögeln ist zwiespältig. In der Antike wurden sie als magisch und göttlich verehrt, im Mittelalter galten sie als Vorboten von Tod, Unheil und von der Pest. Also auch da galt der Rabe als ein Symbol der Vergänglichkeit.

Obwohl das Sterben zum Leben gehört, fällt es den Menschen oft schwer, bei dem Gedanken an das Ableben und somit nicht mehr im Körper zu sein. Leider ist es immer noch, oft so, dass der Mensch sich meistens nur am Leben orientiert, gerade so als wäre er unsterblich. Das Sterben wird, aus lauter Angst, nicht mehr zu sein, einfach verdrängt.

Oder den Angehörigen eines im Sterben liegenden Menschen, vor dessen Übergang, fehlt die Kraft, den Sterbenden loszulassen, damit er frei gehen kann. Und das ist so, weil die baldig Hinterbliebenen, zu sehr, mit ihrem eigenen Verlassenheitsgefühl, konfrontiert werden.

Meines Erachtens fängt das Leben erst richtig an, wenn der Mensch sich, mit seinem eigenen Tod, angefreundet und dadurch, die Angst vor dem Sterben verloren hat.

Als Mensch im Leben stehend, dem Tod in die Augen sehend, lässt erkennen, dass es gar nicht so tragisch ist, wie viele Menschen meinen, und dadurch das Verlassen des Körpers, als ein Tabuthema, belassen. Das Leben zeigt solchen Menschen immer wieder auf, wo die Angst sie beherrscht. Jede Angst ist, wenn sie weiter betrachtet wird, die Angst vor dem Sterben oder dem Tod.

Wenn der Gedanke an das Sterben und den Tod vorbehaltlos angenommen werden kann, so fängt das Leben wahrhaftig, intensiver und freudiger zu werden an. Zumal schiebt man nicht mehr alles auf später, sondern erfreut sich an dem, was gerade da ist.

Manchmal kann es hilfreich sein, sich an Menschen zu wenden, die ihre Todesangst überwunden haben, um sich den eigenen, noch vorhandenen Ängsten, zu stellen.

Meine Berufung sehe ich, unter anderem, darin, den Menschen eine Begleitung im Sterbeprozess oder in der Vorstellung daran, zu sein.

Durch Gespräche und geführte Visionen, darf sich der Mensch seinen grössten Ängsten stellen und dadurch Befreiung, von den ängstigenden Todesgedanken, erlangen.

«Von der Raupe, wird der betrachtende, zum Schmetterling.»

Wie kann sich der Mensch, in der Blüte des Lebens stehend, mit dem Tod auseinandersetzen?

Die anfallenden Dinge im Leben sofort zu erledigen, keine Versprechungen mehr auszusprechen und das Leben in Ordnung zu halten, mit sich, den anderen und der Welt in Frieden zu sein, lässt den Menschen frei und unbeschwert leben. Sollte dann plötzlich das letzte Stündchen schlagen, kann der, sein Leben sortierte und aufgearbeitete Mensch, sanft in Frieden hinübergleiten.

Wahrlich, somit erübrigt sich bei so einem aufgeräumten Menschen das Sprichwort: «In Frieden ruhen», und das weil, dieser ja schon zu Lebzeiten oder noch im Körper, in Frieden ruhend, sein Leben gelebt hatte.

Nach meiner Erfahrung mit Sterbenden, ist es: Die letzten Minuten des Lebens sind etwas so Heiliges, wo es meistens keine Worte mehr bedarf. Wenn Angehörige den Gehenden in Stillem-Sein, bis zur Schwelle des Überganges, begleiten, ist es auch, für die zurück Bleibenden, ein unvergessliches, energetisch hoch schwingendes Erlebnis.

Einige Begebenheiten, meiner eigenen Erfahrungen, mit sterbenden Menschen im Krankenhaus. Diese Schilderungen sollen erklären, wie wichtig es ist, sein Leben vorweg in Frieden mit allen Menschen und allem Sonstigen zu sein und zu leben.

«Die Frage ist nicht ob es ein Leben nach dem Tod gibt. Die Frage ist, ob du vor dem Tod lebendig bist».
OSHO

Erlebnisse bei der Sterbebegleiterin

Die Erlebnisse, als Sitzwache und als Sterbebegleiterin im Krankenhaus, habe ich hier, als Beispiele, niedergeschrieben.

Eines Tages wurde ich als Sitzwache zum Spätdienst in eine Abteilung bestellt. Wo, so hiess es, ein sterbender Mann in einem Zimmer läge, den man nicht alleine lassen konnte. Meine Aufgabe sei es, dort zu sein, weil der Mann so unruhig wäre. Zudem müsse ich aber aufpassen, er sei auch sehr grob und schlage aus, wenn man ihm zu nahetreten würde. Na wunderbar, dachte ich, das kann ja heiter werden, die Stunden in diesem Zimmer, bei diesem unruhigen, ausschlagenden Mann, zu verbringen. War aber zugleich auch gespannt, wie es werden würde und natürlich hoffte ich auch, dass diese gepeinigte Seele bald ihren Körper verlassen dürfe. Nach der Erläuterung der Pflegefachfrau über die Situation und was meine Aufgabe sei, sagte diese noch zu mir: «Zurzeit ist der Sohn, des im Sterben liegenden, noch im Zimmer. Der wird aber bestimmt nicht lange bleiben, denn die Zwei sind seit Jahren miteinander zerstritten. Geh jetzt ins Zimmer, stelle dich kurz vor und dann kannst du ja im Aussendienst noch etwas mithelfen, bis der Besucher deines zu betreuenden Patienten geht.» Sogleich tat ich wie mir geheissen, klopfte an die Zimmertüre und trat ein. Was ich vorfand, war ein mittelalterlicher Mann, der einige Meter vom Bett, des im Sterben liegenden Mannes, den ich zu begleiten hatte, sass. Die Stimmung erschien mir eher gedrückt, so stellte ich mich kurz vor und sagte zu dem Besucher, er möge doch die Klingel drücken, wenn er im Begriff wäre zu gehen, damit ich dann meine Funktion, als Sitzwache, aufnehmen könne.

Wieder draussen, mit einer mir zugeordneten Arbeit beschäftigt, ging es nicht lange und es klingelte im Krankenhausflur. Ich sah, dass es die Zimmernummer war, in der sich der Mann, den ich zu betreuen hatte, lag. Ich beeilte mich, ins Zimmer zu gelangen. Als ich eintrat, stand der Besucher schon in der Nähe der Tür und verliess daraufhin schweigend das Zimmer, wo sein sterbender Vater lag. So stellte ich mich, nochmals bei dem Sterbenden vor und setzte mich, auf einen Stuhl in die Nähe seines Bettes. Der liegende Mann war unruhig und versuchte, mit geschlossenen Augen, immer etwas in der Luft zu fassen oder zu bekommen. Nach einer beobachtenden Weile nahm ich seine Hand, denn ich beabsichtigte zu sehen, ob er sich beruhigen würde. Sofort umklammerte der Mann meine Hand und drückte diese ganz stark zusammen, ich hielt dem Griff einen Moment stand, löste mich dann aber, mithilfe meiner zweiten Hand und etwas Kraftaufwand, wieder aus der seinen.

Es ging nicht lange, da kam die Pflegende ins Zimmer, um dem unruhigen Mann seine Abendmedikation über die Vene zu geben. Bald darauf wurde der Mann etwas ruhiger, schlug aber immer noch gelegentlich in die Luft und verzog sein Gesicht zu einer grimmigen Grimasse. Gegen 10 Uhr kam meine Ablösung, ich verabschiedete mich bei dem Sterbenden und ging nach Hause.

Am darauffolgenden Tag durfte ich wieder zur Sitzwache gehen. Der Zufall ergab sich und ich kam wieder genau auf dieselbe Abteilung wie am Vorabend. Und natürlich wieder zum selben Mann, der immer noch lebte. Man musste mir nicht mehr viel erklären, also lautete der Rapport: Alles sei unverändert, wie gestern. So solle ich mich wieder im Zimmer zeigen. Der Sohn sei abermals dort und der, werde ja wohl, nicht lange bleiben, meinte die zuständige Pflegefachfrau. Schnell ging ich ins Zimmer, zu den beiden Männern und sagte zu dem Besucher: Er solle sich doch bitte wieder melden, bevor er das Zimmer verlassen würde, um zu gehen. Mir fiel sofort auf, dass die Stimmung, im Zimmer anders war, als am Vorabend. Der Sohn sass nun ganz nahe am Bett und hielt die Hand seines Vaters. Dieser lag ganz ruhig in seinem Bett. Es kam mir vor, als störe ich eine ganz heilige Zeit und verliess schnellstmöglich den Raum.

Als ich dann, erst etwa drei Stunden später gerufen wurde und das, weil die Besuchszeit endete. Mein Auftrag als Sitzwache, im Zimmer, angetreten, betrachtete ich den *liegenden Mann im Bett und nahm wahr, dass sein Gesicht ein sanftes Lächeln aufwies. So setzte ich mich wiederholt, auf den Stuhl, neben seinem Bett, und hielt seine Hand. Dieselbe Hand, die am Vorabend noch so viel Kraft und Druck ausübte, war jedoch ganz sanft, ohne Druck und ohne Verkrampfung. Im Stillen dachte ich mir: wie schön ist es, wenn die Menschen in Frieden kommen und was gibt es Schöneres als den Übergang ins Körperlose sein, in Frieden und mit einem sanften Ausatmen gehen zu dürfen. Als mein Spätdienst um 22:00 Uhr zu Ende war, atmete der Mann noch ganz sanft und mit langen Atempausen. So ging ich dann, in guter Hoffnung, dass sein Körper bald das Leben aufgeben durfte, nach Hause.*

Einige Tage später erfuhr ich dann, dass der Mann noch am selben Abend um 22:20 Uhr friedlich ausatmen durfte. Das freute mich und das, weil es wirklich so schön war, das miterleben zu dürfen, was an diesen zwei Abenden, mit Sohn und Vater geheilt werden durfte. Wie der Sohn und auch der sterbende Vater in Frieden waren. Und durch das in Frieden sein, die ganze vorherige Anspannung sich gelöst hatte, im Sterbeprozess zur Ruhe kam, sich auflöste und der ruhig atmende den Übergang antreten konnte.

«Das ist das Ende», sagt die Raupe. «Das ist erst der Anfang», sagt der Schmetterling.»
Laotse

Eine weitere Erzählung

Eines Tages arbeitete ich, auf einer medizinischen Station, wo Leute mit ganz unterschiedlichen Krankheiten lagen. Meine Aufgabe war es, in die Zimmer zu gehen, wenn jemand der Patienten, klingelte. So kam ich, auf diesem Spätdienst, in viele verschiedene Zimmer. In einem der Dreibettzimmer, in das ich mehrmals gerufen wurde, fiel mir ein männlicher Patient auf. Dieser Mann war so strahlend und er hatte eine sanfte Stimme, bedankte sich für jede Geste freundlich und das Lächeln, auf seinem Gesicht, war wohltuend anzusehen. Er war im Spital, weil er nach einer Operation, einem Infekt unterlegen war.

Einige Tage später. Der Zufall wollte es, dass ich eines Abends zum Nachtdienst, auf die Notfallbettenstation, gerufen wurde. Dort hatte ich zwei Patienten, gleichzeitig, zu betreuen. Die eine Person war eine Frau, die nicht alleine im Zimmer gelassen werden konnte, aufgrund dessen, weil diese verwirrt war. Sie war stark sturzgefährdet, wollte aber trotz Bettruhe immer aufstehen. Der andere war ein Herr, der immerzu herumschrie. Meine Aufgabe war es, diese zwei Menschen zu beruhigen und zu betreuen.

Auf der Notfallstation war diese Nacht, nicht viel los. Eine Pflegende sagte mir: Im Zimmer nebenan läge ein Mann, der werde diese Nacht nicht überleben. Die Pflegende kümmerte sich nicht mehr oft, um den Sterbenden im Zimmer. Das liess mich nicht in Ruhe und ich ging bei der nächsten mir möglichen Gelegenheit, in das Zimmer des Sterbenden.

Da lag dieser strahlende Mann mit dem Infekt, den ich einige Tage zuvor, noch auf der medizinischen Abteilung, als diesen freundlichen Patienten, angetroffen hatte. Der Mann lag ganz zufrieden, dreinschauend, im Krankenbett. Ob er etwas brauche oder einen Wunsch hätte, fragte ich ihn, als ich auf Kopfhöhe neben ihm, am Bett stand. Er schaute mich mit seinen leuchtenden Augen und einem *sanften Lächeln an und bewegte seinen Kopf zu einer Gestik, das ich als klares Nein deuten konnte. Ihm, in Gedanken, für den Übergang alles Gute wünschend, verliess ich still den Raum. Ich hatte das Gefühl, es würde diese friedliche Stimmung, die von dem Sterbenden ausging, stören, wenn ich noch länger im Zimmer bliebe.*

Danach war ich sogleich mit meinen zwei unruhigen Patienten sehr beschäftigt. Bis beide dann, dank Beruhigungsmittel, endlich einschlafen konnten. Als ich auf den Krankenhausflur trat, kam mir die Pflegende, aus dem Zimmer, wo der Sterbende lag, entgegen und sagte zu mir: «Jetzt durfte er gehen, er hat friedlich, lächelnd ausgeatmet». So ging ich dann, auch noch einmal, in das Zimmer, zudem nun hinübergegangenen. Er lag friedlich im Bett und ich war wirklich glücklich, dieses strahlende Gesicht, mit diesem Lächeln, das sich, mit dem letzten Atemzug, nicht verändert hatte, sehen zu dürfen. Es berührte mich tief, und ich dachte; so wie er gestorben ist, hat er sein Leben wohl auch gelebt.

Selbstverwirklichung zu erlangen. Ramana Maharshi (ein Weiser aus Indien) soll erzählt haben, dass seine Mutter, die er im Sterbeprozess und beim Übergang in den Tod begleitete, bei ihrem letzten Atemzug die absolute Befreiung erlangt habe.

*«Ich glaube, dass wenn der Tod unsere Augen schliesst,
wir in einem Lichte stehen, von welchem unser
Sonnenlicht nur der Schatten ist.»*
Arthur Schopenhauer

Dazu noch mein eigenes Erlebnis, zu diesem Thema, das ich in Geschichtenform niedergeschrieben habe:

Nishkāmas Todes Erlebnis

Die erlebte Geschichte von Nishkāma am Morgen des 14. Mai 2021

Es geschah wie folgt; am Morgen erwachte Nishkāma und blieb noch eine Weile liegen, wie sie das oft tat. An diesem Morgen geschah es plötzlich und ohne Vorzeichen, dass sie nicht mehr einatmen konnte.

Auf dem Rücken liegend bemerkte Nishkāma, wie ihre Atmung rasch weniger wurde und die Luft wegblieb. Sie lag mit den Händen auf dem Bauch und beobachtete dieses Geschehen. Angst war keine da, nur der Gedanke; «Jetzt stirbst du wohl». Es war okay nun zu sterben, sie war bereit dazu. Mit dem Gedanken kam auch gleich das innere Betrachten, ob da noch irgendwelche Anhaftung an irgendjemand oder irgendetwas da war. Aber es gab keine Verbindungen mehr. Durch das nicht mehr atmen können, bemerkte Nishkāma, dass in den Beinen und Armen ein Kribbeln sich bemerkbar machte und dass wegen des Sauerstoffmangels, der in dem Gewebe war.

Der ganze Kreislauf konzentrierte sich, jetzt ganz gezielt auf die lebenserhaltenden inneren Organe.

Nishkāma betrachtete dieses Szenario wertfrei und wartete beobachtend auf den letzten Atemzug. Es folgte, neben dem Sauerstoffmangel, eine ganz starke Hitze im Herzbereich. War das vielleicht das Letzte, was der Körper an Kraft mobilisieren konnte? Nishkāma lag ruhig und beobachtete wartend darauf, bis das Herz schwächer wurde und bis es zu schlagen aufhörte.

Während des Beobachtens und auf den Tod wartend, waren vereinzelte Gedanken. Diese kamen und ihr wurde bewusst, dass es einen freien Übergang «nach Hause» nur geben konnte, wenn beim letzten Atemzug, keine Ge-

danken da waren. Nur so könnte Nirvana, erreicht werden. Diese Eingebung war plötzlich und ganz klar in der Frau.

Der Erkennenden, war durch diese Erfahrung klar und nun begriff sie auch, dass alles still werden oder meditieren der vergangenen Jahre, nur für dieses allerletzte Ausatmen wichtig war.

Davon zu lesen oder zu hören, war zwar gut, doch das, was sie jedoch erfahren durfte, war das absolute Erfassen davon; «Der letzte Atemzug muss ohne Gedanken stattfinden, damit das Wesen die absolute Verwirklichung erlangen kann».

Immer noch konnte Nishkāma nicht atmen und wartete, mit dieser klaren Erkenntnis, auf den Bruder Tod. Plötzlich bemerkte sie, dass sie neben dem Körper war, es zog die Seele hinaus, zur rechten Seite auf Herzhöhe. Da war sie jetzt und es kam ihr noch der Gedanke: «Wenn ich jetzt sterbe, dann möchte ich zu den befreiten Meistern, wie mein geliebter Ramana, Jesus oder Ramakrishna oder zu Anandhamai Ma gehen». Nishkàma, war präsent und bereit, jetzt «nach Hause» gehen zu dürfen. Immer noch wartete sie, in ihr sagte es: «ich bin wahrlich bereit und freue mich gleich, an Ramanas Füssen, weilen zu dürfen».

Plötzlich hörte Nishkāma eine Stimme in sich, die sagte: «Du musst zurück!» «Was?», «W-a-r-u-m?» schrie es in ihr förmlich, zu dieser gehörten Stimme.

Und wieder hörte sie die Stimme, die nun sagte: «Wir brauchen dich in deinem Körper, noch auf der Erde». Sofort fragte Nishkāma: «Wer ist WIR?» Zur Antwort kam: «Selbst, Gott, Quelle, Existenz oder Licht». «W-a-r-u-m, muss ich zurück?», fragte sie zurück. «Wir brauchen dich auf der Welt, als leeres Gefäss, um durch dich zu wirken», hiess es. Ein gefühlter, langer Moment sann Nishkāma den gehörten Worten nach. Dann sah sie Ramana vor ihrem inneren, geistigen Auge, und wie sie Ramanas Hand greifen wollte, er aber lächelte liebevoll und sprach sanft zu ihr: «Später, meine Tochter». Nishkāma spürte, wie ihr eine Träne die Wange hinunterlief und zugleich nahm sie sich zurück im Körper wahr.

Die Atmung setzte wieder ein, und sie konnte spüren, wie die sanft eingeatmete Luft bis in den unteren Bauch einströmte, und langsam füllte sich der ganze Körper wieder mit Sauerstoff.

Nishkāma war einfach leer und ohne Resonanz zu diesem Geschehen. Was ihr klar blieb, ist die Botschaft an die Menschen: «NUR DIE GEDANKENSTILLE, BEIM LETZTEN AUSATMEN, ZÄHLT!»

Nun konnte sie verstehen, wenn Weise vom Tod sprachen, ohne gestorben zu sein. Diese hatten wohl auch solche Erlebnisse, wie Nishkāma gerade erleben durfte.

«Das grösste Wunder des Lebens ist nicht das Leben selbst, sondern der Tod. Der Tod ist der Höhepunkt des Lebens, ja, die höchste Blüte des Lebens. Im Tod wird das ganze Leben zusammengefasst, im Tod kommst du an.» Das Leben ist eine Pilgerfahrt zum Tod.»
OSHO

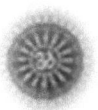

«Niemand kennt den Tod, es weiß auch keiner, ob er nicht das grösste Geschenk für den Menschen ist. Dennoch wird er gefürchtet, als wäre es gewiss, dass er das schlimmste aller Übel sei.»
Sokrates

Innehalten: Wenn du nur noch kurz zu leben hättest
Wenn du magst, betrachte jetzt dein Leben und erkenne: Gibt es da Angst vor dem Sterben oder vor dem Tod?

Stelle dir vor, du hättest ab, genau dem jetzigen Zeitpunkt noch drei Monate zu leben und dann verlässt du dein Erdenkleid.

Was wirst du noch erledigen oder erleben wollen? Wie wäre es diese Dinge anzugehen jetzt und nicht erst, wenn du wüsstest, du würdest sterben.

Wenn du magst, kannst du deine Erkenntnisse, hier unten aufschreiben:

_____

_____

_____

_____

_____

_____

_____

_____

_____

_____

_____

_____

Das Ziel:
«Den Übergang als höchstes Fest,
in der Erfüllung zu erfahren.»

Wer bin ich?

Der Gedanke löst sich in der Quelle auf.

Könnte der Mensch sein Bewusstsein auf den Ort lenken, wo der Gedanke auftaucht und diesen gar nicht entstehen lassen? Sondern und das zugleich, die Stille wahrnehmen, so würde der Gedanke im Keim oder in der Quelle, bevor er aufsteigen kann, erstickt werden.

Die Idee, dass sich alles in der Quelle auflöst, verweist auf ein universelles Prinzip: Wenn der Gedanke in die Quelle zurückkehrt, verschwindet die Trennung zwischen «Ich» und dem «Rest der Welt». Was bleibt, ist Einheit.

Wenn der Gedanke sich in der Quelle auflöst, deutet das auf einen Zustand hin, in dem der Verstand, das Denken und die individuelle Wahrnehmung nicht mehr getrennt von der Ganzheit existieren. Der Verstand wurde transformiert.

Im Zustand der Quelle gibt es keinen Unterschied mehr zwischen dem Denkenden und dem Gedachten. Der Gedanke selbst wird Teil der Quelle, aus der er ursprünglich kam.

Man könnte sagen, dass der Gedanke, wenn er sich in der Quelle auflöst, nicht stirbt, sondern transformiert wird.

Diesen Zustand, in dem das individuelle Bewusstsein in das universelle Bewusstsein eingegangen ist, nennt man «Samadhi», «Satori» oder «Ruhe in Gott», wobei sich der eigene Wille vollständig im ALL EINEN aufgelöst hat.

Zusammengefasst: Wenn der Gedanke in der Quelle «aufgeht», bedeutet dies, dass das Trennende (Ego) aufgelöst wird. Was bleibt, ist die Quelle selbst – ein Zustand von Einheit, Frieden, Harmonie und zeitloser Präsenz.

Dieses Aufgehen in der Quelle kann als ein Zustand völligen Loslassens und tiefster Hingabe beschrieben werden. Es ist das Ende der Identifikation mit der Form und der Beginn der Rückkehr zur Essenz.

Dazu eine weitere, erklärende Geschichte: Anand und die Dakinī Devi

Die Zeit war vergangen, seit Anand damals, wegen seiner vielen Gedanken, bei der Dakinī Devi, auf dem Berg war. Und er damals von ihr die Aufgabe der Wortwiederholung Aham oder I (ai) bekommen hatte. Anand hatte diese Übung fleissig und so oft es ihm möglich war, ausgeführt. Er konnte aufmerksam beobachten, wie die Devi ihm prophezeit hatte, dass der Verstand das Wort schnappte und es sich in ihm verselbständigte. Er konnte auch, wenn er etwas erledigen musste oder er spazieren ging, feststellen, dass ihm dieses Aham oder I wiederholt wurde.

Eines Tages aber, geschah etwas. Es war in einem Lebensabschnitt, als Ananda sehr viel zu tun hatte und ihn sein Leben gerade sehr beanspruchte. Er hatte viel Bürokram, für seine Eltern, zu erledigen und zudem noch deren Wohnungsauflösung zu planen, und das, weil diese vor einem Eintritt ins Altersheim standen. Anand hatte wenig Zeit, um zu meditieren, und es fehlte ihm auch der freie Spielraum, um seine Namenwiederholung machen zu können.

Als diese Zeit der Anforderungen an ihn wieder vorbei war, bemerkte er, dass der Mind sich erneut anderen Gedanken zugewendet hatte und der Verstand das Wiederholen des Wortes I in der Zwischenzeit einfach aufgegeben und vergessen hatte. Anand fing, als ihm das bewusst war, sofort wieder an, diszipliniert seine Übung anzuwenden. Der Verstand machte, ohne Kapriolen und sofort wieder mit, das Wort zu wiederholen und setzte seine ihm gegebene Aufgabe wieder konsequent fort. Sogar nachts, wenn Ananda einmal aufwachte, konnte er wahrnehmen, dass der Mind mit dem Aham arbeitete, indem er es nonstop wiederholte. Irgendwie war das ja recht und gut, dachte sich Anand, aber wo führt das eigentlich hin?

Fragte er sich immer häufiger. Der Verstand ist zwar, durch das Wiederholen des Wortes, schon hervorragend geschult, aber wenn ich die Übung vernachlässige, hört der Gedanke daran auch wieder auf, und der Geist produziert doch wieder unnötiges Denken.

Eines sonnigen Morgens kam dem jungen Sadhaka die Idee, wieder einmal die Dakinī Devi auf dem Berg besuchen zu gehen. Kurzentschlossen machte Anand sich auf den Weg zur Devi. Während des Wanderns hörte er, wie die Vögel zwitscherten, und als er den Berg hinauf stieg, nahm er das Plätschern des Baches, als Musik, in seinen Ohren wahr. Der Gehende war sich auf seinem Weg, allem Gehörten und Gesehenen gewahr. Er sah die neu erwachende Natur spriessen und blieb gelegentlich bei einem Blümchen stehen, um es liebevoll zu betrachten. Frohen Mutes ging er des Weges, bis er dann gegen Mittag, bei dem Häuschen von der Devi ankam.

Die Tür stand weit offen und als er näher kam, hörte er die Devi mit Pfannen hantieren und dabei fröhlich ein Lied summen. Anand, klopfte an die offenstehende Tür und rief dazu fröhlich und laut genug, um das Pfannengeklimper zu übertönen, «Namaste». «Namaste» tönte es von drinnen zurück. «Tretet ein, es wird ja wohl kein Geissbock sein». Anand betrat schmunzelnd das Haus und die Dakinī lachte, mit ihrem strahlenden Gesicht und den leuchtenden Augen, ihm herzlich entgegen. «Oh wie schön, lieber Anand, dass du mich besuchen kommst. Da das Essen gleich fertig ist, hoffe ich doch, du isst, mit mir mit». Sprach sie freudig. «Oh gerne, vielen Dank für die Einladung» sprach Anand, der immer noch, mit vor der Brust verschränkten Händen zum Gruss, in der Türe stand. «Komm, setze dich zu mir in die Küche, hier hast du schon mal einen frisch gemachten Kräutertee. Die Natur gibt schon wieder reichlich Kräuter her, die ich heute Morgen im Wald pflücken konnte». Anand war etwas schüchtern, er hatte grossen Respekt von der Meisterin, denn er wusste, dass sie auch sehr streng sein konnte. Das hatte er, in den von der Devi organisierten Retreats, wo er mit anwesend sein durfte, immer wieder erlebt.

Er hatte bis jetzt Glück, zu ihm war sie stets zuvorkommend und klärend, aber trotzdem war Anand etwas schüchtern. Wenn er nochmals an die Situationen in den Retreats zurückdachte, die er miterleben konnte, war ihm schon klar, dass die Weise zu denen streng war, bei denen es an Ernsthaftigkeit fehlte oder bei den Teilnehmern, wo das EGO sich mit Prahlerei oder Grossmut aufbauschte. Dort wurde die Dakinī ganz streng und beschimpfte auch mal Menschen, mit einem grossen EGO, und diese wurden dann meistens ganz still und erkannten bald, dass ihnen ihr eigenes, kleine Ich oder EGO einen Streich gespielt hatte.

Als die Devi Anand aufforderte, schon mal die Teller aus dem Gestell auf den Tisch zu stellen, kam dieser sofort aus seinen Tagträumereien wieder zurück, ins Jetzt. «Ja gerne», sagte er und verspürte nun plötzlich, wie hungrig er von der Wanderschaft geworden war. Das Essen wurde aufgetragen und die beiden assen schweigend ihr Mahl, das aus frischem Gemüse und Reis zu einer Art Curry verarbeitet war. Es schmeckte lecker, aber weil Anand wusste, dass die Devi immer schweigend ass, unterliess er das: «mmm, schmeckt lecker» bleiben. Und so, ass auch er ganz präsent, seine Mahlzeit. Er konnte beobachten, wie kein Gedanke ihn von der Aufmerksamkeit des Essens abhielt. Es war sehr nährend, so im jetzigen Moment, mit der Wahrnehmung des Kauens beschäftigt sein zu dürfen und sich das gut Gekaute munden zu lassen. Natürlich war das nicht immer so, dass Anand so bewusst im Moment sein konnte. Aber in der Präsenz seiner Meisterin war einfach alles leichter, sehr verstärkt und transformierter, wahrnehmbar. Die Begegnung mit ihr verhalf Ananda stets, sich selbst noch bewusster und präsenter im jetzigen Moment gewahr werden zu können.

Als die beiden das genüssliche Mahl beendet hatten, bat Devi, Anand mit ihr nach draussen zu kommen. Sie setzten sich auf die Bank vor dem Haus und sassen einige Zeit schweigend, von der milden Frühlingssonne bestrahlt, dort auf der Gartenbank.

Nach einer Weile fragte die Devi Anand: «Wie ist es dir, mit dem Sadhana der Namenwiederholung ergangen? Konntest du dranbleiben?» Anand nickte und erzählte der Weisen über seine verschiedenen Erfahrungen, die er mit der Übung machen konnte. Auch, dass er, wenn er das Wiederholen einige Zeit vergass, der Mind wieder in alte Muster zurückfiel. Er aber könne durch das erneute Anwenden auch schnell wieder die Kontrolle über die Gedanken aufnehmen. Er frage sich aber, und darum sei er auch zu ihr gekommen: «Wie kann ich denn endgültig vom Denken befreit werden? Gibt es da eine Möglichkeit oder ist das unmöglich?» fragte der wissen Wollende. Die Dakinī schaute Anand von der Seite an, bis auch er den Kopf ihr zuwendete. Sowie beim letzten Besuch schaute die Dakinī Devi Anand lange und tief in die Augen. Er konnte dem Blick gut standhalten, ohne dass sein Verstand Gedankenspiele machen wollte. So vergingen einige Momente.

Als die Devi kurz die Augen schloss, wusste Anand, dass der Darshan beendet war. Er fühlte sich noch freier und leichter als zuvor. Die Weise fragte Anand, mit durchdringendem Ton: «Anand bist du bereit für das nächste Sadhana?» «Ich hoffe es, aber du weisst sicher besser als ich, ob ich schon genug reif dazu bin». Antwortete er auf ihre Frage klar und selbstbewusst.

Die Weise nickte, schaute ihn nochmals tiefgründig an und sagte dann: «Ja, lieber Anand, ich sehe, dass die Ernsthaftigkeit, Sanftheit und Wahrheit, die in dir angelegt *ist, dich dieses Sadhana vollbringen lässt. Wie weit es in der Anwendung gehen wird, das weiss nur die höchste Instanz oder Gott.»*

«Ich erkläre dir nun gerne diese Übung, und zwar wie folgt. Benutze weiterhin diesen I (ai) Gedanken. Indessen ist es aber nicht mehr so, dass du dieses I ständig wiederholen sollst, sondern du schaust, wo dieses I herkommt und wo es in dir aufsteigt», sprach die Weise. Da die Devi nicht weiterredete, fühlte sich Anand aufgefordert, gleich in sich zu schauen, wo wohl dieses Aham oder I, in ihm auftauchen würde. Er konzentrierte sich und nahm sogleich wahr, dass der I Gedanke in seiner Herzgegend, vielmehr in dem Bereich des Herz-Chakras, noch etwas mehr nach rechts, auftauchte. Es wurde durch das bewusste Betrachten in dieser Körperregion auch gleich warm. Anand sagte innerlich das Wort I erneut und beobachtete, was passierte. Er bemerkte, dass, wenn er den Fokus auf den Ort, an dem dieses I auftauchte, hatte, es ganz still in ihm war und ein vertieftes Sein bei dem Fokussieren wahrgenommen wurde. Es fühlte sich für einen Moment an, als falle er in sich hinein. Alles war einfach im Sein, mehr war da nicht.

Anand beobachtete weiter das Geschehen in sich und er bemerkte, dass da ein nächster Gedanke aufsteigen wollte, das liess er aber einfach nicht zu. Sondern drängte diesen zurück in die Quelle, und das bevor er überhaupt wahrnahm, was der Inhalt des Gedankens gewesen wäre. Das interessierte ihn nicht, er wollte einfach dort bleiben, bevor der Gedanke auftauchen konnte. Er nahm ganz deutlich eine weite Leere oder Gedankenstille in sich wahr, diese Stille hatte zwar keinen Geschmack, sie wurde aber doch ganz deutlich wahrgenommen.

Als die Devi nach einiger Zeit zu sprechen anfing, holte sie, mit dem Klang ihrer sanften Stimme und ihren Worten, Anand sofort wieder zurück, in den gegenwärtigen Mo-

ment. Die Dakinī Devi sprach: «Und nun erzähle mir, was ist in dir geschehen? Was hast du wahrgenommen?» Und das, damit ich sehen kann, ob dich dein Inneres richtig an die Quelle der Auflösung führt.» Ananda beschrieb ihr all das zuvor erlebte und war gespannt, ob die Weise, mit seiner Erforschung, zufrieden sein würde. «Ausgezeichnet, Anand» sprach die Devi. «Mache weiter so, geh mit dem I oder mit dem nächsten Gedanken, der kommt, immer wieder dorthin zurück, wo dieser auftaucht. Es ist ganz wichtig, dem Verstand nicht zu erlauben, den aufsteigenden Gedanken, zu folgen. Sondern geh immer wieder dahin zurück, wo der Gedanke herkommt und sei dort, sei präsent. Und das praktiziere, bis jeder Gedanke sich vor dem Entstehen oder Auftauchen gleich wieder selbst in der Quelle auflöst. Mache das spielerisch, aber konsequent und nimm zugleich die Weite und Leere der Stille, in dir wahr.»

«Und dort, in der Quelle der Existenz, löst sich wirklich alles Denken auf?», fragte der Sadhaka. Nicht, weil er sich das nicht vorstellen konnte, sondern weil er von der Devi einfach, nochmals eine Bestätigung hören wollte.

«Ja, mein lieber Anand», sagte die Weise und weiter sprach sie: «Nun werden wir sehen, ob durch deine Ernsthaftigkeit, die Frucht schon so reif sein wird, dass sie durch diese angewendete Übung endgültig vom Baum fallen kann». Gemeint damit war, dass Anand die Gnade der Befreiung erleben durfte.

Die Beiden sassen noch eine Weile schweigend, auf der Bank vor dem Häuschen, bis es dann Zeit wurde, sich wiederholt, mit einem Grusse des Namaste, voneinander zu verabschieden.

«Ich bin, wie ich bin, weil ich anders nicht sein kann.»
Autor unbekannt

Selbsterforschung mit dem «Wer Bin Ich?»

Wie es der grosse Weise Ramana Maharshi erklärte. Ramana Maharshi stimmte zu, dass es viele Wege zur Erlösung gibt, aber dennoch betonte Ramana Maharshi hauptsächlich die Selbsterforschung und empfahl sie ständig. Ramana pflegte oft zu sagen, dass die Selbsterforschung «Wer bin ich» der direkte Weg zur Selbst-Verwirklichung sei. Also der direkte Weg zur Erleuchtung.

In der Selbsterforschung «Wer Bin Ich?», gibt es nur das Subjekt und kein Objekt. Dies ist der Hauptunterschied zwischen Selbsterforschung und Meditation. Nur in der Selbsterforschung «Wer Bin Ich» kann der Geist-Gedanken zerstört werden. Alle anderen Wege der Spiritualität können nur durch den Gebrauch des Verstandes beschritten werden.

Das, was im physischen Körper als «Ich» auftaucht, ist der Geist. Wenn man sich fragt: «An welchem Ort im Körper entsteht dieses «Ich» zuerst?», dann wird man wissen, dass es aus dem *hridayam* (rechtes Herz) entsteht. Das ist der Geburtsort des Geistes. Selbst wenn man unaufhörlich «ich – ich – ich» denkt, wird es zu diesem Ort führen. Von allen Gedanken, die im Geist entstehen, ist der Gedanke «ich» der Erste. Danach entstehen alle anderen Gedanken.

Der Verstand wird nur durch die Frage «Wer Bin Ich?», zur Ruhe kommen. Diese Selbstbefragung «Wer Bin Ich?», wird alle anderen Gedanken zerstören und schliesslich selbst zerstört werden wie der Stock, mit dem man das Feuer schürt, den man am Schluss dann auch noch in die Glut werfen wird.

Wenn andere Gedanken auftauchen, sollte man, ohne zu versuchen, sie zu vervollständigen, fragen: «Wem sind diese Gedanken erschienen?» In dem Moment, wenn die Antwort: «Mir» auftaucht, sofort fragen: «Wer Bin Ich?». So wird der Geist zu seiner Quelle zurückkehren und der entstandene Gedanke wird ebenfalls abklingen. Durch wiederholtes Üben und auf diese Weise wird der Geist zunehmend die Kraft erlangen, an seiner Quelle zu verweilen, und das reine Selbst wird bleiben.

Wenn der Geist mit dem Herzen verschmilzt und auf diese Weise im Herzen verweilt, verschwindet das «ich», die Wurzel aller Gedanken, und nun wird das ewig existierende Selbst allein leuchten. Der Zustand, in dem nicht einmal die geringste Spur des Gedankens «ich» zurückbleibt, ist die wahre Natur des Menschen. Dies ist wahres Schweigen und Stillsein.

Ramana pflegte zu sagen: «Es gibt kein Ziel, das erreicht werden muss. Es gibt nichts, was erreicht werden kann. Du bist das Selbst. Du existierst immer. Alles, was von dir verlangt wird, ist, den Gedanken aufzugeben, dass du dieser Körper bist, und alle Gedanken an äussere Dinge oder das Nicht-Selbst aufzugeben».

Wenn der Geist unaufhörlich seine eigene Natur erforscht, stellt sich heraus, dass es so etwas wie den Geist nicht gibt. Dies ist der direkte Weg für alle. Der Verstand ist lediglich ein Gedanke. Von allen Gedanken ist das «ich» die Wurzel. Das ist das Streben nach Weisheit. Wenn das «ich» verschwindet, gibt es nur noch das Unendliche.

Deshalb führt uns die Selbsterforschung, nach innen ins Herz und zu der Quelle, aus der das «Ich» stammt, und befreit uns schliesslich von Maya (Illusion) und zeigt uns das absolute Selbst.

«Der Weg zu allem Grossen, geht durch die Stille.»
Friedrich Nietzsche

Die Stille

Die Stille ist das wertvollste, was es gibt. Die Stille wahrzunehmen, lässt die Ruhe in sich einkehren. Stille hilft, das Denken zu sortieren, aber auch wahrzunehmen, dass das ganze Leben, aus der Stille, geschieht. Gäbe es keinen Ton, so könnte auch die Stille nicht wahrgenommen werden. Es gäbe keine Musik, kein Vogelgezwitscher, kein Rauschen des Windes, kein Plätschern des Baches. Die Stille im Urgrund ist immer da, sie befindet sich zwischen den Gedanken und den Tönen. Aus dieser Stille geschieht das Leben. Der jetzige Moment ist das Einzige, was es gibt und entsteht aus dem Urgrund der Stille. Man könnte diese Stille auch reines Bewusstsein oder Gewahrsein nennen. Aus der Stille des Seins entfaltet sich das Leben, das durch die Form (Körper-Geist-System) wirkt.

Wenn der Mensch sich genauer betrachtet, kann er erkennen, dass Dinge, wie zum Beispiel Angst, oder Unruhe nur auf der Oberfläche oder aus den Prägungen auftauchen. Wenn also dem Auftauchenden keine Beachtung mehr gegeben wird, verschwindet das Aufgetauchte, wieder im Urgrund der Stille. Es ist von Vorteil, zu sehen, was jetzt gerade da ist. Das heisst; sollte oder wollte sich Angst entfalten, dieser einfach keinen Raum geben, sondern sich sofort wieder auf die Präsenz des jetzigen Momentes und der Stille besinnen.

Es ist auch gut zu wissen, dass das, was jetzt gerade da ist und bedient wird, auch die Zukunft gestalten wird. Ein Beispiel dazu: wenn jemand sich um seine Zukunft ängstigt oder sich im jetzigen Moment Sorgen macht, wird er die Angst somit in das zukünftige Leben ziehen, denn diese Ängste müssen sich verwirklichen.

Der sich bewusstwerdende Mensch, lässt diesen, natürlich auch, durch seine vielen Leidenserfahrungen, erkennen, dass er Schöpfer, seines eigenen Schicksals ist. Der Erkennende, dem bewusst wird, dass er sich sein Leben selbst kreiert, wird sehr achtsam werden, welche Gedanken ihn von Moment zu Moment begleiten. Sind es wohlwollende oder destruktive Gedanken? Er wird sich bemühen, alles Destruktive oder die Gedanken-Konstrukte von Angst und Unsicherheit fallenzulassen.

Diese Konstrukte von Sorgen oder anderen Geschichten, die nur der Fantasie-Mind, produziert, können, wenn das bewusst wird, sofort fallen gelassen werden. Sich, in Gedanken, mit Sorgen oder Ängsten zu beschäftigen, obwohl es, zurzeit, gar keinen Grund gäbe, kostet den Menschen sehr viel Energie und lässt, immer wieder auf das Neue, ein Feuer von Unsicherheit entflammen. Könnte der Mensch stattdessen innehalten und den Fokus auf die Stille geben, könnten und würden sich allmählich alle Fantasiegedanken auflösen. Der Mensch würde erkennen, dass das Leben stets aus der Stille geschieht und es dafür keiner Zukunftsgedanken bedarf.

Es lohnt sich, wenn der Verstand, Ängste, Sorgen oder andere Geschichten, durchdenken möchte, das sofort zu stoppen. Im Wissen, dass es wirklich nichts bringt und vor allem, dass es solche Sorgen nur ins Leben zieht. Eine Zukunft gibt es nicht. Es gibt nur immer den jetzigen Moment, wenn, dann kommt die Zukunft auf uns zu und nicht wir, gehen in die Zukunft. Der Spruch: «Es geschieht nach deinem Glauben», ist wohlweislich und somit einfach wahr.

Am besten ist es, wenn der Mensch die Stille ergründet und alle Geschichten und Interpretationen des Verstandes, aus seinen Prägungen der Vergangenheit, einfach nicht mehr bedient. Und somit das Stille sein in Frieden des ewigen Momentes erleben zu dürfen. Der jetzige Moment, da geschieht das Leben. Wahrlich Gnade, dem, der das Erkennen kann.

Geschichte: Die Erfahrung der Stille

Zu einem Mönch, der in einem einsamen Kloster lebte, kamen Leute und fragten ihn: «Welchen Sinn siehst du in deinem Leben in dieser Stille und Einsamkeit?» Der Mönch war gerade dabei, im Klosterhof, mit einem Eimer, Wasser aus dem Brunnen zu holen. Er sagte zu den Besuchern: «Schaut in den Brunnen hinein. Was seht ihr da?» Sie schauten in die Tiefe: «Wir sehen gar nichts.»

Nach einer Weile forderte der Mönch die Besucher noch einmal auf, in den Brunnen zu blicken. Als sich die Leute über den Brunnenrand beugten, fragte er sie: «Was seht ihr jetzt?» Sie antworteten: «Nun sehen wir uns selbst!» Da sagte der Mönch: «Als ich vorhin Wasser geschöpft habe, war das Wasser noch unruhig. Jetzt ist es ruhig geworden. Das ist die Erfahrung der Stille: Man sieht sich selbst. Und wenn man mit sich selbst zur Ruhe gekommen ist, sieht man auch die Welt mit ganz anderen Augen.»

Die Menschen waren still geworden. Freundlich verneigte sich der Mönch vor ihnen und ging über den Hof ins Kloster zurück.   Autor unbekannt

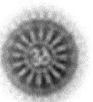

«Sobald du die eigene Stille ertragen kannst, bist du frei.» Mooji

«In der Stille findest du die Ruhe, in der Ruhe findest du die Kraft, und die Kraft findest du in deinem Herzen.»
Gabriele Kurz

Geschichte über das Erfahren von Stille

In einem Kloster, hoch oben in den Bergen, lebte ein junger Mönch namens Tashi. Er war ehrgeizig und wollte die Geheimnisse der Erleuchtung verstehen. Doch vor allem wollte er die Stille erfahren, von der die alten Meister sprachen.

Eines Tages fragte er den Abt, einen alten, weisen Mann: «Meister, wie kann ich die wahre Stille erfahren? Ich meditiere jeden Tag, doch mein Geist ist voller Gedanken und mein Herz rast. Wo finde ich die Stille?»

Der Abt lächelte und sagte: «Begleite mich morgen früh.»

Am nächsten Morgen führte der Abt Tashi hinaus in die Berge. Sie wanderten schweigend, bis sie zu einem klaren, ruhigen See kamen, der von hohen Felsen umgeben war. Der Abt setzte sich auf einen Felsen und bedeutete Tashi, sich ebenfalls zu setzen.

«Hör zu», sagte der Abt leise.

Tashi lauschte. Zuerst hörte er nur das Rauschen des Windes und das Zwitschern der Vögel. Doch je länger er lauschte, desto mehr hörte er - das Plätschern des Wassers, das leise Knacken der Bäume, das sanfte Summen von Insekten. Schliesslich bemerkte er auch die Stille zwischen den Geräuschen.

Nach einer Weile fragte der Abt: «Hast du die Stille gefunden?»

«Ich weiss es nicht», antwortete Tashi. «Ich höre viele Dinge, aber die Stille scheint immer verborgen zu sein.»

Der Abt lächelte und warf einen kleinen Stein in den See. Das Wasser kräuselte sich, und die glatte Oberfläche des Sees wurde verzerrt.

«Siehst du, wie der Stein das Wasser stört?», fragte der Abt. Tashi nickte. «Dein Geist ist wie dieser See», erklärte der Abt. «Wenn Gedanken, Sorgen und Erwartungen wie Steine hineingeworfen werden, wird die Stille verdeckt. Aber wenn du einfach nur beobachtest und nichts hinzufügst, beruhigt sich der See wieder. Und dann, wenn du still genug bist, merkst du, dass die Stille nie verschwunden war – sie war immer da, unter den Wellen.»

Tashi schaute auf den See, der langsam wieder ruhig wurde. Plötzlich verstand er: Stille war nicht die Abwesenheit von Geräuschen oder Gedanken, sondern die unerschütterliche Ruhe, die in allem verborgen lag.

Von diesem Tag an suchte Tashi nicht mehr nach der Stille, er liess (die Stille) ihn finden.

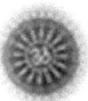

«Wo Gottes Wort gehört werden soll, muss es in Stille und Schweigen geschehen. Man kann diesen Worten nichts mehr dienen als mit Stille und Schweigen.»
Meister Eckhart

«Unser Geist ist dann still, wenn er weder mit dem Willen noch mit dem Wunsch «still zu sein» still ist. Dann entsteht ein Raum, der nicht der Zeit entstammt.» Vilas

«Wenn der Geist nichts mehr hat, woran er sich festhalten kann, wird er still.» Ramana Maharshi

Innehalten: Die Stille wahrnehmen

Wenn du magst, nimm jetzt gerade die Stille, die alles durchdringt, wahr. Bleibe einige Zeit und beobachte das, was zwischen zwei Tönen oder zwischen zwei Gedanken da ist.

Eine Übung, um die Stille wahrnehmen zu können.
<u>Handrücken links /rechts</u>
Die Absicht ist es, die stille Lücke zwischen deinen Händen zu erfahren.
Strecke dazu deine beiden Hände, mit der Handfläche gegeneinander, im Abstand von etwa 30 cm, aus.
-Blicke zuerst zu deiner rechten Hand und verweile da einen Moment lang.
Nun drehe deinen Kopf ganz, ganz langsam zu deiner linken Hand. Nimm die Stille im Zwischenraum von der rechten zur linken Hand wahr. Da ist die Stille oder auch das reine Bewusstsein, das du gerade erfährst – keine Gedanken – Stille ist.

Wenn du möchtest, kannst du deine Erkenntnisse hier unten aufschreiben:

_____

_____

_____

_____

_____

_____

Das Karma

Karma ist ein Konzept, das seinen Ursprung in den östlichen Religionen wie Hinduismus und Buddhismus hat. Es beschreibt das Gesetz von Ursache und Wirkung, wonach jede Handlung, jedes Wort und jeder Gedanke Konsequenzen haben, die das Leben des Handelnden beeinflussen. Sei es in der Gegenwart oder in der Zukunft.

Ursache und Wirkung: Jede Handlung erzeugt eine entsprechende Reaktion. Positive Handlungen führen zu positiven Ergebnissen, negative Handlungen zu negativen Konsequenzen.

Moralisches Grundprinzip von Karma: Jeder Mensch ist für sein eigenes Schicksal verantwortlich, da er es durch sein eigenes Verhalten formt.

Das Konzept von Karma bei der Wiedergeburt im Kontext zur Spiritualität: In vielen Traditionen geht Karma über dieses Leben hinaus und daher wird das Leben jetzt das kommende Leben beeinflussen.

Fazit: Gute Taten bringen Gutes, schlechte Taten bewirken Schlechtes.

Wenn Leute von Karma sprechen, ist das so eine Sache.
Viele nutzen das Wort Karma, als eine Flucht und das, weil sie Angst vor dem Tod haben und sich somit einreden: «Ich komme ja wieder, also brauche ich gar keine Angst, vor dem Tod, zu haben». Andere stellen schlimme Dinge an und wenn sie gestellt werden, sagen sie ganz locker: «Das ist halt mein Prārabdhakarma» = (ist das Karma, des Schicksals, das schon begonnen hat und nur eingeschränkt änderbar ist.)

Und wieder andere erdulden ihr Schicksal, ohne daraus kommen zu wollen, weil sie sich am Karma-Konstrukt festhalten.

Meiner Meinung nach, ist es gut, so ernsthaft wie möglich zu Lebzeiten, die wahrhaftige Befreiung anzustreben. Die vom Leben gestellten Hürden und aufkommenden Schwierigkeiten zu überwinden, um dann immer mehr gestärkt, aus den Erfahrungen gewachsen, weiterzugehen.

Natürlich gibt es viele Menschen, die ein rechtschaffenes Leben führen, weil sie sich kein neues oder weiteres Karma aufladen wollen. Solche Leute sind bestrebt, durch ihre guten Taten für Menschen, Tiere und Umwelt zu sorgen oder auf jeden Fall freundlich, mit anderen und sich selbst, umzugehen. Und das, weil sie kein weiteres Karma anhaften wollen.

Es ist von Wichtigkeit, die Suche nach der Befreiung fortwährend anzustreben und in Krisensituationen immer wieder neu anzufangen. Umso, so viel wie möglich, an Anhaftungen, an eine Person (sich selbst), verlieren zu können. Denn was sich zu Lebzeiten, durch Erkenntnis, erlöst hat, ist wahrlich nicht mehr da.

Sollte es zur Todeszeit noch Schleier der Unkenntnis, im System haben, bleiben die noch ungeklärten oder nicht befreiten, persönlichen Anteile zurück. Vielleicht wollen sich diese dann ja einen anderen Wirt suchen, um sich ihrer noch weiter zu entledigen.

Aber bitte, das ist auch nur eine Idee, die nicht in Stein gemeisselt ist. Gut auch, wenn sich der Leser, sein eigenes Bild, zum Thema Karma, in Bezug auf sich selbst, macht.

Sagte man früher noch «Gott straft sofort», sprechen wir heute häufig von Karma. Die Bedeutung ist aber die gleiche geblieben. Du glaubst nicht an die sofortige Strafe für böse Handlungen?

Geschichte zum Thema: Ein idealer Karma Yogi

Ein Sadhu ging zum Hof des Königs Janaka und beobachtete all seine mannigfaltigen Aktivitäten. Er dachte bei sich: «Wie können wir König Janaka einen Selbstverwirklichten Weisen nennen? Wieso halten wir ihn für einen spirituellen Menschen? Er ist nur ein weltlicher Mensch. Er ist in so vielen weltlichen Angelegenheiten gefangen. Der König spricht über weltliche Themen.»

Janaka verstand durch seine innere Schau die Mentalität des Sadhus. Nachdem er den Sadhu zu sich gerufen hatte, sagte der König Janaka: «Du scheinst schuldig zu sein. Du bist nicht würdig, die Kleidung eines Heiligen zu tragen. Du denkst nicht an Gott. Die Eigenschaft der Fehlersuche ist tief in dir verwurzelt. Ich habe beschlossen, dich mit dem Tode zu bestrafen. Innerhalb einer Woche wirst du gehängt.»

Der König, befahl seinen Dienern, dem Sadhu täglich salzloses Gemüse, süssen Konfekt und köstliche Mandeln und Rosinen zu reichen.

Der Sadhu war höchst beunruhigt. Er verbrachte schlaflose Nächte und wurde sehr nervös. Immer dachte er an den Galgen. Täglich träumte er, dass sein Hals im Seil steckte. Er wurde sehr dünn und blass.

Janaka sandte einen Diener, um den Sadhu am siebten Tag zur Exekution zu holen. Der Sadhu konnte nicht vor dem König stehen. Er zitterte und fiel besinnungslos zu Boden. Nach zehn Minuten gelangte er wieder zu Bewusstsein, als ihm Janaka Früchte und eine Tasse Milch mit Salz reichte. Der Sadhu trank sie. Aber sein Geist war beim Galgen. Dann sagte der weise König: «Schau her, o Sadhu! Wie schmeckt dir die Milch nun? War sie gut? Enthält sie genügend Zucker? Wie schmeckte dir das Essen *die letzten sieben Tage?» Der Sadhu antwortete: «O König, ich schmeckte überhaupt nichts im Essen oder in der Milch, welche du mir eben gabst. Mein Geist ist ständig beim Galgen. Ich sehe überall Galgen. Ich bin dem Gedanken an den Galgen zum Opfer gefallen. Ich wusste nicht, ob das Gemüse oder die Suppe Salz oder Zucker enthielten.»*

König Janaka sagte: «O Sadhu, so wie dein Geist immer beim Galgen ist, so ist mein Geist durch intensive Praxis von tiefer Meditation ständig bei Brahman – dem Höchsten, obwohl ich mit verschiedenen weltlichen Aktivitäten beschäftigt bin. Obwohl ich in der Welt bin, bin ich immer weg von der Welt. Verstehst du meinen geistigen Zustand? Schau in Zukunft nicht mehr auf die Fehler der anderen. Kümmere dich immer um deine eigenen Angelegenheiten. Schaue auf die guten Seiten anderer. Verherrliche andere. Meditiere intensiv. Verwirkliche. Arbeite ohne Verhaftung in dieser Welt, so wie ich es tue. Nun kannst du gehen.»

Der Sadhu war sehr vom König angetan. Nun begriff er seine Dummheit und den wahren Ruhm des König Janakas. Er verstand voll und ganz, dass Janaka ein wunderbarer Brahma Nishtha = (Einer, der im Wissen über das Höchste verankert ist) war und inmitten vielfältiger Aktivitäten einen vollkommen ausgewogenen Geist hatte. Er verbeugte sich immer wieder vor ihm und ging. Dann übte er intensiv Sadhana, verwirklichte das Selbst und folgte dem Beispiel Janakas, der Welt zu dienen.

König Janaka war ein Jnani = (im Leben Befreiter) durch und durch, auch wenn er in der Welt arbeitete. Sein Jnana bestand den Test. Er befand sich in der Durbar Hall

(Audienzsaal), als ihm ein Bote die Nachricht von einem Feuer in der Stadt überbrachte.

Janaka sagte: «Mein Wohlstand ist unbegrenzt und doch ich habe nichts. Auch wenn die ganze Stadt verbrennt, verliere ich nichts.»

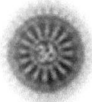

«In jedem Augenblick deines Lebens führst du Handlungen aus – körperliche, mentale, emotionale und energetisch. Jede Handlung erzeugt eine bestimmte Erinnerung. Das ist Karma.» Sadhguru

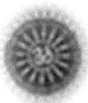

*«Karma ist das Schicksal, das wir selbst erschaffen.»
Sri Sri Ravi Shankar*

*«Die Art und Weise, wie Menschen dich behandeln, ist ihr Karma; wie du darauf reagierst, ist deins.»
Wayne Dyer*

Freude

Freude ist mehr als ein flüchtiges Gefühl, sie ist ein Ausdruck des Lebens, ein Zustand des Einklangs mit uns selbst und der Welt. Die Freude hat die Kraft, den Geist zu erheben und eine tiefere Verbindung zu uns selbst, den anderen und der Welt herzustellen.

Eine Geschichte dazu: «*In Italien kursiert die Geschichte von einem Grafen, der sehr alt wurde, weil er ein Lebensgeniesser par excellence war.*

Niemals verliess er das Haus, ohne sich zuvor eine Handvoll Bohnen einzustecken. Er tat dies nicht etwa, um die Bohnen zu kauen. Er nahm sie mit, um so die freudigen und schönen Momente des Tages bewusster wahrzunehmen und um sie besser zählen zu können. Für jede positive Kleinigkeit, die er tagsüber erlebte – zum Beispiel eine nette Konversation auf der Strasse, das Lächeln seiner Frau und Lachen seiner Kinder, ein köstliches Mal, eine feine Zigarre, einen schattigen Platz in der Mittagshitze, ein gutes Glas Wein – kurz: für alles, was die Sinne erfreut, liess er eine Bohne von der rechten in die linke Jackentasche wandern.

Manche Begebenheiten waren ihm gleich zwei oder drei Bohnen wert. Abends sass er dann zu Hause und zählte die Bohnen aus der linken Tasche. Er zelebrierte diese Minuten.

So führte er sich vor Augen, wie viel Schönes ihm an diesem Tag widerfahren war und freute sich des Lebens. Und sogar an einem Abend, an dem er bloss eine Bohne zählte, war der Tag gelungen, hatte es sich zu leben gelohnt.»
Quelle: Horst Conen – Optimisten brauchen keinen Regenschirm

Freude ist ein intensives Gefühl von Glück, Zufriedenheit und innerer Erfüllung. Sie ist oft mit positiven Erlebnissen, Erfolgen oder bedeutungsvollen Ereignissen gekoppelt. Durch Freude kann sich der innere Frieden zu erkennen geben.

Es gibt verschiedene Arten von Freude:
Körperliche Freude: ausgelöst durch Sinneseindrücke wie Berührung, Essen, Musik, Meeresrauschen oder auf einem hohen Gipfel zu stehen und in die Weite zu sehen.

Emotionale Freude: zwischenmenschliche Beziehungen, Beziehung zu Tieren, Lachen mit anderen Menschen.

Spirituelle Freude: sich mit dem Höchsten verbunden zu fühlen.

Freude ist aber vor allem, wenn man sich seiner Selbst bewusst wird. Wenn diese Freude, die auch Frieden genannt werden könnte, einkehrt, gibt es für den Erkennenden nichts mehr, was ihn im Aussen, erfreuen könnte als das EINSSEIN, das er immerwährend erlebt.

Wenn der Mensch aufhört, sich selbst immer wieder zu boykottieren, dann kehrt die Freude ein. Die Freude, die schon immer da war oder im Urgrund da ist. Wir sind im Grunde unseres seins Freude.
Es hat noch nie etwas anderes als Freude gegeben.

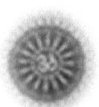

«Deine wahre Natur ist Freude, erlebe die Freude,
lebe die Freude, sei die Freude und alles,
was nicht Freude ist, beobachte genau.»

Fehlende Freude kommt von den Überlagerungen und durch die Prägungen, aus vergangenen Zeiten. Überlagerung durch Identifikation mit dem Körper, dem Geist oder von der Idee her, etwas Abgesondertes, also etwas Persönliches und Eigenständiges, zu sein. Es gibt hier nichts Eigenständiges, also kann der Verstand des Menschen aufhören, sich ständig zu kritisieren, zu beschimpfen, sich zu ärgern oder gar der Wut zu verfallen.

Die Freude ist, die Ausrichtung des menschlichen Hierseins auf diesem Planeten. Jedes Lebewesen hat das Potenzial, der absoluten Freude in sich.

Wenn die Freude konstant einkehrt und den Menschen nie mehr verlässt, was heisst eigentlich einkehrt? Das ist falsch geschrieben, denn die Freude ist ja im Urgrund schon immer da.

Also wenn die Freudlosigkeit, wie bei einer Zwiebel, Schale um Schale (die überlagerten Prägungen von Leid) wegfallen, dann bleibt nur die immerwährende Freude.

Leid entsteht mit der Identifikation mit dem EGO, das sich getrennt und unvollständig fühlt. Wenn das erkennende Bewusstsein die Illusion der Trennung durchschaut, löst sich diese Begrenzung auf und was bleibt, ist Freude oder Fröhlichkeit.

Freude ist einfach die alleinige Wahrheit, Gnade dem, der diese Wahrheit entfalten kann.

«Die Freude ist überall. Es gilt nur, sie zu entdecken.»
Konfuzius

Eine Geschichte über die Freude

In einem kleinen Dorf lebte eine alte Frau namens Amrita, die für ihr fröhliches Lachen bekannt war. Egal, ob es regnete, die Ernte schlecht ausfiel oder das Leben schwierig wurde – Amrita war immer voller Freude. Die Dorfbewohner bewunderten sie, aber sie verstanden nicht, woher sie ihre Freude nahm.

Eines Tages kam ein junger Mann namens Soham zu ihr und fragte: «Amrita, warum bist du immer so glücklich? Mein Leben ist voll von Sorgen. Ich suche Freude, aber sie entgleitet mir ständig.»

Amrita lächelte. «Komm, hilf mir heute, und ich zeige dir, woher die Freude kommt.»

Soham folgte ihr. Zuerst gingen sie in den Garten, wo Amrita Gemüse erntete. Während sie arbeitete, summte sie eine leise Melodie. Soham bemerkte, wie sehr sie in der einfachen Aufgabe aufging.

«Was denkst du, Soham? Ist diese Arbeit nicht schön?» fragte Amrita. Soham zuckte die Schultern. «Es ist nur Arbeit.»

Später gingen sie zu einer Nachbarin, die krank war. Amrita brachte ihr Essen, sprach mit ihr und hielt ihre Hand. Die Nachbarin lächelte schwach, und Amrita lachte herzlich mit ihr. «Warum lachst du? Sie ist doch krank?», fragte Soham verwundert.

«Weil ein Lachen auch in schwierigen Zeiten ein Geschenk sein kann», antwortete Amrita.

Am Abend sassen Amrita und Soham vor ihrem kleinen Haus. Der Himmel färbte sich in warmen Farben, und die Grillen sangen. «Hast du heute Freude gefunden, Soham?», fragte sie.

Soham dachte nach und sagte dann zögernd: «Ich habe gesehen, wie du Freude in kleinen Dingen findest – in der Arbeit, in der, Hilfe für andere, im Sonnenuntergang.

Aber ist das genug?»

Amrita nickte. «Die Freude ist nicht dort draussen, wo du sie suchst, in grossen Errungenschaften oder perfekten Momenten. Sie lebt in jedem Atemzug, in den Augenblicken, die wir wahrhaft erleben. Wenn du aufhörst, sie zu suchen, und stattdessen anfängst, dankbar zu sein, wirst du entdecken, dass sie immer da ist.»

Soham sah die letzten Sonnenstrahlen und hörte die Stille der Nacht. Zum ersten Mal fühlte er sich leicht. Freude war keine ferne Idee – sie war mitten in diesem Augenblick.

«Freude ist die Gesundheit der Seele.»
Aristoteles

Als das eine, erkennende Bewusstsein, kann nichts anderes als Freude gelebt werden. Freude hat keine Bedingung, die Aussage wie: «Zuerst muss noch.» Das gibt es nicht, das wäre einfach nur jemand, der sich mit dem Körper-Geist-System identifizierte.

Das eine, erkennende Bewusstsein oder das eine, pure, ungeteilte Sein kann mit Freude gleichgesetzt werden. Dieser Frohsinn ist jedoch nicht flüchtig oder von äusseren Umständen, abhängige Freude, sondern ein tiefer und allumfassender Frohsinn, die aus der Erkenntnis der Einheit und der Natur des Bewusstseins selbst entspringt.

Freude ist die Natur des menschlichen Seins. Wenn wir die Kinder oder die ewiglich, zufriedenen, erkennenden Menschen betrachten, sehen wir, wie sie jederzeit freudig sind. Sie sind am Morgen, wenn sie aufwachen, schon freudig strahlend.

Der Frohsinn ist der Urgrund des Seins.

Wenn jemand sagt: «Man kann ja nicht immer fröhlich sein», dann ist dieser Mensch sich bislang nicht bewusst, dass er der Besitzer der Probleme ist.

Wird er sich dessen aber gewahr, kann er diese Probleme ja einfach weggeben und das, was dann bleibt, kann nur die Freude sein.

Es geht darum, sich nicht mit seinen Problemen zu identifizieren, sondern zu erkennen, dass es noch nie ein Problem gegeben hat. Der Einzige, der ein Problem haben könnte, ist der Verstand, der sich einredet, dass das Leben so anstrengend, zermürbend oder freudlos sei. Ein solcher Mensch ist der Illusion verfallen, was das Körper-Geist-System produziert. Der Mensch spricht von meinem Körper, meine Gedanken usw., aber wer ist denn dann der Besitzer, wenn wir «mein» sagen?

Erst wenn sich der Mensch seines Gedankengutes bewusst wird, kann er ganz gezielt daran arbeiten, diese freudlosen Konstrukte nicht mehr zu bedienen. Das geschieht, indem er den Verstand, als einen emotionalen Kerl, mit seiner Traurigkeit, seiner Wut, seiner Suche nach Glück, von Ekel geplagte, oder sich nach Überraschungen sehnende, freudlosen, angstvollen Mitbewohner sieht, er selbst aber sein bestes Leben erlebt, das sein kann.

Wie?
Indem der Mensch nicht mehr auf den Verstand hört, der nur Unruhe stiftet. Und er anfängt, zielorientiert, nach der inneren konstanten Freude, Ausschau zu halten. Am besten ist es, dem Lebensschauspiel, das mit und durch ihn geschieht, zuzusehen.

Freude ist Vollendung. Der Freude kann weder etwas zugefügt noch etwas weggenommen werden. Freude ist die wahre Natur des menschlichen Seins.

Freude ist jenseits der Dualität, sie entspringt aus dem erkennenden Bewusstsein, ist nicht Gegenteil von Traurigkeit oder Schmerz. Sie ist eine stille, unerschütterliche Präsenz, die unabhängig von äusseren Umständen existiert. Diese Freude wird auch Ananda (Glückseligkeit) genannt.

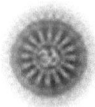

«Unternimmst du die Dinge aus dem Herzen heraus, fühlst du einen Fluss von Freude durch dich hindurchströmen.»
Rumi

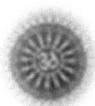

«Wahre Freude kommt aus dem Herzen und strahlt aus den Augen.»
Unbekannt

«Unsere wahre Aufgabe ist es Glücklich zu sein.»
Dalai Lama

Metapher DIE ZWEI WÖLFE

Ein alter Indianer sitzt mit seiner Familie und seinem Enkelsohn am Lagerfeuer. Sie reden über das Leben mit all seinen Herausforderungen und da erzählt der Alte von einem Kampf. Es ist ein Kampf, der schon seit langer Zeit in seinem Inneren tobt:

Und er sagt zu seinem Enkel: «Mein Sohn, dieser Kampf fühlt sich an, als würde er von zwei Wölfen ausgefochten.»

Der eine Wolf ist böse:
Er ist der Hass, der Zorn, der Neid, die Anspannung, der Stress, die Ungeduld, die Eifersucht, Sorgen, Schmerz, Gier, die Arroganz, das Selbstmitleid, Schuld, Vorurteile, Minderwertigkeitsgefühle, die Lügen, falscher Stolz und auch das Ego.

Der andere Wolf ist gut:
Er verkörpert die LIEBE, die Freude, den Frieden, die Gelassenheit, die Geduld, Hoffnung, Heiterkeit und Demut, die Güte, das Wohlwollen, Zuneigung, Grosszügigkeit, die Aufrichtigkeit, Mitgefühl und den Glauben.

Der Enkel denkt einige Augenblicke über diese Worte nach. Dann schaut er seinen Grossvater aufmerksam an und fragt: «Grossvater, welcher der beiden Wölfe gewinnt den Kampf?»
Und der alte Cherokee antwortete: **«Der, den du fütterst!»**

«Freude ist keine Errungenschaft. Sie sollte die natürliche Atmosphäre deines Lebens sein.»
Sadhguru Jaggi Vasusev

Innehalten: Freude ist das höchste Gut
Wenn du magst, betrachte deinen Alltag:
Wie viel Freude durchdringt deinen Tag?
Was kannst du tun, um noch mehr Freude in deinen Alltag
zu integrieren und somit zu erleben?

Jeder vergangene Tag ohne Freude ist ein vergeblicher
Tag. Was tust du dafür, dass du Freude haben kannst?

Wenn du möchtest, kannst du deine Erkenntnisse hier unten aufschreiben:

_____

_____

_____

_____

_____

_____

_____

_____

_____

_____

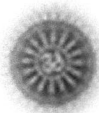

*«Freude. Wenn du dich darüber freuen kannst, dass die
Sonne scheint und der Himmel blau ist, dann weißt du,
dass man nicht viel benötigt, um glücklich zu sein.»*
Unbekannt

Das Leben geschehen lassen

Das Leben lebt sich ganz gut, wenn sich niemand mehr einmischt, das heisst; wenn der Mensch erkennen kann, dass alles, was geschieht, einfach ein Erleben oder eine Erfahrung ist. Im Laufe eines Erdenlebens macht das Individuum ganz viele Erfahrungen. Die einen Leute sagen: «Wir kommen hier in diese Welt, weil wir uns als uns selbst erfahren wollen.» Andere sagen: «Wir kommen hierher, um uns Dingen zu stellen, die wir noch erlösen wollen.» Und wieder andere sagen: «Wir kommen nur, auf die Erde, um unsere wahre Natur wiederzuentdecken und zu entfalten.

Wie auch immer, alle mögen recht haben. Ich persönlich finde es einfach schön, hier als Mensch das Leben, das sich von Moment zu Moment anbietet, erleben zu können. Es gibt das Betrachten dessen, was da ist, und sollte der Verstand einen Kommentar abgeben wollen, wird der als, ebendieser Kumpel, betrachtet und mehr ist da nicht. Der Körper ist das Gefährt, in dem wir diese Erdenerfahrungen machen dürfen. Den Verstand würde es nicht einmal geben, hätte der Mensch sich nicht mit der Vergangenheit identifiziert und sich dadurch Prägungen und Konzepten unterworfen.

Geht es nicht genau darum, das zu erkennen und dem Leben freie Bahn zu geben, damit wir Menschen uns wahrlich als Menschen erfahren können?

Denn Mensch, sein heisst; das volle Potenzial dessen, was sich durch die Form ausdrücken möchte, zu leben. Aber wie? Das wie findet der Mensch nur immer im jetzigen Moment und wenn er den jetzigen Moment voll auskostet und den nächsten Moment ebenfalls und den wieder nächsten Moment, so bleibt nichts als das ewige Auskosten des jetzigen Momentes. Und das immer in vollem Bewusstsein wahrnehmend und erkennend, was gerade da ist. Es wird gesehen, dass, das Leben nur diesen einen Moment hat. Alles andere, wäre etwas daran verändern zu wollen oder sogar dem Leben hineinzufunken. Das darf jeder Mensch für sich erkennen, denn dafür sind wir doch hier, nicht wahr?

Das Eine ergibt das Andere, so war es auch beim Schreiben dieser Zeilen in diesem Buch.

Das Wort Gnade klang aus einer der vorhergehenden Geschichte an und davon möchte hier an dieser Stelle nun geschrieben werden.

Die göttliche Gnade kann jeden treffen. Ob der Mensch ein Aspirant der Wahrheit ist, der sich mit der Ausführung von vielen spirituellen Übungen (Sadhanas) beschäftigt oder ob es den Strassenwischer bei seiner Arbeit trifft, ist ein unergründliches Geschehen. Die Gnade macht keinen Unterschied zwischen Menschen, die sich auf die Befreiung vorbereiten oder Menschen, die noch nie irgendetwas von Erleuchtung oder Verwirklichung vernommen haben.

Ich habe auch schon Menschen gehört, die sagten: «Wenn ich in diesem Leben keine Befreiung erreichen werde, war das Leben ja vergebens!» Es gibt nie etwas, das vergebens wäre. Gut ist es, wenn man solche Aussagen genauer unter die Lupe nimmt. Es sind meistens genau die Menschen, die sich ihr Leben, manchmal bewusst und meistens aber unbewusst, schwer machen. Diese zwar meinen, sie suchen die Befreiung, wollen unbewusst, aber lieber in ihren Dramen von anderen bemitleidet werden.

Deshalb ist die Selbsterforschung von grosser Wichtigkeit, um seine laufenden Muster durchschauen zu können und durch das Durchschauen diese konditionierten Muster nicht mehr bedient werden und somit wegfallen. Der Mensch muss sich selbst erforschen, bis in die tiefsten Tiefen des eigenen Wesens vordringen, dann hat er die Chance, aus dem Dilemma des Freud-Leid-Spiels auszusteigen. Auszusteigen ist vielleicht nicht das richtige Wort, sondern ganz gezielt damit aufzuhören, sich als ständiges Opfer zu sehen. Sich von der Vorstellung erlösen; vom Leben, von Gott oder der Existenz gepeinigt zu werden. So etwas gibt es nicht. Es ist einfach nur so, dass der Unwissende seine eigen geschaffenen Konstrukte nicht erkennen kann.

Somit ist er denen ausgeliefert und das geht, solange, bis er sich dessen bewusst wird. Durch das Gewahr werden kann er genau reflektieren und die alten geprägten vergangenen Geschichten können dadurch rasch und einfach fallen gelassen werden.

Geschichte: Herr Fröhlich und die Angst

Es war ein Mann, dem ging es nicht gut, er hatte seit langer Zeit Angststörungen, die zwar mit Medikamenten behandelt wurden, aber die Angst verschaffte sich doch immer wieder den Raum, um den Mann in grosse Not zu bringen. Es kam so weit, und dass wegen einer Umstellung eines Medikamentes, dass dieses Angst-Konstrukt den Mann so vereinnahmte, dass der von seinen Gedanken getriebene und von seinem Verstand fremdbestimmt wurde. Das unaufhörliche Denken trieb ihn aus Verzweiflung und Angst sogar zu einem Suizidversuch. Obwohl der Mann sagte, er wolle leben.

Es war unglaublich für das Umfeld mitansehen zu müssen, was ein Mensch mit Angststörung sich antun kann, ohne es eigentlich zu wollen. Bei der Ausführung des Selbstmordversuches war es, als ob der Mann fremdbestimmt würde. Man könnte sagen, es war das Angst-Konstrukt, das die Tat ausführte. Der Mann starb nicht dabei, fügte sich aber dadurch viele Brüche und auch innere Verletzungen zu, die dann irgendwann wieder verheilt waren. Was den Körper zwar wieder soweit lebensfähig machte, aber die Psyche erlitt weiterhin grosses Leid. Durch die Nachwehen der Schmerzen wurde der Mann gezwungen, seinen Körper bewusster wahrzunehmen.

Als eines Tages eine Betreuerin, die neu auf der geschlossenen Abteilung arbeitete, wo der Mann sich nach dem Selbstmordversuch aufhielt, auf ihn zukam und ihn fröhlich begrüsste, kam von ihm gar nichts entgegen. Nur abgelöschte Augen sahen die Neue an. Da wusste die Frau, die schon viele Erfahrungen in ihrem Leben sammeln durfte, was los war. Sie erkannte, dass der Verstand des Insassen sein eigenes Leid-Spiel spielte und das nicht zur Erlösung des darin Gefangenen, sondern nur in den Gedanken verstrickt, was alles wieder als Nächstes und als Übernächstes und in der Zukunft dann noch alles kommen würde. Die Betreuerin wusste, dass sie in der nächsten Begegnung, die im Zimmer des Angstgeplagten geplant war, Klartext mit dieser Person sprechen musste. Sie wusste auch, dass etwas anderes diese Störung nicht ins Lot bringen konnte und ob es dann überhaupt ginge, das wusste niemand, einen Versuch war es für die erfahrene Frau auf jeden Fall wert.

Der Tag für Frau Elsa Frisch, so hiess die Betreuerin, kam und sie ging in das Zimmer, wo der Mann auf der Station wohnte. Sein Zimmer war klein, aber mit grossem Fenster, wo man direkt, auf den kleinen Teich, mit den Fischen darin und den Enten, die darauf schwammen, sehen konnte. Man sah auch in die Weite über ein Feld zu einem nahegelegenen Wald und es hatte sogar zwei grosse Buchen, auf denen ein Elsterpärchen ein Nest am Bauen war.

Als die Betreuerin ins Zimmer kam, lag der Herr Beno Fröhlich, so hiess er, auf seinem Bett, mit dem Fussende zur Türe gerichtet, er lag mit offenen Augen zur Decke starrend dort. «Guten Tag, Herr Fröhlich», sagte die Eingetretene. Der liegende Mann schaute zur strahlenden Frau, aber er bemerkte ihr Strahlen gar nicht, er war so mit sich selbst und seinem Elend beschäftigt, dass er gar nichts wahrnahm.

Die Betreuerin forderte den Mann auf, aufzustehen und ihr am Tisch gegenüber auf dem dortigen Stuhl Platz zunehmen. Natürlich hatte sie die Lage der Zimmereinrichtung sofort erkannt und dass, nur schon wie das Bett gestellt war, dem Herrn Fröhlich nicht guttun konnte. So schaute sie, dass er den Stuhl bekam, bei dem er direkt aus dem Fenster schauen konnte. Als er dann endlich am Tisch sass, weil alles bei ihm nur ganz verlangsamt vonstattenging, fragte die neue Betreuerin: «Herr Fröhlich, wie geht es ihnen heute?» Er schaute sie lange mit seinen dunklen erloschenen Augen an, bis er dann endlich Worte formulieren konnte. «Wie soll es mir schon gehen?» Mehr kam nicht aus ihm hinaus. Frau Frisch wartete, sie gab ihm einfach Zeit, zugleich wusste sie aber auch, dass die Wahrhaftigkeit, die durch sie floss, das ganze Zimmer zu erfüllen vermochte und transformierend wirken würde. Natürlich wusste sie in der ersten Begegnung nie, was von ihr verlangt wurde, sie war aber so gut im jetzigen Moment verankert, dass sie wusste, sie brauchte nichts zu wissen. Die Existenz oder Gott würde das Gespräch durch sie führen. Das war manchmal aber auch einfach präsent und still zu sein, eben einfach gerade das, was sich durch ihre Form (Körper-Geist) Ausdruck verschaffen wollte.

Plötzlich kamen weitere Worte aus dem, mit dem Kopf gesenkten Mund von dem Herrn Fröhlich. Er sagte, mit resigniertem Tonfall: «Hat ja alles keinen Wert, ich will nicht mehr.» Wiederholt liess die Frau die Worte einen Moment im Raum stehen, bevor sie dann zu sprechen begann. «Ja, das kann ich versuchen zu verstehen, können sie mir sagen, was keinen Wert mehr hat und was sie nicht mehr wollen? Damit ich von meiner Seite aus sehen kann, wie ich zum Wohl von ihnen vielleicht etwas tun kann?» fragte die einfühlsame Frau. Wieder verging einige Zeit, bis der Herr Fröhlich zu sprechen anfing: «Ich weiss ja auch nicht, was mit mir los ist, ich habe einfach nur Angst und es kommt ja ohnehin, nie mehr besser, es ist schon zu lange so.»

Frau Frisch wendete den Kopf zum, Fenster schaute einen Moment lang dem Leben draussen vor dem Fenster zu und sagte dann zu dem Mann: «Herr Fröhlich, haben sie schon bemerkt was da draussen alles an buntem Treiben geschieht?» Er drehte den Kopf in Richtung Fenster und sagte etwas gehässig: «Ja nicht mal die Fenster öffnen kann man hier!» «Haben sie die jungen Enten bereits gesehen, sie sind erst ein paar Tage alt, und die Fische, die bunt gemischt in Farben und Grössen in dem Teich herumschwimmen?» Sagte sie möglichst beiläufig so als wäre sie in ihren eigenen, laut denkenden, Gedanken versunken, was sie natürlich ganz und gar nicht war, die Frau war total präsent, sie nahm jede Reaktion ihres Gegenübers wahr, aber sie wartete, indem sie so tat, als betrachte sie weiterhin die Fische und Enten. Da nichts weiter geschah, fing Herr Fröhlich, der bis anhin nur muffig die Tischoberfläche angestarrt hatte, den Kopf zu heben und Frau Fröhlich zu beobachten an. Er sah das Lächeln auf ihrem Gesicht, wie sie da so aus dem Fenster schaute. Er folgte ihrem Blick, wo sie wohl hinsah, wollte er wissen? So drehte auch er den Kopf, damit er nach Draussen sehen konnte.

Es war ganz still im Raum, beide Sitzenden schauten nun dem Treiben im Garten unten zu. Nach einer langen Weile sprach Frau Frisch sanft und ohne ihren Blick nach draussen abzuwenden: «Es gibt Menschen mit denen spielt der eigene Verstand ein böses Spiel, er macht alles, *was dem, so schon genug leidenden Menschen, irgendwie gefallen könnte, mit seinen negativen oder angstproduzierenden Zukunftsgedanken sofort wieder kaputt. Der Verstand hat bei solchen Menschen eine so starke unbewusste Eigendynamik entfaltet, sodass der betroffene Mensch, seinem eigenen Verstand, völlig ausgeliefert ist.»*

Herr Fröhlich hörte den Klang dieser sanften, angenehmen Stimme der Betreuerin nach. Indessen schaute auch er dem Treiben vor dem Fenster zu, zwar fast unbewusst, aber er wendete seinen Blick nach draussen nicht ab. Die Betreuerin sprach weiter. «Solche Menschen werden durch das Zulassen des Eigenspieles ihres Verstandes geplagt und kommen nicht los davon, es sein denn; ihnen wird es bewusst. Solche Menschen können nichts dafür, können nicht akzeptieren, dass es eben gerade einfach so ist. Es geht darum zu lernen, sich nicht mehr, und das auch noch zusätzlich, selbst zu beschimpfen oder sich zu verurteilen. Niemand kann etwas dafür, dass es so ist, wie es ist. Es nützt dem Leidenden nicht, die Schuld in sich selbst, anderswo zu suchen oder jemanden für sein Leid zu beschuldigen. Und das, weil das dann bei solchen Menschen auch noch Schuldgefühle oder Scham auslöst und somit das Ganze nur zusätzlich noch mehr verschlimmern kann.

Auch da braucht es wieder das Bewusstsein, das den Menschen erkennen lässt, wenn er sich selbst verurteilt oder das, was gerade da ist, weg haben möchte.» «Plötzlich fiel ihr Herr Fröhlich ins Wort und sprach: «Das was sie da erzählen mag ja gut sein, aber sehen sie denn nicht, dass solche Leute enorm leiden und es da keinen Ausweg gibt?» «Ja doch ich sehe, dass solche Menschen leiden und da gebe ich ihnen vollkommen recht. Aber dass es da keinen Ausweg geben soll, das kann ich nicht akzeptieren. Denn wo ein Wille ist, ist auch ein Weg!» sprach Frau Frisch. «Ha ha», rief der Man «Immer kommen alle mit sol-

chen Sprüchen, als hätten sie die Weisheit mit dem Löffel gefressen, keiner von denen ist ja in unserer Lage!» Nun trafen sich ganz plötzlich ihre Blicke, da beide zugleich den Blick vom Teich gelassen hatten. Es wurde sofort energetisch etwas schwingend, das war aber genau das, was Frau Frisch wollte. Dem gegenseitigen Blick hielt der Herr Fröhlich eine kurze Zeit stand, bevor er dann, unverhofft, den Kopf wieder zum Fenster abdrehte. Die Betreuerin liess nicht vom angefangenen Thema ab und sprach weiterhin mit sanfter aber auch ganz klarer Stimme: «Sie haben recht, aber es nützt ja nichts den Löffel ins Korn zu werfen, denn es besteht immer eine, wenn auch vielleicht nur eine winzige Chance und in nur ganz kleinen Schritten eine Veränderung zuzulassen, oder? Wäre es das nicht wert, es auszuprobieren? Das Problem ist einfach, dass fast niemand in kleinen Schritten gehen möchte, alle möchte statt bei A anzufangen gleich bei Z beginnen und das ist nun einfach einmal nicht möglich.»

«Sehen sie! Eine kleine Ente wurde vom Fisch geschnappt!» rief der Mann plötzlich ganz aufgebracht. «Ah» ein Ton der Erleichterung? «Nun hat der Fisch, das kleine Küken wieder gehen lassen», erfolgte es weiter aus seinem Mund. Die Betreuerin schmunzelte in sich hinein, denn sie bemerkte schon seit einiger Zeit, dass die Augen von Herrn Fröhlich nicht mehr vor sich hin stierten, sondern anfingen dem regen Treiben, draussen im Garten, zuzusehen. Geistesabwesend sagte der Mann: «Sprechen sie ruhig weiter, ich habe sie unterbrochen, Entschuldigung.»

Was war das denn jetzt, dachte die Frau, sagte aber nichts dazu. «Es wird Zeit für mich, das Gespräch hier zu beenden, gerne komme ich aber morgen wieder, um unsere Unterredung fortzuführen oder ihnen einfach einen Besuch abzustatten.» «Ja gut» kam es aus dem Munde des Bewohners, und das ohne, dass er seinen Kopf vom Teich abwendete.

Frau Frisch stand vom Stuhl auf, ging zur Zimmertür und als sie schon fast draussen war, sagte sie noch ganz zufrieden über das gemeinsame Treffen: «Also dann, bis Morgen.» Herr Fröhlich, nickte nur, ohne etwas dazu zu sagen. Es ging danach noch einige Zeit, bis ihn sein altes Muster, von herunterziehenden Zukunftsgedanken, wieder ganz vereinnahmte, oder vielleicht doch nicht ganz? Er blieb noch lange sitzen und sah nach draussen, er bemerkte noch nicht, dass zuvor seine Angstgedanken gerade eine Pause eingelegt hatten.

Frau Elsa Frisch kannte sich mit Angststörungen sehr gut aus, denn auch sie litt, in schon längst vergangenen Tagen, selber einige Zeit daran. Das Leben, das sie damals führte, war für sie die reinste Hölle gewesen. Und das ging so, bis sie dann eines Tages an einen Meister geführt wurde, der ihr half, Schritt für Schritt sich selber aus dieser psychischen Unpässlichkeit zu befreien. Sie wusste, dass sie unglaubliches Glück gehabt hatte aus dieser Krise zu kommen und sie wusste auch von anderen, die es nicht schafften, nicht weil es nicht möglich gewesen wäre, aber, weil der projektierende Verstand einfach nicht oder vielleicht auch noch nicht zuliess, dass der befallene Mensch die Kraft aufbringen konnte gegen den Mind anzugehen. Sie hatte es geschafft und darum fühlte sie die Berufung, sich solchen betroffenen Menschen in den Dienst zu stellen.

Die Frau war zuversichtlich bei Herrn Fröhlich, da er sich doch recht schnell zu einer anderen Beschäftigung ablenken liess. Ja, ablenken von seinem zerstörerischen destruktiven Gedanken-Konstrukt. Er hatte doch für einen Moment sogar Mitgefühl, für ein anderes Wesen, zeigen können. Es war ihr jede Mühe wert, um zu versuchen, mit

Herrn Fröhlich noch weiter in Kontakt treten zu können und wer weiss, was da noch geschehen konnte.

Der nächste Nachmittag kam, und Frau Frisch ging wieder zum Zimmer Nr. 18, in dem der Herr Fröhlich, im Heim wohnte. Sie klopfte an und da keine Antwort von drinnen zu vernehmen war, trat sie leise ein. Der Mann sass am Bettrand und starrte wiederholt wie am Vortag auf den Boden, es war wieder dieser mimiklose Ausdruck, der auf seinem Gesicht zu sehen war. «Hallo Herr Fröhlich, schön sie zu sehen», sagte die näherkommende Frau, die absichtlich nicht fragte, wie es ihm ginge, denn sie wusste, das würde seine Lage und die dazu passenden Gedanken nur noch mehr triggern. «Gibt es was Neues vom Teich?», fragte sie mit belanglosem Ton. «Keine Ahnung», murrte der doch schon vom Bettrand aufgestandene Herr, der gerade im Begriff war, sich dem Stuhl am Tisch zu nähern.

Frau Frisch wartete geduldig und ohne zu sprechen, bis sich Herr Fröhlich auf den Stuhl hingesetzt hatte. Wie am Vortag sassen die zwei, sich eine Weile schweigend, mit dem Tisch dazwischen, gegenüber. Frau Frisch schaute in Richtung des Zimmerbewohners und bemerkte, dass er heute weniger verkrampft war oder zu mindestens hatte sie das Gefühl, denn sie wusste, dass das auch täuschen konnte. Sie hatte gelernt, nichts hineinzuinterpretieren, was sie ja gar nicht wirklich wissen konnte.

Es ging einige Zeit, bis der Bewohner den Augenkontakt mit der Betreuerin suchte, und wieder, sogar noch etwas länger als am Vortag, geschah das, für Frau Frisch noch nicht schon vorstellbare, dass der Mann den Augenkontakt suchte und ihn noch länger als beim letzten Mal zulassen konnte. Wunderbar, dachte die Betreuerin, das ist ein guter Ansatz. «Herr Fröhlich,» fing sie zu sprechen an, «können sie sich vorstellen, dass es Menschen gibt, bei denen, aus welchen Gründen auch immer, der Verstand mit den dazu gekoppelten Gedanken eine Eigendynamik entwickelt hat, die auf Angst und dadurch auf aus-geprägte Kontrolle aufgebaut ist?» Herr Fröhlich wendete sich von der Frau ab, er schaute aus dem Fenster, dieses Mal blickte er in die Ferne in Richtung Feld und zu dem Wald dahinter. Frau Frisch schwieg und wartete einfach. Auch sie hatte sich zum Fenster umgewandt und auch sie sah in die Ferne und das mit weitem Blick. Es war so näh-rend, den Blick weit zu machen und zugleich die Stille in sich wahrzunehmen.

«Ich weiss, dass sie mich damit meinen, mit dem Ver-stand, der Angst und dem anderen Zeug. Aber was soll ich jetzt mit dem, was sie sagten, anfangen?», fragte der Mann, ohne den Blick der Betreuerin zuzuwenden. «Konn-ten sie gestern, als sie den Teich und das Treiben darin und rundherum beobachteten, erkennen, dass sie einen Moment frei von den destruktiven Gedanken in ihrem Kopf waren?», fragte die Frau Frisch und liess dem Bewohner wiederholt Zeit, das Gefragte zu erforschen. «Ich weiss es nicht,» gab er, wie immer etwas verlangsamt, zur Antwort. «Egal, ich wollte sie heute fragen, ob sie gerne malen, und zwar ein grösseres Bild oder lieber sich ein Poster aus dem Internet für diese karge Zimmerwand aussuchen möchten?» schwenkte die Betreuerin absichtlich mit die-ser Frage vom vorgehenden Thema ab. «Warum?» Jetzt blickte der Bewohner die Wand an und es sah aus, als überlegte er sich etwas. «Warum nicht? Ich dachte nur, dass wenn ich hier dieses Zimmer bewohnen würde, ich es gerne hätte, wenn es an dieser grossen weissen Wand etwas bunt wäre. Und natürlich frage ich sie, auch mit dem Gedanken daran, dass ihnen das vielleicht gefallen könnte, denn ich versuche heraus zu finden, ob dieser Funke Hoffnung in Ihnen irgendwie zu einem Feuer zu ent-fachen wäre,» sagte die Frau und wieder folgte, der schon übliche Moment der Stille. «Schön, hat wenigstens einer hier im Raum die Hoffnung auf ein Feuer entfachen. Wie bitte soll das dann gehen, bei so einem hoffnungslosen Fall wie mir.» sprach er resigniert.

«Nun gut, wenn sie meinen es würde sich an ihrer Lage etwas verändern so lange sie sich nicht einmal einen kleinsten, der kleinen Lichtblicke vorstellen wollen, wird es halt so bleiben und sie werden hier wohl die nächsten dreissig oder mehr Jahre bleiben, wollen sie das wirklich?» Fragte Frau Frisch. «Ha, ha», kam es wieder und das etwas gehässig aus dem Munde von Herrn Fröhlich. «Sie stecken ja nicht in meiner Haut oder Lage.» er warf ihr einen strengen, aber zugleich resignierten Blick zu.

«Ja da haben sie recht, aber wissen sie Herr Fröhlich ich hatte vor langer Zeit auch eine tiefe Krise und was mir geholfen hatte, war ein, Mensch der mich in ganz kleinen Schritten an das Licht in der Dunkelheit erinnert hat, und das unter anderem mit Fragen, wie auch ich sie ihnen stelle, und wenn ich darf, noch stellen werde».

Nun war es ganz still im Raum, keiner sagte etwas, man hörte nur den Wecker leise ticken.

Die Zeit war wiederum durch und Frau Frisch fragte zum Abschied, ob er sich das Gespräch nochmals durch den Kopf gehen lassen möge und ihr dann morgen eine Antwort zur Wand geben würde. Sie stand auf und ging in Richtung Ausgang, drehte sich dort noch einmal dem Mann zu, und es machte den Anschein, dass er ihr aufmerksam nach sah, als sie im Begriff war, den Raum zu verlassen. «Und übrigens, vielleicht mögen sie sich ja mal ganz bewusst mit dem Betrachten dieser wunderschönen Natur da draussen vor ihrem Fenster abgeben, denn ich habe heute bemerkt, dass die Elstern schon Junge im Nest haben. Also dann bis morgen um die gleiche Zeit» sprach sie noch und schon war sie draussen, jedoch bevor sie die Türe ganz zuschloss, hörte sie ein zaghaftes «Bis Morgen, Danke» von Innen ertönen.

Das war ja schon wieder ein gutes Zeichen, dachte die Frau. Wie auch immer, sie wollte sich noch nicht zu früh freuen, denn als Betreuerin hatte sie schon zu viel erlebt, mit Leuten wie dem Herr Fröhlich.

Herr Fröhlich war nur noch mit den, von Frau Frisch gesprochenen Worten: «Die nächsten dreissig oder mehr Jahre hier bleiben» beschäftigt. Hätte der Mann das Geschehen genau betrachten gekonnt, hätte er gesehen, dass sein Verstand, und das im Nu, die Worte zu einer riesigen Geschichte aufgebauscht hatte. Und zwar zu einer weiteren unnötigen dramatischen Leidensgeschichte.

Er bemerkte nicht einmal mehr, wie er tiefer und tiefer in das Gedankenkarussell versank, weg von der Körperwahrnehmung, weg von jeglichem Bewusstsein, wo er war, wir lag und so fort. Dein Verstand nutzte, wieder einmal mehr, auch das Angstgefühl und lies dieses Konstrukt, dem Herrn Fröhlich unbewusst wiederholt gross werden. Der Leidende verlangte noch ein Beruhigungsmittel bei der Pflege und schlief dann bald mit der Unruhe, die sich in ihm wieder ausgebreitet hatte, ein. In der Nacht erwachte er und er konnte einen Moment feststellen, dass es ganz ruhig in ihm war es wahr wieder diese, sogar erholsame Leere, die er kannte und die ihn oft auch ängstigte, und dass weil er sich das nicht erklären konnte und es sich deshalb gefährlich anfühlte, so als würde er darin verschwinden. Dieses Mal kam es aber nicht so weit er konnte, ohne dass er etwas machen musste, damit sein und schlief sogleich wieder ein. Am nächsten Morgen beim Aufwachen war diese Leere wieder kurz da, wurde dann aber gleich von der Erinnerung an den gestrigen Abend mit den vielen unguten Gedanken abgelöst.

Der Tag verging, ohne dass Herr Fröhlich sich um irgendetwas, was nicht von der Pflege sein musste, zu kümmern, er war in dem «Vergangenheit-Zukunfts-Angstgedanken-Konstrukt verfallen. Es wurde Mittag und an seiner

Lage änderte sich nichts. Es klopfte an der Tür und Frau Frisch trat ins Zimmer, sie hatte zuvor schon von der Pflege vernommen, dass es dem Herrn Fröhlich heute nicht gut ginge, also war sie schon vorgewarnt. Sie wusste, dass sie mit allem rechnen musste, von Verweigerung bis hin zu lauter Beschimpfung, so hatte sie es schon einige Mal bei anderen zu Betreuenden erlebt. Herr Fröhlich lag auf seinem Bett und starrte reglos zur Decke. Die Betreuerin setzte sich auf den Stuhl beim Tisch, sodass sie den Mann sehen, und zugleich auch aus dem Fenster schauen konnte. Sie sagte nichts, es war ganz still im Zimmer, ausser dem Wecker mit seinem leisen monotonen Tick Tack war zu hören. Die Minuten vergingen, Frau Frisch liebte es, einfach still sein zu dürfen, denn sie wusste, Worte werden sooft falsch verstanden, und dann je nach momentaner Verfassung des Gegenübers, von dessen Verstand, zu Fantasie-Geschichten interpretiert werden.

Sie erinnerte sich noch gut daran, als sie, vor langer Zeit, diese Stille noch ängstigte. Damals dachte sie, es stimme etwas nicht mit ihr und doch war es zugleich so erholsam, für ihr oft angespanntes Nervensystem. Im Betrachten der Stille, einfach dort zu bleiben, solange das halt ging. Mit der Zeit lernte sie damit zu sein und hörte dann auch von ihrem Meister, dass das DAS sei, wonach alle suchten. Nur wenn die Menschen es dann wahrnehmen, würden ganz viele Angst davor bekommen und das, nicht weil es gefährlich sei, sondern weil es für den unbewussten und ungeschulten Verstand einfach nicht auszuhalten wäre. Für sie war das stille Sein, zur Gewohnheit geworden. In diesem gedankenlosen Sein zu verweilen, wenn sie gerade nicht vom Leben, mit Denken beanspruchten Handlungen gebraucht wurde.

Die Hälfte, ihrer gemeinsamen Zeit, war schon vergangen, als Herr Fröhlich sich an den Bettrand setzte und den

Augenkontakt zu Frau Frisch suchte. Wieder geschah der Moment des innehaltenden Betrachtens. Heute konnte der Mann dem Blick nicht so lange standhalten, wie die vergangenen Tage. Er senkte den Blick und war still. «Was hat sie seit gestern beschäftigt?», fragt die Betreuerin mit ihrer einfühlsamen, ruhigen Stimme. «Nichts», sagte er abweisend, den Kopf zum Fenster abwendend. «Angst?» ertönte es fragend, aus dem Mund der Frau. «Ja, natürlich, und sie sind schuld!» Er stand auf und kam näher in Richtung Stuhl am Fenster, setzte sich so, dass er aus dem Fenster sehen konnte und liess den Blick auf den Baum fallen, dort wo die Elstern das Nest, mit den Jungen darin, hatten. «Darf ich fragen, was der Grund meiner Schuld ist, damit ich sie auch verstehen kann?» «Die nächsten dreissig oder mehr Jahre hier bleiben» sprach es etwas lauter als sonst aus ihm.

Frau Frisch erinnerte sich sehr wohl, an die Worte, die sie gestern zu Herrn Fröhlich, gesprochen hatte. «Sie haben recht, aber hören sie sich nochmals an, was ich gestern zu ihnen gesagt habe; es besteht immer eine Chance, auch wenn, vielleicht am Anfang, nur in ganz kleinen Schritten einer Veränderung zugelassen werden kann? Wäre es das nicht Wert, es auszuprobieren? Oder wollen sie die nächsten dreissig oder mehr Jahre hier bleiben? Das wurde gestern gesagt», so sprach die Betreuerin gelassen. Zudem erwähnte sie, zur Erinnerung, auch gleich nochmals den folgenden Satz: «Das Problem ist einfach, dass fast niemand in kleinen Schritten gehen möchte, alle möchte statt bei A anzufangen gleich bei Z Beginnen und das ist nun einfach mal nicht möglich.» Wieder diese Stille, «und wie bitte soll das gehen? Ich wüsste nicht, wer mir das machen kann, dass es mir besser gehen soll», sprach der aus dem Fenster schauende Mann. «Ja Herr Fröhlich, es wird nicht möglich sein, dass jemand etwas machen kann, dass es ihnen wieder gut geht, sie aber haben die

Kraft in sich angelegt eine Veränderung zu bewirken. *Es braucht ein Bewusstwerden, warum sie in diese Lage geraten sind und dann gibt es natürlich Menschen, so wie auch ich, die ihnen unterstützend zur Seite stehen können, wollen und werden,»* sprach Frau Frisch liebevoll, aber bestimmt. *«Und sie haben wirklich die Hoffnung, dass ich das schaffen könnte?»*, fragte der Mann etwas geistesabwesend, denn er war schon so lange in dieser, bis dahin unausweichlichen Lage, dass er nicht mehr an eine Besserung glauben konnte. *«Wissen sie Herr Fröhlich, sie können nichts dafür, dass ihr Verstand diese Eigendynamik oder dieses angstgesteuerte Konstrukt kreiert hat, es ist einfach aus Unbewusstheit geschehen und es wird sich zeigen wie der Geist bei ihnen zu bändigen ist, machen sie mit? In ganz kleinen Schritten, vielleicht auch mit Rückschlägen rechnend, den Versuch zu wagen?»*

Wieder war es ganz still im Raum, wieder konnte Frau Frisch diese Leere zwischen dem Denken wahrnehmen. «Denken sie darüber nach und überlegen sie sich bis am Montag, ob sie sich oder auch uns die Chance geben wollen.

Die Zeit ist schon wieder um, ich werde erst am Montag wieder bei ihnen erscheinen, wenn sie mögen, können sie mir ja dann von den Jungen Elstern erzählen», sagte sie, während sie sich vom Stuhl erhob und in Richtung Türe ging. *«Ah, und noch etwas, falls sie Lust haben, könnten sie, immer wieder ihre Atmung beobachten, und zwar ohne etwas daran verändern zu wollen. So als eine Art Bewusstseinstraining oder hilft auch sehr gut, wenn ihnen der Verstand, mit seinem Denken, auf die Nerven geht»*, sprach die Betreuerin, schon in der Türangel stehend und *«also dann bis bald»*. *«Bis bald»*, sagte Herr Fröhlich, der ihr nachschaute, aber dabei keine Mimik verzog.

Frau Frisch war mit dem kurzen Gespräch zufrieden. Sie wollte ihm genug Zeit lassen und das, um zu sehen, ob er sich mit dem nach Draussen schauen und der Atmung, sofern er diese machen würde, sich etwas von seinem Denken ablenken konnte.

Herr Fröhlich, sass, an diesem restlichen Nachmittag, noch lange am Tisch und betrachtete das Treiben vor seinem Fenster. Einmal versuchte er sogar zu atmen, verwarf es aber schnell wieder, er wollte alles langsam angehen und das mit dem Atmen später, dann nochmals, ausprobieren. Er fand es fast etwas schade, dass die Frau Frisch, erst am Montag wieder bei ihm auftauchen würde, denn er hatte sich, auch wenn sein Verstand, dass nie zugeben würde, sogar auf die Nachmittage, mit ihr, gefreut.

Irgendetwas war an dieser Betreuerin anders als bei all den vielen anderen, denen er im Laufe seines Dilemmas, begegnet war. Der Mann wusste nicht, was es war, aber es fühlte sich angenehm wohlig in ihm an. Es war immer noch spürbar, obwohl Frau Frisch schon eine Weile, den Raum verlassen hatte.

Herr Fröhlich sah sich in seinem Zimmer um und beim Betrachten der weissen Wand, kam ihm die Frage von Frau Frisch wieder in den Sinn: «Wollen sie sich ein Bild, für diese Wand, aussuchen?» So sagte sie doch, ein Bild malen oder eines aus dem Internet suchen, überlegte er nochmals. Ja, warum auch nicht, schaden kann das ja hoffentlich nicht, dachte er weiter.

Als kurze Zeit darauf ein Pfleger ins Zimmer kam, um nach dem Rechten zu sehen, fragte dieser den Beno, die zwei Männer waren schon länger per du, ob er noch einen Wunsch hätte, den er ihm erfüllen könnte? «Ja» kam es ungewohnt und überraschend schnell aus Benos Mund. Der Pfleger drehte sich ganz zu Beno hin und wartete, was nun wohl kommen würde, denn er war sich nicht gewohnt, dass von dem Bewohner aus einer Eigeninitiative geschah. Zumindest gab es das noch nicht in ihren Begegnungen. Im Gegenteil, es musste Beno immer alles und das mühselig und mit viel Geduld aus der Nase gezogen werden. Wenn man Glück hatte, kam eine Antwort oft aber auch nicht. «Oh, und das wäre?», fragte John der Pfleger neugierig. «Ich möchte, hier an der Wand, ein ganz grosses, buntes Bild haben». Während des Sprechens zeigte er mit der einen Hand, in Richtung der weissen Wand. «Okay», sagte John und überlegte sich zugleich, was da wohl hinpassen würde. «Hast du eine Vorstellung, was da hängen sollte?», fragte John. «Ähm, nein, keine Ahnung», sagte, dem Klang seiner Stimme nach erklingend, schon wieder, eher resignierende, Beno. «Hey Kumpel, wie wäre es; übers Wochenende mal einige Stunden, im Malatelier unten zu verbringen und dort selber was zu kreieren?», fragte John ganz munter. «Oh, das kann ich doch nicht, ich und malen, ha», antwortete Beno, etwas ironisch lächelnd. «Hey, Probieren geht über Studieren, mal doch einfach mal was, egal wie es herauskommt, wenn es gefällt, hängt es bald hier an der Wand oder wenn nicht, landet es dann halt im Altpapier, was solls», sprach der Pfleger freundlich, motivierend. Kurz überlegend kam es aus Herrn Fröhlichs Mund: «Aber, ich darf ja gar nicht raus hier, ich bin, in diesem Zimmer, ja im Gefängnis.» Jetzt sah der Pfleger, einen eher düsteren Blick Benos Gesicht überlagern. Rasch erwiderte er darauf aufmunternd: «Hey Kumpel, ich kläre das gleich mal ab, das sollte doch irgendwie möglich sein».

Noch während John sprach, wendete er seinen Körper schon in Richtung Tür, blickte zugleich, nochmals, an die kahle Zimmerwand und dachte dabei; eigentlich eine gute Idee, diese Wand zu verändern, hier zu wohnen wäre mir auch zu kahl. «Melde mich bei dir, wenn ich mehr weiss, okay?» sprach er, bevor er das Zimmer verliess. «Ja gut», erwiderte Beno und schon war er wieder im Zimmer alleine zurückgelassen worden.

Und wirklich, am nächsten Morgen hiess es, er dürfe für zwei Stunden, ins Malatelier runter in das Erdgeschoss gehen, es liege dort ein grosses Malpapier für ihn bereit. Stifte, Pinsel, Farben, alles könne er benutzen, so wie es ihm gerade beliebe. Eine Praktikantin holte ihn ab und begleitete Herr Fröhlich, ins Malatelier. Dort angekommen, setzte sich die Praktikantin auf einen Stuhl in eine Ecke des Raumes. Ihre Aufsichtspflicht nahm sie wohl, so schien es, nicht allzu ernst, denn sie war sogleich und ständig mit ihrem Handy beschäftigt. Herr Fröhlich sah sich vor einem riesigen, leeren, dicken und weissen Blatt Papier sitzen, daneben lagen unendlich viele Malutensilien, von Wasserfarbe, Pinsel, Kreidestifte, Blei-, Bunt- und Filzstifte, aber auch Acryl Farben lagen dort bunt gemischt und zum Gebrauch für ihn bereit. Das war erst mal Überforderung pur, zumindest fühlte sich Herr Fröhlich gerade so. Er wartete und starrte auf die Utensilien vor ihm. Plötzlich erinnerte er sich an die Momente mit Frau Frisch, in seinem Zimmer, als in seinem Denken, die Stopptaste gedrückt war, alles einfach innegehalten wurde und keine Regung geschah. Keine Bewegung, dachte er und nahm bewusst wahr; «oh, da ist ja gar kein Kommentar in meinem Kopf». Im ersten Moment erschrak er fast ein bisschen, als er zugleich bemerkte, dass auch die gewohnte Angst, beim genaueren Betrachten, gar nicht da war. «Wie war das möglich?», fragte er sich im Stillen.

In der Zwischenzeit hatte er unbewusst einen Stift geschnappt, den er nun in seinen Fingern hielt, dessen Farbe Schwarz war. Da er jedoch schon mal den Stift in der Hand hatte, fing er an, etwas auf das Papier zu kritzeln. Er hatte keine Idee davon, was er zeichnen sollte, und so liess er der Hand einfach ihren freien Lauf. Zuerst war das Kritzeln zaghaft, aber schon bald wurde das Gekritzel grosszügig, und dabei den ganzen Schwung aus dem Arm benützend, zu grossflächigen Figuren. Die Figuren zeigten alles Mögliche an Formen wie Kreise, Ovale, aber auch Spiralen. Mal ging der Stift hoch, auf dem Blatt, um dann wieder körpernahe zu kommen. Herr Fröhlich kam in Schwung, das bemerkte auch die Praktikantin, die bei weitem nicht unaufmerksam war, im Gegenteil, sie tat nur so, als hänge sie die ganze Zeit am Handy. Ihr Auftrag war, zu beobachten, was sie sehr pflichtbewusst auch tat.

Nach einer Weile sah Beno das Blatt, mit etwas zurücklehnender Haltung an und war eigentlich ganz zu Frieden mit seinem Gekritzelten. Eine Weile war er wieder mit seinem Inneren beschäftigt, er bemerkte, dass ihn ein Angstkonstrukt am Vereinnahmen war. Das geschah, weil er sich vorstellte, dieses Bild hing in seinem Zimmer und die Menschen könnten es schrecklich finden. Ein Teil in ihm sagte: «Na und», zugleich aber versuchte die Angst, sich, mit einem flauen Gefühl in der Magengegend, Aufmerksamkeit zu verschaffen. Die Praktikantin fiel der Stift, den sie für Notizen in der Hand hatte, herunter und es gab einen Ton im Raum, indem sich die Zwei aufhielten. Sofort war Herr Fröhlich wieder aufmerksam, in den jetzigen Moment gekommen. Zuvor war es, als hätte ihn, das innere Geschehen, weit fort getragen. Er nahm ganz bewusst einen anderen Stift, mit einer anderen Farbe, in die Hand. Die Farbe war ein dunkles Grau, mit dem er weitere Zeichen und Formen auf das Blatt malte. Immer wieder bemerkte er, wie ihn der Verstand wegtrieb. Wenn er sich dessen bewusst wurde, kam er aber auch immer wieder zurück, in den Moment, wo er sich selber zusah, wie, seine eine Hand, am Kreieren war.

Als die zwei Stunden herum waren, betrachtete er sein Werk und er wusste, es würde noch viele weitere Stunden brauchen, bis dieses Bild fertig sein würde. Wieder zurück in seinem Zimmer schaute er noch eine Weile aus dem Fenster. Beno empfand zum ersten Mal, seit langer Zeit, ein sanftes Wohlbehagen in seinem Bauchraum oder war es in seinem Herz-Raum?

Man erlaubte dem Herrn Fröhlich nun jeden zweiten Tag, für zwei Stunden, in das Malatelier gehen zu dürfen. Er wollte es zwar nicht zugeben, aber innerlich freute er sich, auf die Zeit, wo er mit den Stiften hantieren durfte. Zu Anfang waren die Farben, die er aussuchte, um das Blatt zu kreieren, dunkel. Nach den Farben Schwarz und dem dunklen Grau kamen dann die Farben Braun, dunkles Blau und Grün dazu.

Frau Frisch vernahm von der Veränderung, mit oder bei Herrn Fröhlich, die über das vergangene Wochenende stattgefunden hatte. Sie liess sich das aber, bei dem Besuch, bei Herrn Fröhlich nicht anmerken und sprach auch nicht darüber, was ihr zuvor zu Ohren gekommen war. Sie wollte herausfinden, ob er von sich aus davon sprechen würde. Die Betreuerin war stets bedacht, auf die kleinsten Details, die im Patienten vorgingen, zu beobachten und zu betrachten, denn dafür hatte sie wahrlich ein sehr waches Auge.

Der Frau war auch bewusst, dass es in solchen Institutionen, in denen sie arbeitete, es viel zu wenig Beschäftigung für die Insassen gab, die meisten vegetierten dahin und das, weil sie gar keine Aufgabe hatten, es gab ganz wenige, die sich selber beschäftigen konnten. Es gab ab und zu jemand, der Puzzle machte oder jemand, der strickte oder Kreuzworträtsel löste, das aber war im Heim eher eine Seltenheit. Frau Frisch hatte aber schon lange bemerkt, dass die Patienten, mit Beschäftigung, mehrheitlich weniger lange auf der Station leben mussten und schneller in betreutes Wohnen oder sogar nach Hause gehen konnten. Da es aber immer und überall an Personal nd Geld mangelte, konnte sie das Anliegen, die Bewohner zu beschäftigen, nur immer wieder an Sitzungen, in den Raum stellen, mehr lag nicht in ihren Händen.

Frau Frisch hatte heute die Absicht, mit Herrn Fröhlich einige Tests durchzuführen. Dafür brauchte sie seine Volle und ganze Aufmerksamkeit. Deswegen war sie bemüht, ihm und auch gleich sich selber, immer wieder lange, stille Phasen zu geben.

Als Frau Frisch an die Zimmertüre vom Zimmernummer 18 klopfte, ertönte es von drinnen, laut «Herein!» Kaum eingetreten, fing Herr Fröhlich, der schon am Tisch sass zu sprechen an: «Frau Frisch», tönte es aus seinem Munde, «Kommen sie schnell, ich möchte ihnen die Jungen Elstern zeigen, die haben heute ihre erste Flugstunde, das ist zum Schiessen», grinste er. «Oh, ist es also schon so weit und die Kleinen werden Flügge, lassen sie sehen», sagte sie und trat neben Herrn Fröhlich. So sahen sie beide eine Weile, ganz interessiert, dem Treiben auf dem Baum, bei dem Nest zu. Es war wieder diese tiefe, erfrischende Stille, die den Raum ausfüllte. Frau Frisch nahm es sehr gut wahr und badete förmlich, in der Präsenz dieser Stille. Nach einer Weile, neben dem Mann stehend, begab sich die Betreuerin, auf ihren gewohnten Platz, am Tisch gegenüber, wo beide sich anschauen konnten und zugleich durch das Wenden des Kopfes, aus dem Fenster sehen konnten. Sie setzte sich, immer noch die Stille geniessend, auf den Stuhl und wartete. Es ging nicht lange und Herr Fröhlich drehte seinen Kopf, mit Blick, nach dem Kontakt, ihrer Augen suchend, zu der Frau, hin und wieder geschah dieser tiefe Blickkontakt. Frau Frisch bemerkte, dass sich in den Augen von Herrn Fröhlich etwas verändert hatte, oder täuschte sie sich? Nein, sie sah, dass seine Augen mehr leuchteten. Diese waren nicht mehr so dunkel, wie bei den vergangenen Begegnungen und es war mehr Leben darin zu sehen. Wundervoll, dachte sie, bevor sie das Wort ergriff und den Bewohner fragte: «Herr Fröhlich, es freut mich sehr, denn in meinen Augen, scheinen sie viel aufmerksamer geworden zu sein. Sie haben *eine klarere, bestimmter klingende Stimme und ihre Augen haben mehr Glanz, in ihrem Ausdruck, bekommen. Wie geht es ihnen mit den Atemübungen? Konnten sie diese zwischendurch anwenden?» «Konnten sie auch wahrnehmen, dass ihr Verstand, Lücken produziert hat? Wo es Pausen im Denken gab, wo niemand da war, der Angst hatte? Und wenn sie dem Treiben vor dem Fenster zusahen, haben sie bemerkt, dass sie dann so im jetzigen Moment waren, wo kein zermürbendes Denken stattgefunden hat?» Als Frau Frisch mit dem Sprechen fertig war, war wiederum diese Stille im Raum.*

Die Zeit verstrich und man sah, dass Herr Fröhlich, nicht interesselos wie früher, am Tisch sass, sondern ganz aufmerksam erforschte, um sich zu prüfen, bevor er der Frau eine Antwort geben wollte. «Frau Frisch», sagte er mit einer zuerst noch etwas zaghaften Stimme: «Ja, ich habe bemerkt, dass die Gedankenspiele, mich zwar immer noch verfolgten, aber dass es auch Lücken gab, in denen keine Angst da war und auch nichts kontrolliert werden musste. Der Schlaf ist tiefer und ruhiger geworden und das Leben da draussen gibt mir wohl eine andere Perspektive. Ich habe auch noch bemerkt, dass es oft längere Gedankenlücken in mir gibt, was sehr erholsam ist, und es ängstigt mich jetzt nicht mehr so, weil ich dank ihnen, nun weiss, dass ich nicht dieses Denken oder die Gedanken bin. Frau Frisch, sie haben mir das sehr eindrücklich aufgezeigt und ich habe es für mich geprüft, ob ich damit etwas anfangen kann. Ja, ich habe durch das Erforschen und Hinsehen erkennen können, dass der Verstand immer versucht, mich übers Ohr zu hauen. Oder er macht sich wichtig, so wie ein aufgeblasener Gockel, oder ein übertrieben ängstliches Kind. Dass zwar die Kontrolle haben möchte und dass, obwohl es, oder eben der Verstand, ja gar nicht fähig ist, etwas kontrollieren zu können. Wahnsinn, wirklich wahnsinnig ist dieses unkontrollierte Den-

ken. Jedoch geht es mir aber und das dank ihrer Erklärungen, irgendwie besser. Aber das mit der Atmung, das muss ich wohl noch mehr üben, das ging bis jetzt irgendwie noch nicht.» Frau Frisch hatte den Aussagen von Herrn Fröhlich sehr aufmerksam zugehört und bemerkt, dass er sich sehr gut einschätzen konnte. Was ihr besonders gefiel, war, dass er sich nicht als die Gedanken sah, sondern erkannte, dass Denken und Kontrolle ein eigenständiges Konstrukt wahr. Der Gockel und das Kind waren geniale Beispiele, die er brachte, was sein Erkennen noch verstärkte, so war Frau frisch überzeugt. «Das mit der Atmung ist nicht so wichtig. Es kann einfach dazu dienen, wenn das Denken eine Eigendynamik herstellt und nicht mehr aufhören will. Dann kann, sich bewusst auf das Atmen zu konzentrieren, ein gutes Hilfsmittel sein, denn atmen ist immer im Jetzt. Es freut mich, dass so wie ich sehe, ihr erforschen sie weiterbringt und sie vor allem auch erkennen, dass die Angst oder Kontrolle ein eigenständiges Konstrukt geworden war, dass sich nun, durch ihr Bewusstwerden immer noch mehr auflösen kann». So sprach die Betreuerin und achtete währenddessen genau, auf die Mimik vom Herrn Fröhlich. Auch er hatte ihr aufmerksam zugehört, was er früher gar nicht gekonnt hätte, denn früher, war er in so schwarzen Wolken und in dem Angst-Denk-Konstrukt, gefangen gewesen. Dort, wo jedes Wort, zu viel gewesen war.

Es klopfte kurz und kräftig an der Zimmertüre, sie ging auf und John kam, mit der Praktikantin vom Malatelier, hinein. In den Händen trugen die Zwei etwas Grosses. Es war, das fertig gemalte Bild, von Beno. Die Beiden hatten es absichtlich so getragen, dass Frau Frisch und Beno es noch nicht, auf der gemalten Seite, sehen konnten. Erst als sie zur leeren Zimmerwand kamen, wo das Bild aufgehängt werden sollte, drehten sie es um. Und dass damit alle im Raum, das Kunstwerk bewundern konnten. Ja, *wahrlich bewundern, denn aus den, anfänglich düsteren Farben, wurde in den vergangenen Wochen, ein buntes und wunderschönes Gemälde. «Wie toll, ist das denn!», rief Frau Frisch, mit den Händen vor den Mund, haltend. Herr Fröhlich bemerkte, wie er Augenwasser bekam, als das Bild, von den zwei Pflegenden haltend, den Raum erfüllte. Dieses Mal, waren es keine Tränen der Trauer, sondern er war zu Tränen gerührt. Er konnte fast nicht glauben, dass aus diesem, zu Anfang katastrophalen Gekritzel, ein solch bemerkenswertes Kunstwerk entstanden war.*

«Hey Kumpel, gratuliere dir zu diesem Meisterwerk, wirklich voll cool!-», klang es aus dem Mund von John. «Ja, Glückwunsch, es gefällt mir auch sehr gut», bemerkte die Praktikantin, etwas schüchtern. Sie durfte ja, viele Stunden, im Malatelier sitzen, während Herr Fröhlich dieses schöne Werk entstehen liess. Die junge, pflichtbewusste Frau konnte, in diesen vielen Stunden, die Veränderungen von Farbwahl, des Patienten mitansehen. Natürlich rapportierte sie alles, was sie bemerkte, ganz pflichtbewusst auf der Station, auf der Herr Fröhlich, das Zimmer hatte.

«Herr Fröhlich, ich bin wirklich freudig überrascht, über dieses wunderschöne Kunstwerk, das sie da vollbracht haben. Bitte malen sie weitere Bilder, wir können noch viele, solch schöne Gemälde, brauchen. Für den Aufenthaltsraum oder für unsere kahlen Korridore», sprach die Betreuerin begeistert.

Herr Fröhlich bemerkte, dass die frühere Angst vor Blossstellung gar nicht aufgetaucht war, sondern, dass da diese innere Stimme, die er schon ewig lange nicht mehr vernommen hatte, zu ihm sprach: «Lieber Beno, du machst hier eine wirklich gute Arbeit, lass die Angst, Angst sein und vertraue. Diese wird sich schon noch ganz verflüchtigen und sonst weisst du jetzt ja, wie du diese hädeln kannst. Am besten einfach immer schön, im jetzigen Moment sein, klaro!»

Nach einer Weile wurde es für alle Zeit, das Zimmer zu verlassen und das, weil noch weitere Arbeiten, auf das Personal warteten, die erledigt werden mussten. Alle verabschiedeten sich von dem Zimmerbewohner mit einem «Bis bald!» «Bis bald», sagte der im Zimmer zurück bleibende, diesmal ohne Leid. Dafür aber mit grosser Zuversicht, dass er sich nun selber helfen könnte, wenn es nötig werden sollte. Natürlich wusste er, dass er achtsam bleiben musste. Da, wie Frau Frisch, bei ihren gemeinsamen Gesprächen erklärt hatte, dass das Denken, wenn es nicht erzogen wurde oder die Zügel aus den Händen gegeben werden, versuchen wird, wieder einen ungewollten Eigengeist, zu entwickeln. «Dranbleiben lohnt sich», meinte sie. Die Betreuerin wusste sehr wohl, dass es konsequentes Beobachten bedingte, bis der Verstand an Kraft verlieren würde. Auch wenn der Mind schon recht still geworden ist, bedingt es immer wieder aufs Neue zu beobachten, ob er nicht doch wieder versuchte eine Eigendynamik anzustreben.

Für Frau Frisch war nun klar, dass Herr Fröhlich, über eine grosse Hürde gesprungen war. Die Zeit war gekommen, den Mann aus der geschlossenen Abteilung, in ein Zimmer, auf der offenen Station zu verlegen. Dort würde man sehen, welche weiteren Fortschritte der Patient machen werde. Natürlich im Hinblick und mit der Zuversicht, Herrn Fröhlich dann bald wieder, in sein eigenständiges Leben zu entlassen.

Frau Frisch, hatte in Ihrem privaten Leben, Gesprächs-Angebote für Menschen, die das für wünschenswert erachtete. Was sie dann später dem Herrn Fröhlich auch vorschlagen und anbieten wollte.

Fazit: Es gibt immer eine Chance, auch wenn der Mensch sie nicht immer gerade auf Anhieb erkennen kann. Das Leben ist ein grosses Meisterwerk. Wer dieses Werk geschrieben hat, steht ausseracht. Es ist DAS, was alles durchdringt, aufrechterhält und wieder vergehen lässt. So ist jede gemachte Erfahrung, ein Erlebnis, das es braucht, denn sonst würde es nicht geschehen. Der Mensch kann niemals Gott, mit seiner Schöpfung ergründen, das ist nun einfach nicht möglich. Gnade dem, der sich dem nicht wissen hingeben kann und in diesem Nichtwissen das vollste Vertrauen entwickeln darf. Denn der Spruch: «Das Einzige, was ich weiss, ist, dass ich nichts weiss!» Ist so wahr wie sonst, gar nichts.

«Sei nie zu feige etwas zu tun, was dein Leben verändern könnte, denn es hat das Potenzial darin deine grösste Chance zu sein.»

«Jeder hat die Kraft und die Macht in sich angelegt sein Leben zum Positiven zu verändern. Es braucht nur ein Ja dazu, dass wie, wird sich dem Wollenden anerbieten.»

Angst

Viele Ängste werden in der Kindheit (in den ersten sieben Lebensjahren) produziert. Da die «Spezies Mensch» Nachahmer sind, ist es nicht aussergewöhnlich, wenn Kinder von ängstlichen Eltern auch ängstlich werden.

Kinder von ängstlichen Eltern durften oft nicht ihr angelegtes Potenzial ausleben, sie wurden ausgebremst und konnten dadurch viele Erlebnisse, die sie für ihre Entwicklung und Erfahrung gebraucht hätten, nicht oder erst in späteren Jahren machen.

Angst kann auch durch Unpässlichkeiten, die dem Menschen im Leben geschehen, gespeichert werden und in ähnlichen Lebenssituationen sich sofort Ausdruck von Angstgefühlen, mit allem drumherum verschaffen.

Angst hat, wenn man sie weiterdenkt, immer mit dem physischen Tod zu tun.

Könnte sich der Mensch schon in frühen Jahren mit seinem Tod auseinandersetzen, könnten ihm dadurch viele Angst-Konstrukte erspart bleiben.

So entstanden viele Fantasie-Angst-Konstrukte, man könnte diese auch Fantasiedrachen nennen.

Solche Fantasiedrachen haben nie etwas mit der Realität zu tun und trotzdem können sie in dem Unwissenden viel Kummer und Unruhe auslösen.

Natürlich reagiert der Körper auf Angst, ob diese nun real durch Umstände im Leben stattfindet oder ob sie nur in der Vorstellung der Gedanken ist. Der Körper unterscheidet nicht, er nimmt Angst als Angst und zeigt sich körperlich mit verschiedenen Symptomen.

Wie wirkt sich Angst auf den Körper aus?

Angesichts von Druck, Stress oder eines Augenblicks, den wir als bedenklich wahrnehmen und der uns verunsichert, schüttet unser Körper vermehrt Hormone wie etwa Adrenalin aus. Herzschlag und Blutdruck steigen, die Bronchien erweitern sich und unser gesamter Stoffwechsel läuft beschleunigt ab. Der Puls steigt an, das Blut weicht im Gesicht und der Mensch wird bleich, der Körper zittert und bekommt weiche Knie. Der Atem wird schneller und trotzdem hat man das Gefühl, keine Luft zu bekommen. Manche Menschen haben sogar Magenschmerzen, müssen erbrechen, bekommen plötzlich Durchfall oder die Blase drückt und muss sofort entleert werden können.

Das Phänomen der Vorstellung von Angst ist, dass der Körper auf die Gedanken sofort reagiert und Stresshormone ausschüttet.

Was passiert im Gehirn

Angstreaktionen sind ein komplexes Wechselspiel von Botenstoffen – Hormonen und Neurotransmittern. Sie können Angstreaktionen entweder auslösen oder unterdrücken. Neben Endorphinen (Glückshormone) produziert das menschliche Gehirn zahlreiche weitere Botenstoffe, darunter Neurotransmitter. Sie transportieren Informationen zwischen den Nervenzellen. Dazu kommen Botenstoffe (Hormone) wie das Adrenalin aus dem Nebennierenmark, welches bei Stressreaktionen eine zentrale Rolle spielt.

Bei einer Stressreaktion schüttet der Körper die Aktivität steigernden Hormone, Adrenalin und Noradrenalin, aus und führt dadurch zu einem langfristig erhöhten Stresshormonspiegel.

Beruhigende Botenstoffe, vor allem das Serotonin, verlangsamen Atmung und Herzschlag. Einige dieser Neurotransmitter wirken zeitlich begrenzt.

Daneben steht das vegetative Nervensystem. Es steuert lebenswichtige Körperfunktionen wie Atmung, Verdauung, Stoffwechsel oder Schlaf. Seine beiden Teile wirken gegensätzlich und halten den Körper im Gleichgewicht:
-Das sympathische Nervensystem steigert Aktivität und Leistung.
-Das parasympathische Nervensystem sorgt für Entspannung.

Die Amygdala (Mandelkern) steuert die Angstreaktion.
Aus neurobiologischer Sicht besteht eine Angstreaktion aus einer Kaskade von Nervenzellschaltungen. Vereinfacht beschrieben, löst eine Angstursache einen Sinnesreiz aus, der im Gehirn in Sekundenbruchteilen zur höchsten Alarmbereitschaft führt.

Zunächst gelangen Botenstoffe mit einer Meldung unter anderem des Sehnervs über das Zwischenhirn in das dahinterliegende limbische System. Zum limbischen System, als zentraler Gehirnbereich für Gefühle und emotionales Gedächtnis, gehören Regionen der Grosshirnrinde, Nervenansammlungen im Zwischen- und Mittelhirn (Hypothalamus und Thalamus), der Mandelkern und das Ammonshorn (Hippocampus). Es ist über vielfache Nervenbahnen mit zahlreichen Hirnregionen verbunden.

Bei der Entstehung von Angst spielt die Amygdala (Mandelkern) eine zentrale Rolle. Sie ist doppelt vorhanden, wobei die rechte Amygdala Eindrücke von der linken Hirnhälfte verarbeitet und umgekehrt. Menschen ohne Mandelkern kennen keine Angst. Alles, was die menschlichen Sinne aufnehmen und an die Wahrnehmungszentren im Gehirn weiterleiten, gelangt sofort zum Mandelkern und wird dort gefühlsmäßig bewertet.

Von der Amygdala läuft das Angstsignal weiter zum Thalamus, einer im Zwischenhirn lokalisierte Umschaltzentrale. Im Thalamus sammeln sich Wahrnehmungen aus der Aussenwelt und aus dem Körperinneren, darunter im limbischen System abgespeicherte Gefühle. Ist der wahrgenommene Angstauslöser im emotionalen Gedächtnis mit einem Angstgefühl verknüpft, lösen Nervenzellen aus dem limbischen System Alarm aus. In der Folge leiten die Steuerzentralen für das Hormonsystem eine Stressreaktion ein: Adrenalin durchflutet das Blut, Herzschlag und Atmung beschleunigen sich – zunächst unter Umgehung der Großhirnrinde.

Während die Angstreaktion automatisch einsetzt, urteilt und entscheidet die Großhirnrinde aufgrund von Erfahrungen über den Angstreiz. Falls die Großhirnrinde den Reiz als «harmlos» einstuft, schickt sie entwarnende Botenstoffe an das limbische System zurück. Die Angstreaktion stoppt, die Adrenalinproduktion geht zurück, Herzschlag und Atmung verlangsamen sich.

Das Angst-Gedächtnis

Bei Menschen mit Angststörungen lässt sich häufig die Angstreaktion nicht einfach stoppen. Zu häufige oder zu lang andauernde Angstreize können sich als rhythmisches Muster im Gehirn festsetzen. Es entsteht ein Angstgedächtnis, das schon bei geringsten Umweltreizen den Angstalarm auslöst. Unklar ist bislang, wie Gene das Angstgedächtnis beeinflussen und wie sich das Löschen des Angstgedächtnisses neurologisch erklären lässt.

Die Auflösung von Angst ist ein komplexer Prozess, der sowohl auf psychologischer als auch auf körperlicher

Ebene stattfindet. Angst ist eine natürliche Reaktion des Körpers auf Gefahr oder Stress, aber wenn sie übermässig oder unbegründet ist, kann sie unser Wohlbefinden beeinträchtigen. Hier sind Ansätze, wie man Angst auflösen oder reduzieren kann:

Wird das durch das Erforschen erkannt, sieht der Forschende, dass viele, wenn nicht sogar die meisten Ängste nur Hirngespinste sind und gar keine wirklich reale Gefahr darstellen.

Wird durch die Innenschau der Angst, wenn diese auftritt, durch Innehalten gleich in die Augen geschaut, bemerkt der Mutige, dass sie nicht existent ist. Sondern nur eben so ein Fantasiedrachen.

Durch Verstehen und Akzeptieren, dass Angst eine natürliche Reaktion bei Gefahr ist und durch das Erkennen gesehen wird, dass keine Gefahr da ist und sich Sorgen machen auch wieder so ein Fantasie-Konstrukt ist, kann der Mensch aufhören, solche Begebenheiten zu bedienen.

Wenn sich Unsicherheit im System zeigt, ist es gut, auch diese zu schauen und sie aber nicht mehr zu bedienen. So besteht die Möglichkeit, dass sich Ängste auflösen oder wenn sie trotzdem noch erscheinen, diese durch das bewusste nicht mehr bedienen schnell wieder verschwinden. Wichtig ist es, die Angst zu akzeptieren, zu versuchen, die Angst nicht zu verdrängen oder zu bekämpfen. Stattdessen kann sie als eine vorübergehende Empfindung betrachtet werden. Wie auch Freude entsteht und wieder vergeht, so geschieht es auch mit der Angst.

Manchmal ist es auch gut, die Ursache zu analysieren: Wo kommt diese Angst her? Wann ist sie zum ersten Mal aufgetreten? Ist es meine Angst oder trage ich sie von meiner Mutter weiter? Ist die Angst berechtigt oder nur ein Fantasiedrachen usw.?

«Die Hoffnung stirbt am Schluss.»
Jegliche Angst hat das Potenzial der Auflösung in sich verankert. Angstgedanken können umstrukturiert werden, eine Möglichkeit: Ersetze negative Gedanken durch realistische und positive Überzeugungen. Beispiel: «Ich schaffe das und stelle mich der Angst, die jetzt gerade da ist» anstelle von Gedanken wie: «Ich werde diese Angst niemals loswerden, ich bin ihr komplett ausgeliefert.»

Was kann bei Angstattacken helfen?

Entspannungstechniken: Langsames und tiefes Atmen beruhigt die Nerven und entschleunigt. Zählen bei der Ein- und Ausatmung, das kann von Vorteil sein, (auf sieben beim Einatmen und auf sieben beim Ausatmen zählen).

Muskelanspannung und Entspannung: Atme ein, halte den Atem an und presse zugleich jeden Muskel im Körper von der Zehenspitze bis zum Kopf – pressen – pressen – pressen und wieder loslassen - entspannen.

AUM: Singe das A-U-M so wie die Atmung auf natürliche Weise ein- und ausströmt und zugleich kann die Vibration im Körper nachgespürt werden. Das AUM einige Zeit wiederholen.

Meditation: Sich auf das, was still ist, konzentrieren und dabei bleiben. Die Gedanken dürfen einfach weiterziehen, es wird nicht geschaut, welche Gedanken da sind, die sind während dem still sein nicht wichtig.

Achtsamkeit: Regelmässige Übungen mit dem sein, was jetzt gerade da ist, sich, aber nicht damit zu involvieren. Den Fokus auf den Moment zu lenken.

Bewegung: An der frischen Luft spazieren gehen. Yoga oder andere Körperübungen ausführen.

Weitere Möglichkeiten, um Angst-Konstrukte nicht mehr zu bedienen: Schöne Musik hören, Mantra Singen, Lachen, Tanzen, Affirmationen kreieren usw.

Freunden oder Bezugspersonen: Oft hilft es, Ängste laut auszusprechen, um sie weniger überwältigend erscheinen zu lassen.

Selbstfürsorge: Genügend Schlaf, gesunde Ernährung und Pausen fördern die mentale Gesundheit.

Wenn die Angst jedoch zu stark ist und den Alltag einschränkt, kann professionelle Unterstützung hilfreich sein.

«Mut ist Widerstand gegen die Angst, Sieg über die Angst, aber nicht Abwesenheit von Angst.»
Mark Twain

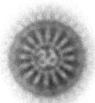

«Angst beginnt im Kopf, Mut auch.»

Innehalten: Welche Ängste kennst du?
Wenn du magst, nimm dir Zeit und betrachte dein Leben.
Was ängstigte dich in deiner Kindheit?
Was ist passiert, dass sich diese Ängste aufgelöst haben
oder Was ängstigt dich heute noch?
Versuche, der Angst mutig in die Augen zu sehen und er-
fahre dabei, dass, wenn du bereit bist hinzusehen, diese
gar nicht da ist.

Wenn du möchtest, kannst du deine Erkenntnisse hier unten aufschreiben:

_____

_____

_____

_____

_____

_____

_____

_____

«Eines Tages klopfte die Angst an die Tür. Der Mut stand
auf und öffnete, aber da war niemand draussen.»
Johann Wolfgang von Goethe

«Wer seine Ängste überwunden hat,
wird wirklich frei sein.»
Aristoteles

Selbstliebe und Eigenwertschätzung

Fehlende Selbstliebe ergibt Selbstverurteilung, in welcher Form auch immer, ist eine bequeme Ausrede, wenn wir keine Verantwortung übernehmen wollen. Wir können meditieren, Mantra singen, Kristalle und Weihrauch benutzen, besondere Übungen machen oder mit Affirmationen arbeiten, die unsere ewige Göttlichkeit verkünden. Wenn wir uns jedoch weiterhin verurteilen, sind Worte wie innere Kraft und Befreiung nur leere Worthülsen. Wenn man sich selbst nicht schätzt und würdigt, wird kein Wunsch oder keine Sehnsucht in Erfüllung gehen. Dann kann man auch keine Fülle, keine innere Ausgeglichenheit oder gute Gesundheit und nur wenig Freude finden.

Eine inspirierende Geschichte über Selbstliebe und Eigenwertschätzung.

Geschichte vom zerknitterten Geldschein

Eines Tages stand ein weiser Lehrer vor seiner Klasse. In der Hand hielt er einen frischen, glänzenden 100-Euro-Schein.

«Wer möchte diesen Geldschein haben?», fragte er. Alle Hände schnellten in die Höhe.

Der Lehrer lächelte und knüllte den Schein zusammen, bis er zu einem kleinen, zerknitterten Ball geworden war. Er hielt ihn erneut hoch und fragte: «Möchte ihn jetzt noch jemand?» Die Hände blieben oben.

Dann warf er den Geldschein auf den Boden, trat darauf, schlug ihn in den Schmutz und hob ihn wieder auf. Der Schein war nun schmutzig und noch mehr zerknittert. «Und jetzt? Möchte ihn jemand?» fragte der Lehrer. Wieder hoben alle die Hand.

Der Lehrer nickte und sagte «Das ist eine wichtige Lektion. Egal, was ich mit diesem Geldschein gemacht habe – ihr wolltet ihn immer noch. Warum? Weil sein Wert sich nicht verändert hat. Er ist immer noch 100 Euro wert, unabhängig davon, wie zerknittert, schmutzig oder misshandelt er wurde.»

Er hielt kurz inne und fuhr fort: «Manchmal im Leben wirst du fallen, du wirst Fehler machen, verletzt werden oder dich wertlos fühlen. Aber egal, was passiert, du verlierst nie deinen wahren Wert. Du bist und bleibst wertvoll – genauso wie dieser Geldschein.»

Diese Geschichte lehrt uns, dass unser Eigenwert nicht von äusseren Umständen oder Fehlern abhängt. Selbstliebe beginnt damit, den eigenen Wert anzuerkennen und sich selbst auch in schwierigen Momenten mit Mitgefühl und Respekt zu begegnen.

«In der Bhagavad-Gita wird gesagt, dass das individuelle Lebewesen der Eigentümer oder Meister des Körpers ist, dass aber Krishna, der im Herzen eines jeden als Überseele weilt, der höchste Eigentümer und der höchste Meister jedes einzelnen individuellen Körpers ist. Wenn wir also unsere Neigungen zu lieben einfach auf Krishna richten, dann wird allumfassende Liebe, Einigkeit und Frieden, augenblicklich Wirklichkeit.»
A C Bhaktivedanta Swami Prabhupada

Anmerkung: Krishna kann auch mit: Gott, Selbst, Leben, Quelle usw., ausgetauscht werden.

Du findest die Liebe nur in dir.

Solange der Mensch die Liebe im aussen sucht, wird er nie fündig oder befriedigt werden. Er sucht die Liebe je nach Prägung, in anderen Menschen, über Zuneigung, Geschenke oder über den sexuellen Akt. Je nach Angewohnheit sucht er die Liebe im schönen Haus, dem besseren Job, den noch teureren Ferien oder dem noch luxuriöseren Automobil. Aber auch, indem er mehr Ansehen bei anderen gewinnt. In der Ästhetik des Körpers von sich selbst, der Partnerin oder des Partners. Über Freundschaften, die dann krampfhaft festgehalten werden. Es braucht bei der Befriedung der im aussen gesuchten Liebe immer wieder eine Steigerung oder einen nächsten Kick, wenn das zuvor angestrebte Erfüllung gefunden hat. Auf der Suche nach etwas Geborgenheit oder Liebe wird es nie eine Zielerreichung geben können, es sei denn: Die Liebe, wie im Titel schon geschrieben steht, wird in der Tiefe seines eigenen Herzens gefunden.

Bevor man Liebe von anderen sucht, ist es wichtig, sich selbst zu lieben und zu akzeptieren. Selbstliebe schafft ein gesundes Fundament für Beziehungen, da sie Selbstvertrauen und emotionale Stabilität fördert. Wenn die Liebe in sich gefunden ist, kann sie auch im Aussen gefunden werden.

«Liebe dich selbst, so kannst du auch alle anderen lieben, wie dich selbst.»

«Und wenn sich die Identifikation erlöst hat bleibt nur noch die universelle, allumfassende und bedingungslose Liebe.»

Allumfassende, bedingungslose Liebe

Bedingungslose, allumfassende oder universelle Liebe ist ein Konzept, das die Idee einer allumfassenden, nicht an Bedingungen geknüpften Liebe ausdrückt. Es geht darum, alle Menschen, Lebewesen oder sogar das gesamte Universum mit einer tiefen, nicht diskriminierenden Wertschätzung und Akzeptanz zu lieben und das unabhängig von persönlichen Vorlieben, Verhalten oder äusseren Umständen.

Bedingungslose allumfassende Liebe ist idealisierend und herausfordernd, aber sie ermöglicht, Trennungen und Konflikte zu überwinden, indem sie eine tiefere Verbindung und Einheit fördert. In der Praxis kann sie durch Meditation, Selbst-Reflexion, Stille und eine bewusste Haltung des Mitgefühls kultiviert werden.

Diese Liebe erfordert bewusste Achtsamkeit, eine Einstellung des Vergebens und die Fähigkeit, hinter die Oberflächlichkeiten und in die Tiefe zu blicken, um das Gemeinsame, EINE, in allen Wesen zu erkennen. Um universelle Liebe zu praktizieren, ist Selbstliebe die wichtigste Grundlage. Wer sich selbst nicht annimmt, hat oft Schwierigkeiten, diese Akzeptanz auf andere auszudehnen.

Allumfassende Liebe hängt nicht von spezifischen Handlungen, Eigenschaften oder Gegenleistungen ab. Sie ist frei von Erwartungen und Forderungen, sie beinhaltet die konzeptfreie Liebe oder Freude.

Bedingungslose Liebe richtet sich an alle Wesen gleichermassen, ohne Ausgrenzung oder Hierarchie. Dies schliesst auch die Liebe zu den Tieren, zu der Natur, zu der Welt und somit zur gesamten Existenz ein.

Universelle Liebe geht oft Hand in Hand mit tiefem Mitgefühl und dem Wunsch, Leid zu lindern. Sie erkennt die grundlegende Verbundenheit aller Lebewesen an.

In vielen spirituellen und religiösen Traditionen wird bedingungslose, allumfassende oder universelle Liebe als das Ideal angesehen. Beispiele hierfür sind die christliche Agape-Liebe, die buddhistische Metta (liebende Güte) oder die Sufi-Lehre von göttlicher Liebe.

Geschichte: Der König und die alte Frau

In einem fernen Land lebte ein mächtiger König, der für seine Gerechtigkeit und Weisheit bekannt war. Doch eines Tages wurde ihm eine Frage gestellt, die ihn in tiefes Nachdenken stürzte. Eine alte Frau, die wie eine gewöhnliche Bettlerin aussah, erschien vor seinem Thron und sagte: «Majestät, ihr seid berühmt für eure Klugheit. Sagt mir: Was ist wahre, bedingungslose, allumfassende Liebe?»

Der König, der glaubte, jede Frage beantworten zu können, überlegte kurz und sagte: «Wahre Liebe ist, wenn ein Elternteil sein Kind beschützt. Es ist die Hingabe an den Geliebten. Es ist die Freundschaft, die nie endet.»

Die alte Frau lächelte. «Das klingt schön, Majestät. Aber das ist nicht bedingungslos. Ein Elternteil liebt sein Kind, weil es sein eigenes ist. Ein Geliebter liebt, weil er Freude oder Zuneigung empfängt. Wahre Liebe kennt keine Bedingungen. Wisst ihr, was das bedeutet?»

Der König war überrascht. Noch nie hatte jemand seine Antwort infrage gestellt. Er befahl, die Frau solle am Hof bleiben, bis er ihr eine bessere Antwort geben könne.

Am nächsten Tag begab sich der König inkognito in die Stadt, um die Liebe zu suchen, die die alte Frau beschrieben hatte. Er sah Eltern, die ihre Kinder liebten, doch nur solange sie gehorchten. Er sah Händler, die freundlich waren, solange sie bezahlt wurden. Der König sah Paare, die sich stritten, weil ihre Erwartungen nicht erfüllt wurden.

Erschüttert kehrte er zurück und fragte die alte Frau: «Ich habe in meiner ganzen Stadt keine bedingungslose Liebe gefunden. Gibt es sie überhaupt?»

Die alte Frau lächelte. «Folgt mir, Majestät.»
Sie führte den König auf einen staubigen Weg ausserhalb der Stadt. Bald erreichten sie ein verfallenes Haus, wo ein ausgemergelter Hund lag. Die Frau kniete sich hin und reichte dem Hund ein Stück Brot. Obwohl der Hund offensichtlich lange nicht gefüttert worden war, knurrte er sie zuerst an, doch schliesslich nahm er das Brot vorsichtig aus ihrer Hand.

«Dieser Hund hat Angst, weil er von Menschen schlecht behandelt wurde», sagte die Frau. «Doch er wird dieses Brot annehmen, obwohl er nichts zurückgeben kann. Bedingungslose Liebe beginnt, wenn du liebst, ohne etwas zu erwarten – nicht einmal Dankbarkeit.»

Der König schaute nachdenklich zu. «Aber das ist nur ein Hund. Was hat das mit Menschen zu tun?»

Die Frau wandte sich zu ihm um und sah ihn mit durchdringenden Augen an. «Majestät, das Wesen der allumfassenden Liebe, liegt nicht darin, zu fragen, wer sie verdient.»

«Es muss von Herzen kommen, was auf Herzen wirken soll.» - Johann Wolfgang von Goethe

Innehalten: Sei dir selbst der beste Freund
Wenn du magst, nimm dir Zeit, um deine Meinung von Liebe zu überdenken.
Wann fühlst du dich geliebt?
Wie steht es mit deiner Eigenliebe?
Bist du bereit, deine Angst vor Verletzung aufzugeben und dafür der wahren Liebe (oder dir selbst) begegnen zu können?

Wenn du möchtest, kannst du deine Erkenntnisse hier unten aufschreiben:

_____

_____

_____

_____

_____

_____

_____

_____

*«Es ist nicht deine Aufgabe, mich zu mögen –
es ist meine Aufgabe.» Byron Katie*

*«Liebe besteht nicht darin, dass man einander
ansieht, sondern dass man gemeinsam in
die gleiche Richtung blickt.» - Antoine de Saint-Exupéry*

Der Same der Erleuchtung ist gesetzt

In jedem Menschen ist der Same für Selbst-Realisation oder Erleuchtung gesetzt.

In der oben geschriebenen Geschichte zeigt sich, dass auch bei schlimmen Fällen immer die Chance des Erkennens gegeben ist und das, weil in jedem Menschen der Same für Befreiung oder Selbst-Realisation gesetzt, ist, also vorhanden ist.

Ob der Same aber nahrhaften Boden, um sich zu entfalten, findet, das ist nicht immer ganz klar ersichtlich und bedingt genaues hinschauen.

Gerne wiederhole ich noch einmal: Der eine Same fällt auf Stein und verendet, ohne dass er überhaupt Gelegenheit bekam zu spriessen.

Ein anderer Same fällt auch auf Stein, wird dann aber vom Wind weggeblasen und fliegt so in eine Spalte, wo sich ein wenig Erde befindet. Der Regen lässt den Samen spriessen, er hat aber nur wenig Platz, um zu wachsen. Solch ein Same muss richtig kämpfen, um zu gedeihen.

Ein weiterer Same fällt in einen Fluss, lässt sich unwillentlich treiben, bis er, wenn er Glück hat, an einem Ufer strandet und dort dann aufgehen kann.

Und dann gibt es noch den Samen, der von Anfang an auf gut genährten, gedüngten Boden fällt, an einer Stelle, wo es immer ausreichend Feuchtigkeit hat. Dieser Same spriesst schnell und wird zu einem kräftigen Baum heranwachsen.

So ist es auch mit dem Erkennen dessen, dass da nie jemand eigenständig war, ist und sein wird. Die einen mühen sich ununterbrochen ab; lesen Bücher, gehen in Satsangs, hören und sehen sich Gespräche über Erleuchtung von vielen verschiedenen Sprechern an. Dabei übersehen sie aber, dass sie mit dem ununterbrochenen rennen nach weiteren Informationen oder Wissen nur ihren Mind füttern. Und bei einigen Leuten kann sogar ein spiritueller Hochmut entstehen, weil diese meinen, sie hätten Befreiung erlangt. Dies ist aber nur eine Idee vom Verstand und entspricht nicht der Wirklichkeit. Der Mind gaukelt diesem Menschen etwas vor. Solange der Mensch von seinem Hochmut gesteuert wird, kann er nur schwer erkennen, dass das EGO gross ist und er in sich selbst oder der aufgetakelten Person gefangen ist.

Gut ist, wenn so ein «EGO gesteuerter» Mensch an einen wahrhaftigen Meister gelangt, der den Hochmütigen auf seinen Hochmut aufmerksam machen wird. Nur ob der Besucher dann das auch sehen kann, das ist noch lange nicht sicher. Es gibt Menschen, die in ihrem Hochmut von Meister zu Meister ziehen und dabei gar nichts erkennen,
Es gibt auch Menschen, die einen Vater oder eine Mutter in Form eines Meisters suchen, diese wollen unwissentlich gar keine Befreiung erlangen und dass da sie sonst auf eigenen Füssen stehen müssten.

«Die wichtigste Erkenntnis, die du in deinem Leben erwerben kannst, ist die Realisation deiner wahren Essenz.» Eckhart Tolle

«Wahrheiten sind für dich keine Wahrheiten, es sei denn, du erkennst sie in dir selbst. Ohne Verwirklichung sind es nur Ideen.» Paramahamsa Yogananda

Dazu eine Geschichte über Erleuchtung

Ein junger japanischer Mönch, ganz darauf bedacht, noch in diesem Leben das Nirvana zu erreichen, meditierte allein auf einer einsamen Insel nahe einem Kloster auf dem Festland. Er wollte die Sache mit der Erleuchtung schon in jungen Jahren hinter sich bringen, um sich danach mit anderen Angelegenheiten zu beschäftigen.

Als der Klosterdiener mit seinem kleinen Ruderbötchen anlegte, um die wöchentliche Lieferung für den jungen Mann abzugeben, übergab ihm der Mönch eine Botschaft für den Abt des Klosters: Er wünschte sich teures Pergament, eine Feder und Tinte bester Qualität. Schliesslich würde er bald sein drittes Jahr der Einsamkeit vollenden und der Abt sollte wissen, wie weit er es gebracht hat.

Als er in den darauffolgenden Wochen seine gewünschte Lieferung bekam, machte er sich gleich ans Werk. Nach vielen Meditationen und Grübeleien malte er in schönster Schrift folgendes Gedicht auf das edle Pergament: «Nach drei Jahren einsamer Meditation können die vier weltlichen Winde den gewissenhaften jungen Mönch nicht länger rühren.»

Er war davon überzeugt, der weise alte Abt würde aus seinen Worten und der Sorgfalt, mit der sie gemalt wurden, erkennen, dass sein Schüler jetzt tatsächlich erleuchtet war.

Nachdem er sein Werk abgegeben hatte, stellte er sich die Freude des Abtes beim Anblick dieses brillanten Gedichtes und der schönen Schrift vor. Er sah sein Werk schon in einem teuren Rahmen am Klostereingang hängen. Zweifellos würde man ihn jetzt bedrängen, selbst Abt zu werden. Es war ein herrliches Gefühl, es endlich geschafft zu haben!

Bei der nächsten Lieferung reichte der Klosterdiener dem jungen Mönch eine Pergamentrolle, die seiner ursprünglichen Nachricht ähnelte. Voller Aufregung entrollte der Mönch das Pergament. Als er darauf blickte, weiteten sich seine Augen und sein Gesicht wurde schneeweiss.

Es war tatsächlich sein eigenes Pergament. Doch direkt neben die erste, so wertvolle Zeile hatte der Abt mit rotem Kugelschreiber achtlos «Furz» geschrieben. Rechts von der zweiten Zeile stand ein nächstes hingeschmiertes «Furz». Ein weiterer nachlässiger «Furz» wurde sogar auf die vornehmen Schriftzeichen der dritten Zeile gekritzelt. Das gleiche Schicksal ereilte der ebenso schön gestalteten vierten Zeile.

Das war zu viel! Nicht nur, weil der dumme, alte Abt Erleuchtung nicht einmal erkennen würde, wenn sie ihm frei Haus geliefert wurde, er war auch noch so ungehobelt, dass er ein erlesenes Kunstwerk mit obszönen Graffiti verunstaltet hatte. Seine Reaktion war eine einzige Beleidigung der Kunst, der Tradition und der Wahrheit.

Die Augen des jungen Mönches wurden schmal vor Empörung, und sein Gesicht färbte sich knallrot vor Zorn.

Er verlangte vom Diener, ihn augenblicklich zum Abt zu rudern. Zum ersten Mal seit drei Jahren verliess der Mönch seine Insel.

Wütend stürzte er in das Büro des Abtes, knallte das Pergament auf den Tisch und verlangte eine Erklärung.

Der Abt hob das Pergament auf und begann, das Gedicht mit getragener Stimme vorzulesen.

«Nach drei Jahren einsamer Meditation können die vier weltlichen Winde den gewissenhaften jungen Mönch nicht länger rühren.»

Er legte das Pergament weg, musterte den jungen Mönch und fuhr fort: «Hmm … die vier weltlichen Winde können dich also nicht mehr rühren. Und doch haben dich vier kleine Fürze quer über den See geweht!»

(Quelle: Buch «Die Kuh, die weinte» – Ajahn Brahm)

Der Mensch, der erkennt, dass der Same spriesst, sprich - der zum Bewusstsein erwachte Mensch, - muss sich um das Erblühen der Frucht bemühen. Sein Erwecken und Wachsen, hegen und pflegen, das Ungeziefer, wie Tendenzen, Neigungen (Vasanas), aber auch seine Konditionierungen erkennen und daran arbeiten, bis diese Parasiten sich verflüchtigt haben.

Es gilt zu erkennen, was an Überlagerung noch aufrechterhalten wird. Welche Kontrolle durch das Körper-Geist-System bisher gesteuert wird und wo der Mut fehlt, die Wahrheit in jeder Hinsicht zu leben.

Die Wahrheit zu leben bedingt oft auch Wandlung der Gewohnheiten oder sogar Verabschiedung von Menschen.

Alles, was nicht der wahren Natur dient, wird sich auflösen. Die Persönlichkeit wird immer klarer durchschaut. Das vom geprägten Verstand gesteuerte wird nicht mehr bedient und somit fallen gelassen. Dadurch werden die konditionierten Gedanken weniger und kommen zum Stillstand. Das ist Freiheit!

Freiheit bedeutet frei von sich selbst zu sein, frei von allen Konzepten, frei von jeglicher Kontrolle, frei von der Anhaftung an den Körper und den Geist. Verwirklichung ist dann, wenn niemand mehr da ist, der etwas von Befreiung haben könnte.

Das Leben geschieht, weil es geschieht. So wie es absichtslos vonstattengeht, solange ein Körper atmet, geschehen Handlungen und lebenserhaltende Abläufe.

Der Unterschied von einem Befreiten und einem nicht Befreiten ist ausschliesslich, das Bewusstsein, das sich bei dem einen vollends entfaltet hat und er sich dessen gewahr ist und bei dem anderen, wo das nicht stattfindet.

«Mehr ist da nicht!
Also lebe und erlebe das Leben so, wie es sich von Moment zu Moment anbietet. Steige aus den ewig wiederholenden Geschichten, vielmehr lass diese geschehen, aber identifiziere dich nicht mit ihnen. Nimm das Leben nicht persönlich, denn etwas persönlich zu nehmen lässt dieses ganze Leid-Freude-Spiel aufrechterhalten.»

Ein unschuldiges Leben zu erfahren heisst, sich des unreinen Denkens und Handelns bewusst zu werden und nicht mehr zuzulassen, dass trübe Gedanken und Handlungen das System verunreinigen.

Zusammengefasst: Es gibt so lange etwas zu tun, solange es ein «ich» und «mein» gibt oder solange der Mensch nicht erkennen kann, dass alles ein unpersönliches Geschehen ist.

«Nur die, die nichts lieben und nichts
hassen, tragen keine Fesseln.»
Buddha

«Wer Sicherheit der Freiheit vorzieht,
bleibt zurecht ein Sklave.»
Aristoteles

Eine kurze Geschichte

Ein Schüler kam einst zu einem Meister.

«Meister», sprach er mit trauriger Stimme. «Das Leben liegt wie eine Last auf meinen Schultern. Es drückt mich zu Boden und ich habe das Gefühl, unter dem Gewicht zusammenzubrechen.»

Der Meister antwortete mit einem liebevollen Lächeln: «Das Leben ist so leicht wie eine Feder.»

«Meister, bei aller Demut, aber hier musst du irren. Denn ich spüre mein Leben, wie eine Last von tausend Pfunden, auf mir. Sag, was kann ich tun?»

«Wir sind es selbst, die uns Last auf unsere Schultern laden.», antwortete der Meister, immer noch milde lächelnd.

«Aber...» wollte der Schüler einwenden.

Der Meister hob energisch die Hand: «Dieses ABER, wiegt allein tausend Pfund.»

«Erleuchtung bedeutet nicht im Licht stehen, sondern in der Dunkelheit sehen lernen.» - Rumi

Der Beobachtende und nach der Befreiung suchende Mensch sieht oft gar keinen Unterschied zwischen sich und einem verwirklichten Meister. Das ist so und geschieht aufgrund dessen, weil der Weise ebenso Dinge zu erledigen hat, so wie auch der nicht verwirklichte Mensch. Der Unterschied ist nicht im äusseren Tun von Dingen, die anfallen oder einem Ablauf, der stattfindet, zu sehen.

Darum muss der Aspirant oder der nach Befreiung-Strebende prüfen und ganz genau hinschauen.

Prüfen, ob der Weise alle Qualitäten der Befreiung aufweist. Und natürlich ist das nicht immer ganz einfach fest-zustellen, da der Unwissende ja nur immer mit sich selbst in Kontakt steht und nur das Erkennen kann, in einem Gegenüber, was sich in ihm selbst schon an Bewusstsein entfaltet hat oder er sich seiner selbst bereits gewahr ist und dass ohne sich von seinem eigenen EGO täuschen zu lassen.

Zurück zum Unterschied: Der Suchende erlebt sich immer noch in Leid und Freud, möchte zwar bewusst seinen Alltag bestreiten können, muss sich aber immer abmühen, um achtsam, aufmerksam oder bewusst sein zu können.

Der Weise ist einfach, ohne dass er dafür etwas tun muss, bewusst. Achtsamkeit und Aufmerksamkeit durchdringen ihn ohne Anstrengung und das Konstant, auch wenn er das nicht immer zeigt.

Ein weiterer Unterschied ist; der nach Befreiung suchende Aspirant oder der nach Aussen gerichtete Mensch hat Vorlieben und unterscheidet zwischen gerne haben und hässlich finden, oder von, das möchte ich haben und erstreben oder das mag ich aber gar nicht. Zum Beispiel: das Regenwetter findet er ärgerlich und den Sonnenschein möchte er immer erleben können.

Bei einem «im Leben-Befreiten» hat das weltliche Leben keine Resonanz. Er macht einfach, was zu tun ist, und da ist weder Anhaftung an gut noch an schlecht. Bei einem Weisen ist jegliche Unterscheidung hinfällig, das heisst, er entscheidet nach dem, was im Moment ansteht oder nötig ist und nicht aus überlagerten Vorlieben heraus, wie es bei einem nicht verwirklichten Menschen geschieht.

Natürlich gibt es auch, bei einem im Leben-Befreiten, Vorlieben, aber keine Anhaftung dazu. Für ihn ist alles gleichwertig.

Und trotzdem sieht man ihn Zeitung lesen, mit Menschen Gespräche führen, lachen und manchmal auch tanzen und ganz vieles mehr. Alles, was sich durch ihn halt einfach ausdrücken möchte oder sich Ausdruck verschafft.

Könnte man mit einem Befreiten direkt zusammen leben, würde man die Tugenden wie Verhaftungslosigkeit, Enthaltsamkeit, Gelassenheit, Beherrschung der Sinne, Vertrauen in das nicht Wissen, Gedankenstille usw. erleben oder sehen.

Denn der Verwirklichte, lebt tief verankert, aus dem nicht Wissen hinaus, ist in der tiefen immerwährenden meditativen Versenkung, während er macht, was es für ihn von Moment zu Moment zu machen gibt. Dem im Leben-Befreiten geschieht der ständige Abstand oder die Losgelöstheit von Sinnesobjekten und von allem Vergänglichen ganz frei von Anstrengung.

Der Suchende oder alle anderen Menschen sind den Sinnen meistens wahllos ausgeliefert, und das, weil sie sich dessen einfach nicht bewusst sind und das Gedankengut, das Auftaucht, ohne dessen Gewahrsein des Menschen stattfindet.

Würde der Mensch das Denken nicht von gesprochenen oder gelesenen Aussagen in Unordnung bringen lassen, könnte er den jetzigen Moment, den es immer gibt, wahrnehmen und lernen, diesen sogar zu geniessen.

Frieden hat der, der das Erkennen kann. Ja, der sich darauf einstellt; was auch immer im Leben passiert, dieser Mensch ist sich dem jetzigen Moment bewusst und handelt sofort und klar, so wie es die Schöpfung ewiglich durch ihn tut. Denn solch ein Mensch hat bemerkt, dass viel Denken gar nichts bringt.

Fazit: Es gilt zu erkennen, die Handlung geschieht immer aus dem Moment.

Wenn der Mensch alles durchlebt oder erfahren hat, und ihn die Gnade der Erkenntnis trifft, wird er sich der Stille im Inneren zuwenden und ohne länger, etwas anzustreben, sich dem Fluss des Lebens hingeben.

Die Emotionen von; unnatürlicher Freude, Missgunst, Stress, Versagen, Erfolg, Neid, Wut, Rachegefühle, beliebt sein wollen, Streben nach Macht oder Reichtum, Eifersucht, Begehren, sexuelle und andere Gier, Horten, Hintergedanken, Geselligkeit und Einsamkeit, Bedürftigkeit, Lügen, Mitleid und Ohnmacht, ungebunden und Gebundenheit, die Liste kann jeder Mensch noch beliebig ergänzen oder verändern, haben aufgehört.

«Jeder Augenblick ist von unendlichem Wert,
denn er ist der Vertreter einer ganzen Ewigkeit.»
Johann Wolfgang von Goethe

«Solange kein Frieden in dir ist, gibt es keinen
Frieden, in der Welt. Denn du bist die Welt.»
Byron Katie

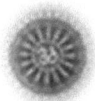

«Erleuchtung ist die Erkenntnis der
Wahrheit, die bereits da ist.» - Sadhguru

Was beinhaltet die Verwirklichung des SELBST?

Nach der Auflösung von der Illusion (Maya), eines getrennten eigenständigen «Ichs» - sprich der Identifikationslosigkeit, wird das Leben wie folgt erlebt:

* Es gibt keine Angst oder Hoffnung mehr. Das Leben geht seinen Weg. Unendliches Vertrauen ist da.

* Es gibt kein Bedauern einer Entscheidung in der Vergangenheit. Es tritt Lernen aus Fehlern ein. Es treten keine Schuldgefühle auf, da sich der Mensch gewahr ist, dass keine andere Wahl getroffen werden kann.

* Es gibt kein Aufschauen zu einem «Idol» oder Herunterschauen auf einen Menschen. Alle Menschen und Tiere werden als gleich unschuldig und «vom Leben gespielt» gesehen.

* Es findet keine Verurteilung von Entscheidungen Anderer statt. Es wird gesehen, dass keiner eine Wahl hat, anders zu sein, als er in dem jetzigen Moment gerade ist. Was ist, ist reines und wertfreies Mitgefühl.

* Kein einziger Moment wird besser bewertet als ein anderer. Es wird gesehen, dass dieser Moment nur so sein kann. Denn wäre er nicht so, so wäre er einfach anders.

* Es gibt kein Warten mehr. Die frühere Ungeduld beim Warten auf, was auch immer wurde durch Geniessen des jeweiligen jetzigen Momentes ersetzt.

* Es gibt keine Beschwerden mehr. Lediglich konstruktive Kritik ist möglich.

* Es treten häufig Phasen totaler Gedankenstille auf. Dies wird als sehr wohltuend erlebt.

* Langeweile hat sich in LANGES-VERWEILEN gewandelt und wird als wunderbar angenommen. Wenn keine Arbeit

ansteht, ist der Mensch zufrieden und einfach im Sein wahrnehmend verankert.

* Körperliche Schmerzen dürfen, wenn sie erscheinen, sein, es gibt aber niemanden, der wegen auftretender Schmerzen leidet.

* Die Wertschätzung gegenüber Menschen, Tieren oder auch Pflanzen ist gleichwertig und es wird mit allem in der gleichen inneren Freundlichkeit umgegangen.

* Zu allen Lebewesen wird eine Nähe empfunden. Die ganze Welt ist eine ungebundene grosse Familie, es gibt weder Freund noch Feind.

* Die Einzigartigkeit von jedem Moment ist bewusst, und es wird gesehen, dass Dinge auftauchen und wieder vergehen. Mal gibt es was damit zu tun und einmal nicht.

* Der Ausdruck kann laut und streng oder ganz sanft und leise sein. Meistens aber in einem ruhigen, ausgeglichenen Tonus. Im Inneren des Erkennenden ist es immer gleichwertig, im Frieden ruhend.

* Mutter Leben wird als das gesehen, was es, von Moment zu Moment, ist. Der Vater Tod ist eingeladen, wenn er möchte, zu kommen und den Körper zu gegebener Zeit, dann in Empfang zu nehmen.

*Interpretationen oder Geschichten aus Vergangenheit oder Zukunft sind weggefallen.

* Im Leben ist die Freude, der Frieden sowie die Leichtigkeit und der Humor die Grundstimmung.

Bestimmt könnte die Liste hier noch erweitert werden.

Innehalten: Reflektiere in dir das oben erwähnte

Wenn du magst, nimm dir Zeit und reflektiere die oben erwähnten Zeilen, um zu sehen, was davon gelebt wird und
was noch angestrebt werden kann.

Die Selbstreflexion bedingt tief, klar und ehrlich hinzusehen, denn das führt wahrlich in die Befreiung.

Wenn du möchtest, kannst du deine Erkenntnisse hier unten aufschreiben:

_____

_____

_____

_____

_____

_____

_____

_____

_____

_____

*«Die Fähigkeit sich selbst zu reflektieren, ist der Schlüs-
sel zur Weisheit und zur persönlichen Entwicklung.»*
Sokrates

Rein, wahr und klar

Für mich geht es im Leben darum; rein, wahr und klar zu sein. Das heisst, ein rechtschaffenes Leben zu führen. So wie andere auch sich selbst wertzuschätzen. Gemeint ist aber auch gradlinig und ehrlich das Leben zu leben, das sich einem anbietet.

Das A und O ist es, sich selbst gut genug zu erforschen, damit Unwahrheiten oder Unreinheiten ans Tageslicht kommen oder besser gesagt sich der Schauende darüber bewusst wird. Befreiung hat mit Bewusstsein zu tun.

Der bewusstwerdende Mensch wird sich immer mehr nach der Innenschau ausrichten und die äussere Welt wird er verlassen müssen. Das kann, je nach Körper-Geist-System, eine Zeit lang ganz radikal geschehen.

Erst, wenn sich die Person aufgelöst hat oder je mehr der Mensch erkennt, dass es nichts Persönliches gibt und sich das etabliert hat, wird dieser Mensch wieder alles machen und überall sein können, ohne mit der Welt zu resonieren.

Davor wird er aber immer wieder und das immer besser erkennen können, was sich ihm gerade anerbietet. Was ihm angeboten wird, für die Loslösung von jeglicher Anhaftung an Dinge und Menschen, aber vor allem auch an die fünf Sinne.

Könnte der Mensch alles nur von der absolut befreiten Warte aus betrachten, könnte er erkennen, dass es nur den jetzigen Moment gibt. Alles andere wird ausschliesslich vom überlagerten und geprägten Verstand produziert.

Der, der immerwährend in sich weilt, wird «ein im Leben-Befreiter» genannt. Solche Menschen sind rar und wenn sie in der Gesellschaft oder wo auch immer auftreten, sind sie als Person, bescheidene und eher zurückhaltende Wesen, die für sich nur das Nötigste zum Leben beanspruchen. Sie werden von den Menschen als etwas Besonderes angesehen, was sie selbst aber gar nicht so empfinden, denn sie erledigen nur das, was durch sie sich Ausdruck verschaffen möchte.

Solche Befreite haben keine Motivation nach Gewinn oder Ansehen, sie können einfach nicht anders, als Suchenden, eine Möglichkeit anzubieten, dass diese sich selbst erkennen können.

Dafür sind diese erkennenden, befreiten Seelen wohl noch im körperlichen Leben. Diese Verwirklichten sind zwar in dieser Welt und, wie Jesus schon sagte; nicht von dieser Welt!

«Du hast das Recht genau die Person zu sein,
die du wirklich sein willst.»
Michelle Obama

«Erlaube dir, dich so zu sehen, wie du gerne bist.»

«Wir wissen nicht was andere Menschen denken
und fühlen. Wir interpretieren ihr Verhalten und
sind dann wegen unserer eigenen Gedanken beleidigt.»

Geschichte: Ende der Interpretation

Ein Schüler namens Li besuchte seinen Meister in einer abgelegenen Hütte. Li war ein Suchender, voller Fragen und Interpretationen über das Leben, den Sinn und die Wahrheit. Während der Meditation dachte er über jede Geste, jedes Wort und jede Lehre des Meisters nach und versuchte, sie zu analysieren.

Eines Tages fragte er: «Meister, warum scheint mir die Wahrheit so schwer fassbar? Ich denke über alles nach, was Sie sagen, aber es gibt immer neue Zweifel.» Der Meister lächelte nur und sagte: «Begleite mich zum Fluss.»

Am Fluss angekommen, zeigte der Meister auf das Wasser. «Was siehst du, Li?» Li antwortete: «Ich sehe das klare Wasser, die Spiegelung der Wolken und die Fische, die darin schwimmen.»

Der Meister nickte. Dann rührte er mit einem Stock das Wasser auf, sodass es trüb wurde. «Und jetzt, was siehst du?» Li runzelte die Stirn. «Jetzt sehe ich nichts. Es ist alles verschwommen.» «So ist es, wenn dein Geist voller Interpretationen ist», sagte der Meister. «Dein Verstand wirbelt das Wasser auf, indem er versucht, alles zu deuten. Du versuchst, die Wahrheit in Worten, Gedanken und Bedeutungen zu finden, und übersiehst, dass sie bereits da ist – klar und rein wie das Wasser, bevor du es störst.» «Aber wie höre ich auf, zu interpretieren?», fragte Li.

Der Meister legte den Stock beiseite und setzte sich still ans Ufer. Minuten vergingen, das Wasser beruhigte sich, und die Spiegelung kehrte zurück. Der Meister sagte nichts, sondern deutete nur auf den Fluss.

In diesem Moment verstand Li. Er setzte sich neben den Meister und liess alle Gedanken los. Die Wahrheit offenbart sich nicht durch Interpretationen, sondern in der Stille des Augenblicks, wenn das Wasser des Geistes unberührt bleibt. –Li hörte auf, nach Antworten zu suchen.

Gedanken über Interpretation

Interpretation als Hindernis:
Obwohl Interpretation uns hilft, Bedeutung zu schaffen, kann sie auch trügerisch sein. Wenn wir ständig interpretieren, schaffen wir eine mentale Schicht zwischen uns und der Realität. Diese Schicht kann die Wahrnehmung verfälschen, weil wir die Welt nicht so sehen, wie sie ist, sondern durch den Filter unserer Gedanken, Annahmen und Vorurteile.

Der Zen-Buddhismus beschreibt dies oft so: «Wenn du den Mond sehen willst, schau nicht auf den Finger, der auf ihn zeigt.» Interpretation ist wie der Finger – sie kann auf etwas hinweisen, aber sie ist nicht die Sache selbst.

Die Freiheit vom Interpretieren: Wenn Interpretation aufhört, bleibt nur das reine Erleben. In solchen Momenten verschwindet das Bedürfnis, alles zu benennen, zu analysieren oder zu verstehen. Die Realität zeigt sich direkt, ohne Filter. Dies kann in der Stille der Meditation, in der Betrachtung der Natur oder in Momenten des vollkommenen Einsseins mit dem Augenblick geschehen.

Interpretation ist ein Werkzeug, aber sie sollte nicht zum Herrscher werden. Es gibt Momente, in denen es sinnvoll ist, zu analysieren und zu verstehen, und andere, in denen es besser ist, still zu sein und einfach wahrzunehmen. Der Schlüssel liegt darin, zu erkennen, wann es Zeit ist, den Verstand ruhen zu lassen.

Ein berühmtes Zitat von Jiddu Krishnamurti lautet: *«Das höchste Mass an Intelligenz ist die Fähigkeit zu beobachten, ohne zu bewerten.»* Dies bedeutet, die Dinge so zu sehen, wie sie sind, ohne sie ständig zu interpretieren.
Die Natur der Interpretation:

Interpretation ist der Versuch, einer Erfahrung, einem Text, einem Ereignis oder einem Phänomen Bedeutung zu geben. Es ist ein Prozess, bei dem der Verstand Informationen durch die eigene Perspektive, Erfahrungen und Überzeugungen filtert. Interpretation ist notwendig, um die Welt zu verstehen, aber sie ist auch subjektiv – das, was interpretiert wird, hängt oft mehr vom Betrachter ab als von der Sache selbst.

Wenn die Menschen aufhören würden, zu interpretieren und sich selbst Geschichten zu erzählen, bei denen sie nicht einmal wissen, ob sie wirklich wahr sind, würde so vieles an Missständen, ja sogar an Kriegen wegfallen.

Der Krieg beginnt schon im Treppenhaus, weil der Nachbar gerade nicht gegrüsst hat. Der, der nicht gegrüsst wurde, interpretiert, dass der Nachbar etwas gegen ihn hat. Schmollt und grollt und macht ganz viele Fantasie-Konstrukte daraus. Er fängt sogar an, die schlimmsten Geschichten an zu interpretieren und kann, wenn er seinen Verstand nicht durchschaut, bis zu Horrorgeschichten führen.

Der Bewusste, nicht mehr interpretierende Mensch würde den Nachbarn fragen, ob etwas nicht in Ordnung wäre und bekäme zur Antwort zum Beispiel: "Doch doch es ist alles in Ordnung, ich war nur gerade etwas geistesabwesend, weil ich soeben ein Gespräch mit einer alten Bekannten am Telefon hatte, das mir noch im Sinn war.
Und somit wäre jedes Hirngespinst von Interpretation hinfällig geworden.

Fazit: Nachfragen ist besser als in Interpretation zu verzagen.

Geschichte: Glück oder Unglück

Es gab einmal in einem Dorf einen alten Mann, der sehr arm war, aber trotzdem von Königen beneidet wurde – Denn er besass ein schönes weisses Pferd. Ein Pferd von solcher Qualität, das noch nie gesehen wurde – solche Schönheit, solcher Stolz, solche Stärke! Könige bewarben sich um das Pferd und boten fabelhafte Preise, aber der alte Mann kannte nur eine Antwort: «Dieses Pferd ist für mich kein Pferd, sondern ein Mensch und wie kann man einen Menschen verkaufen?» Es ist ein Freund, es ist kein Besitz. Soll ich meinen Freund verkaufen? Nein, das kommt nicht infrage. Der Mann war arm und hatte allen Grund, der Versuchung zu erliegen, aber er verkaufte das Pferd nie.

Eines Morgens entdeckte er plötzlich, dass das Pferd nicht mehr im Stall war. Das ganze Dorf versammelte sich und alle sagten: «Das hast du davon, du alter Narr! Wir haben es vorher gewusst, eines Tages musste das Pferd ja gestohlen werden! Und wie kannst du bei deiner Armut einen solchen Schatz richtig behüten? Du hättest wirklich besser daran getan, das Pferd zu verkaufen. Du hättest grosse Summen dafür verlangen können, jeden Fantasiepreis. Jetzt ist das Pferd weg. Jetzt siehst du, was für ein Fluch, was für ein Unglück es für dich war.»

Der alte Mann sagte: «Ihr müsst nicht übertreiben und interpretieren! Sagen wir einfach, das Pferd ist nicht im Stall. Das ist die einzige Tatsache: Alles andere ist Interpretation. Ob es nun ein Unglück ist oder nicht, wie wollt ihr das wissen? Wie könnt ihr das beurteilen?» Die Leute sagten: «Uns kannst du nichts vormachen: Wir mögen zwar keine grossen Philosophen sein, aber hier braucht man auch keine Philosophie. Es ist eine Tatsache, dass ein Schatz verloren gegangen ist, und das ist ein Unglück.» Der alte Mann erwiderte: «Ich bleibe dabei: Die einzige Tatsache ist, dass der Stall leer und das Pferd fort ist. Darüber hinaus weiss ich nichts, ob Unglück oder Segen – denn so ein Urteil ist begrenzt; und niemand weiss, was noch kommt.» Er wurde ausgelacht. Die Leute hielten den alten Mann für verrückt. Sie hatten es schon immer gewusst, dass er nicht ganz richtig im Kopf war; sonst hätte er ja sein Pferd verkauft und in Saus und Braus gelebt. Stattdessen fristete er sein Leben als Holzfäller. Obwohl er sehr alt war, fällte er immer noch Bäume, brachte das Holz aus dem Wald und verkaufte es. Er lebte von der Hand in den Mund, hatte nur das Nötigste und nie wirklich genug. Aber jetzt war ihnen endgültig klar, dass er verrückt war. Nach vierzehn Tagen kam plötzlich eines Nachts das Pferd zurück. Es war nicht gestohlen worden, es war nur in die Wildnis gelaufen. Und es kam nicht nur zurück, sondern brachte auch noch zwölf Wildpferde mit. Und wieder kamen die Leute zusammen und sagten: «Alter, du hast recht gehabt; wir haben uns geirrt. Es war kein Unglück, sondern ein Segen. Es tut uns leid, dass wir dir Vorwürfe gemacht haben.» Und der alte Mann sagte: «Ihr geht schon wieder zu weit. Könnt ihr nicht einfach sagen, dass das Pferd zurück ist und dass es 12 andere Pferde mitgebracht hat? Warum urteilt und interpretiert ihr? Wer will denn wissen, so es ein Segen ist oder nicht? Es ist nur ein Bruchstück, und wenn man den ganzen Zusammenhang nicht kennt, wie kann man dann urteilen? Wie könnt ihr über ein Buch urteilen, wenn ihr nur eine Seite gelesen habt? Wie könnt ihr über eine ganze Seite urteilen, wenn ihr nur einen Satz davon gelesen habt? Wie könnt ihr über den Satz urteilen, wenn ihr nur ein Wort davon gelesen habt – das Leben ist so unendlich? Ihr habt nur das Bruchstück eines Wortes in der Hand und habt über die ganze Welt geurteilt. Sagt also nicht, dass es ein Segen ist, denn wer weiss ... und ich bin völlig damit zufrieden, dass ich es nicht weiss. Lasst mich also bitte in Ruhe.» Diesmal hielten die Leute den Mund. Vielleicht hatte der alte Mann ja recht. Also sagten sie nichts, aber im Stillen wussten sie natürlich, dass er sich irrte. Zwölf herrliche Pferde waren mit dem einen Pferd zurückgekommen! Wenn sie ein wenig eingeritten wurden, könnten sie alle verkauft werden und massenhaft Geld einbringen. Der alte Mann hatte einen jungen Sohn – es war sein einziger. Dieser Sohn begann nun, die Wildpferde zu zähmen; eine Woche später fiel er von einem Pferd und brach sich beide Beine. Wieder kamen die Leute zusammen. Und wieder urteilten sie sofort. Wie schnell ein Urteil feststeht? Sie sagten: «Du hast recht. Was du geahnt hast, hat sich wieder einmal bestätigt. Es war kein Segen, es war ein Unglück. Dein einziger Sohn hat seine Beine verloren! Wer soll jetzt die Stütze deiner alten Tage sein? Jetzt bist du ärmer denn je.» Der alte Mann sagte: «Könnt ihr denn nicht einmal aufhören mit eurem Interpretieren und Urteilen? Ihr geht schon wieder zu weit – sagt einfach, dass mein Sohn beide Beine gebrochen hat. Keiner weiss, ob das jetzt ein Unglück oder ein Glück ist, keiner. Es ist wieder nur ein Bruchstück, und wir bekommen nie mehr als Bruchstücke zu sehen. Das Leben zeigt sich uns nur in Fragmenten, aber unsere Urteile fällen wir immer über das Ganze.» Ein paar Wochen später geschah es, dass ein Krieg mit dem Nachbarland ausbrach, und alle jungen Männer wurden zur Armee eingezogen. Nur der Sohn des alten Mannes blieb zurück, weil er ein Krüppel war. Die Leute kamen zusammen, weinend und klagend, denn aus jedem Haus wurden die jungen Männer mit Gewalt abgeholt. Und es bestand keine Aussicht, dass sie je wiederkämen, denn das Land, mit dem Krieg geführt wurde, war ein sehr grosses Land, und die Schlacht war von vornherein verloren. Also würden sie nicht zurückkommen. Das ganze Dorf weinte und klagte, sie kamen zu dem alten Mann und sagten: «Wie recht du hattest, Alter! Weiss Gott, wir recht – es war ein Segen.

Dein Sohn mag zwar ein Krüppel sein, aber wenigstens bleibt er bei dir. Unsere Söhne werden wir nie wiedersehen. Er lebt wenigstens und ist bei dir, und nach und nach wird er schon wieder laufen können. Vielleicht wird er noch ein bisschen humpeln, aber er wird wieder in Ordnung kommen.» Der alte Mann wehrte ab: «Es ist einfach unmöglich, mit euch Leuten zu reden. Ihr könnt es einfach nicht sein lassen – ewig diese Urteile und Interpretationen: Niemand weiss etwas! Sagt doch nur, dass eure Söhne in die Armee geholt wurden und mein Sohn nicht. Aber ob das nun ein Segen ist oder ein Unglück, das weiss niemand. Kein Mensch wird das je wissen. Nur Gott weiss es.» Der Autor unbekannt.

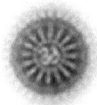

«Es ist absolut möglich, dass jenseits der Wahrnehmung unserer Sinne ungeahnte Welten verborgen sind.»
Albert Einstein

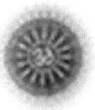

«Wissen ist Macht. Aber Wissen über sich selbst ist Selbstermächtigung.»
Dr. Joe Dispenza

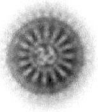

Geschichte: Die drei Siebe

Ganz aufgeregt kam ein Mann zu einem Weisen gerannt: «Ich muss dir etwas erzählen. Dein Freund …»

Der Weise unterbrach ihn: «Halt!» Der Mann war überrascht.

«Hast du das, was du mir erzählen willst, durch die drei Siebe gesiebt?», fragte der Weise.

«Drei Siebe?», wiederholte der Mann verwundert.

«Richtig, drei Siebe! Lass uns prüfen, ob das, was du mir erzählen willst, durch die drei Siebe passt. Das erste Sieb ist die Wahrheit. Ist das wahr, was du mir erzählen willst?»

«Ich habe es selbst erzählt bekommen und …»

«Na gut. Aber sicher hast du es mit dem zweiten Sieb geprüft. Das zweite Sieb ist das der Güte.
Wenn es nicht sicher wahr ist, was du mir erzählen möchtest, ist es wenigstens gut?»

Zögernd antwortete der Mann: «Nein, im Gegenteil …»

«Dann», unterbrach ihn der Weise, «lass uns auch noch das dritte Sieb anwenden. Ist es wichtig und notwendig, es mir zu erzählen, was dich so aufregt?»

«Wichtig ist es nicht und notwendig auch nicht unbedingt.»

«Also mein Freund», lächelte der Weise, «wenn das, was du mir erzählen willst, weder wahr noch gut noch notwendig ist, so lass es lieber sein und belaste dich und mich nicht damit.»

Sokrates

Fazit: Gut, wenn die drei Siebe im Leben genutzt werden, denn oft ist der Mensch sich bei seinen Erzählungen nicht bewusst, dass seine Geschichten weder wahr noch gut noch notwendig sind. Natürlich wird es dann still, aber wer mit dem weniger sein kann, gewinnt an Kraft und Energie.

> «Zu reden, wenn man nicht gefragt wurde,
> das nennt man Geschwätzigkeit.»
> Zhuangzi - chinesischer Philosoph

Innehalten: Interpretation sein lassen

Wenn du magst, nimm dir Zeit und reflektiere die Frage:
Wie wäre es, das Interpretieren zu erkennen und sein zu
lassen?

Wie geht es dir damit? Erinnerst du dich an Interpretationen, die sich im Nachhinein als falsch herausgestellt haben?

Wenn du möchtest, kannst du deine Erkenntnisse hier unten aufschreiben:

_____

_____

_____

_____

_____

_____

_____

_____

_____

_____

_____

_____

_____

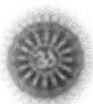

«Im Denken klar, im Reden wahr, im Herzen rein,
so sollst du sein.» - Nishkāma

Selbstermächtigung

Es bedingt nicht viel, aber es bewirkt eine totale Veränderung in sich selbst. Denn je mehr sich der Mensch im Inneren von Kleinheit und Begrenzungen seiner Vorstellungen löst, umso mehr wird er sich bewusst, was und wie sein Geist gestrickt ist. Es braucht ein Erkennen der Kleinheit aus den geprägten, aufrechterhaltenen Konstrukten und Mustern. Wenn der Mensch sich seiner eigenen Prägungen gewahr ist, besteht die Möglichkeit, diese auch wieder zu verwerfen, also nicht mehr zu bedienen.

Solange er sich seiner Kleinheit nicht bewusst ist, wird es nicht möglich sein, die Lebensveränderungen anzugehen.

Alles ist möglich, nichts ist fix, einzig der Verstand ist halt nun einmal geprägt und das gilt es zu durchschauen, und durch das Durchschauen oder bewusst werden, wird sich das Leben, innen wie auch aussen, verwandeln. Darum dient es dem Menschen, innezuhalten und sein Leben bewusst zu betrachten und zu erforschen. Ja, sich kennenzulernen, als würde er eine neue Liebschaft oder einen neuen Menschen kennenlernen.

«Fürchte dich nicht vor Fehlern.
Sie sind die Schritte zum Erfolg.»
Konfuzius

Selbst ermächtigt zu leben bedeutet, die Verantwortung für das eigene Leben zu übernehmen und bewusst Entscheidungen zu treffen, die mit den eigenen Werten, Zielen und Bedürfnissen übereinstimmen. Es ist ein Zustand der inneren Freiheit und Selbstbestimmung, bei dem man aktiv gestaltet, anstatt nur zu reagieren. Hier sind die wesentlichen Elemente, die ein selbst ermächtigtes Leben ausmachen: Selbsterkenntnis: Wer bin ich wirklich? Sich selbst zu kennen, ist der erste Schritt zur Selbstermächtigung.

Das bedeutet: Die eigenen Werte, Wünsche und Träume zu reflektieren. Sich der eigenen Stärken und Schwächen bewusst zu werden und zu sein. Sich seinen inneren Blockaden oder Ängsten zu stellen.

Verantwortung zu übernehmen: Verantwortung für die eigenen Entscheidungen und deren Konsequenzen zu tragen, anstatt äusseren Umständen oder anderen Menschen die Schuld zu geben. Aktiv Lösungen suchen und das Handeln in die eigenen Hände nehmen.

Grenzen zu setzen: «Nein» zu sagen, wenn etwas nicht mit den eigenen Überzeugungen und Werten übereinstimmt.

Klare Grenzen zu definieren und zu kommunizieren, um sich selbst zu schützen und respektiert zu werden.

Selbstbestimmte Entscheidungen treffen: Zu wissen, dass man die Wahl hat und diese bewusst nutzen kann.

Entscheidungen bestimmen, die auf die eigenen Überzeugungen zutreffen und nicht auf gesellschaftlichem Druck oder den Erwartungen anderer basieren.

Emotionale Unabhängigkeit: Sich nicht von der Meinung oder Bestätigung anderer abhängig zu machen.

Selbstermächtigung - Erlaube dir, so zu sein, wie du gerne wärest oder bist.

Es bedingt nicht viel, aber es bewirkt eine totale Veränderung, deiner Selbst. Denn je mehr sich der Mensch im Inneren von Kleinheit und Begrenzungen seiner Vorstellungen löst, umso mehr wird er sich bewusst, was und wie sein Geist gestrickt ist. Es braucht ein erkennen der Kleinheit aus den geprägten, aufrechterhaltenen Konstrukten und Mustern. Wenn der Mensch beginnt, seine eigenen Prägungen zu erkennen, besteht die Möglichkeit, diese auch wieder zu verwerfen.

Solange er sich seiner Kleinheit nicht bewusst ist, wird es nicht möglich sein, etwas an Veränderung festzustellen.

Alles ist möglich, nichts ist fix, nur der Verstand ist halt nun einmal geprägt und das gilt es zu durchschauen, und durch das durchschauen oder bewusst werden kann es sich verwandeln.

Darum dient es dem Menschen, innezuhalten und sein Leben bewusst zu betrachten und zu erforschen. Ja, sich kennenzulernen, als würde er eine neue Liebe oder einen neuen Menschen kennenlernen.

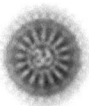

«Die Selbsterkenntnis gibt dem Menschen das meiste Gute, die Selbsttäuschung aber das meiste Übel.»
Sokrates

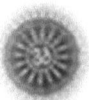

«Es ist dein Weg, manche können ihn mit dir gehen, aber keiner kann ihn für dich gehen.» - Rumi

«Es gibt ein sicheres Zeichen der Selbsterkenntnis: wenn man an sich selbst mehr Fehler bemerkt als an anderen.» - Friedrich Hebbel

Geschichte: Es ist immer etwas los!

Es war einmal ein Mann, der am Rande eines Dorfes in einer kleinen Hütte lebte, die er sich selbst gebaut hatte. Er brauchte nicht viel und was er nicht selbst an Nahrung anpflanzen konnte, besorgte er sich im Dorf.

Er hatte eine Ziege, die ihm täglich frische Milch gab, und einige Hühner, von denen er die Eier essen konnte. Oft sass er stundenlang auf der Bank, vor seinem Häuschen.

Die Kinder vom Dorf kamen gerne zum alten Mann und spielten in seiner Nähe Versteck oder andere Spiele. Der Mann sprach nur selten und dann auch nur, wenn er gefragt wurde. Ansonsten beobachtete er das Leben, das um ihn herum geschah. Auch in sich selbst nahm er stets die kleinsten Veränderungen wahr und zudem war er sich immer seines Körpers und dessen Haltung gewahr.

Wenn die Kinder ihm Fragen stellten, wie zum Beispiel: «Warum sitzt du, immer nur hier herum und was machst du eigentlich so?

Antwortete der Alte mit klarer, sanfter Stimme: «Ich schaue gerade dem Leben zu, wie es aus sich heraus entspringt.»

Die Kinder verstanden das zwar nicht, aber stellten auch keine weiteren Fragen dazu. Sie waren einfach gerne in seiner Nähe, denn es war so friedlich bei ihm.

Denn wenn die Kinder voller Unruhe, laut oder gar streitend in die Nähe des Mannes kamen, ging es nicht lange und sie wurden ruhig und friedlich.

Manchmal rief der Alte die Kinder zu sich und zeigte ihnen kleine Tiere, wie zum Beispiel eine Schnecke, die gerade an einem Salatblatt knabberte. Er forderte die Kinder auf, ganz still zu sein, denn so konnten, die Mädchen und Buben hören, wie es klang, wenn eine Schnecke an einem Salatblatt herumknabberte.

Oder wenn eine Spinne gerade ein neues Netz webte, sassen die Kinder dabei und schauten zu. Auf alle Fragen konnte der Alte eine Antwort geben.

Eines Tages kam ein Wandersmann des Weges und sah den alten Mann auf der Bank vor dem Häuschen sitzen. «Darf ich bei ihnen eine Rast machen?», fragte der Fremde. «Nur zu», antwortete der alte Mann und zeigte mit einer einladenden Geste auf den Platz neben sich auf der Bank.

Der Wanderer setzte sich mit viel Gestöhn auf die Bank und fing sofort zu erzählen an, wie weit er schon gegangen und wie lange er bereits unterwegs sei, auch dass er nur kurz rasten könne, dass er noch einen weiten Weg geplant hätte. Der Alte hörte ihm aufmerksam zu, sagte aber nichts. Als der Wanderer ihm von seinem grossen Vorhaben stolz berichtet hatte, hielt er plötzlich inne, nahm einen Schluck Wasser aus seiner Trinkflasche und fing an, in seinem Rucksack zu wühlen.

Bald fand er, was er suchte, es waren süsse Kekse mit Schokolade darauf. Er streckte die dem Alten hin, doch dieser lehnte freundlich mit einer Geste der Verneinung ab.

Der Wanderer fing an, den Mann neben sich zu betrachten, ihm fiel auf, dass dieser in die Weite blickte und zufrieden dreinschaute, so folgte der Wanderer seinem Blick, und dachte für sich; was es da wohl zu sehen gäbe? Er sah nichts Besonderes, nur grüne Wiese mit Blümchen und einige Berge im Hintergrund, deren Spitzen noch mit Schnee bedeckt waren. Der Himmel war blau und einige weisse Wolken standen am Himmel, mehr war da nicht, also nichts Besonderes dachte der Gast abermals.

«Was machen sie denn so den ganzen Tag?», wollte der Fremde wissen.

«Ich sitze hier vor dem Haus und bin.» «Und das ist alles?» Fragte der Besucher neugierig. «Ja», sagte der alte Mann lächelnd dreinschauend. «Das ist doch langweilig, oder?» Fragte der Besucher und schaute dabei den alten Mann von der Seite an. Der alte Mann schaute dem Fremden in die Augen und sagte: «Nein, wissen sie, es ist niemals langweilig, denn es ist immer etwas los hier draussen.» «Ah, ja? Was ist denn hier so abseits von dem Dorf schon los?» Wollte der Gast wissen, denn er konnte sich beim besten Willen nicht vorstellen, was es hier draussen Interessantes zu erleben gäbe.

Der Alte war eine Weile still und fragte dann den Besucher: «Hören sie die Natur reden?» «Was?» Kam es aus dem Munde seines Gegenübers. «Hören sie die Natur sprechen?» Wiederholte der Alte seine Frage. «Ich verstehe nicht, was sie meinen», kam es aus dem Mund des Besuchers. «Also gut dann werde ich ihnen aufzeigen, dass immer etwas los ist», sprach der alte Mann. «Schliessen sie einmal ihre Augen und konzentrieren sie sich auf das, was es zu hören gibt.» Der Angekommene sagt: «ich höre nichts», «warten sie und lauschen sie», sagte der Alte. «Hören sie den Klang des Windes und die Vögel, die aus dem Wald ihre Lieder zwitschern, hören sie das Lachen der Kinder und das Schlagen der Kirchenuhr aus dem fernen Dorf?» Weiter fragte der Alte: «Spüren sie die Wärme der Sonne, die ihre nackten Arme berührt? Ist ihnen gerade bewusst, wie sich ihr Körper anfühlt, wie er gerade da sitzt? Wie nehmen sie ihre Füsse wahr? Sind diese nun schon wieder ausgeruht nach der langen Wanderschaft? Wie ist der Geschmack in ihrem Mund nach dem Essen der Süssigkeiten? Und riechen sie, den Duft in der Luft, von dem frisch geschnittenen Gras, das durch die Sonne schon halbwegs zu Heu geworden ist?» Als der Alte nicht mehr weiter sprach, blieb es einfach still, keiner der beiden sprach etwas, der Besucher war ganz in sich ruhend und lauschte all dessen, wovon der Alte gesprochen hatte. Nach einer langen Weile öffnete der Besucher *seine Augen und suchte den Blick des Alten: Er lächelte und sagte: «Ach so, ich verstehe, es ist immer etwas los!» Schmunzelte, wendete seinen Kopf und schaute einige Minuten schweigend in die Weite. Der Alte tat es ihm nach.*

Alsbald ging der Wanderer mit neuer Erkenntnis des Weges.
Von Beruf war er Lehrer und er wurde sich bewusst; soeben hatte er neue Inspiration für Experimente mit seinen Schülern gewonnen, wofür er sehr Dankbar war.
Der Mann rannte nicht mehr unbewusst getrieben durch die Gegend sondern lauschte und betrachtete die bunten Farben der Blumen auf den Wiesen und genoss vielleicht zum ersten Mal in seinem Leben das was gerade so los war.....

Die fünf Sinne

Ohne Anhaftung an die fünf Sinne bedeutet, dass man sich nicht von den Sinneswahrnehmungen (Sehen, Hören, Riechen, Schmecken, Fühlen) täuschen oder binden lassen sollte.

Die fünf Sinne sind oft Quellen von Verlangen und Anhaftung. Wenn man sich von ihnen löst, kann man inneren Frieden und Freiheit erlangen.

Alles, was durch die Sinne wahrgenommen wird, ist vergänglich. Anhaftung daran führt zu Leid.

Durch das Praktizieren von Achtsamkeit und Meditation lernt man, die Sinneseindrücke wahrzunehmen, ohne sich von ihnen einnehmen zu lassen.

Es geht darum, über die blosse körperliche Wahrnehmung der fünf Sinne hinauszugehen und das Wesen zu transformieren, um die Wirklichkeit zu erkennen.

Dieses Prinzip fordert eine bewusste Haltung: Man soll die Sinneswahrnehmungen akzeptieren, aber nicht von ihnen kontrolliert werden. Es ist ein Weg zur inneren Gelassenheit, spirituellen Klarheit und Befreiung von der Anhaftung des Körper-Geist-Konstruktes.

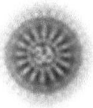

Eine erlebte Erzählung: Einmal war ich wieder an einem Satsang-Tag in Zürich, wo ein Lehrer aus Deutschland mit uns war.
In der Mittagspause gingen viele von der Gruppe gemeinsam in ein vegetarisches Restaurant zum Mittagessen.

Da ich die meisten Teilnehmer gut kannte, war ich natürlich immer interessiert daran, was diese so zu erzählen hatten.
An diesem besagten Tag geschah aber etwas, was mein ganzes Leben plötzlich und immerwährend veränderte.
Es geschah wie folgt: Im Restaurant war für uns ein ganz grosser Tisch reserviert worden. Wo wir alle gemeinsam, es waren in etwa zwanzig Leute, zum Essen platznehmen konnten. Per Zufall ergab es sich, dass ich in der Mitte des Tisches sass. Das war super, so dachte ich, so konnte ich überall mithören und war dadurch informiert, was bei den Menschen gerade so lief. Der Meister sass oben am Tisch. Als wir dann alle so am Tisch sassen und das Essen schon genossen hatten, fingen alle Gespräche an, der mit ihr, die mit ihm, und es war ein reges Sprechen, das stattfand. Ich sass so da und war mit niemandem in einem direkten Gespräch. Plötzlich nahm ich wahr, dass ich gar nichts mehr verstand, was all diese vielen Leute

sprachen. Ich hörte zwar Gebrabbel, aber in mir war einfach niemand mehr da, der diesen Worten Aufmerksamkeit gab.

Das war ja interessant, ich beobachtete das eine Weile und plötzlich musste ich Lachen, ich sah zum Lehrer und der blickte ebenfalls gerade zu mir. So sprach ich, dass er es hören konnte: «Die Anhaftung an meine grossen Hasenohren ist nicht mehr da!» Er nickte und lächelte. Für mich war das ein Schlüsselerlebnis. Da ich zuvor wahrlich immer Hasenohren hatte, gemeint ist damit natürlich, dass ich immer alles mitbekommen musste, damit ich informiert war, um ja nichts zu verpassen. So sass ich und es machte mir gar nichts aus, dass ich nur noch das Gebrabbel wahrnahm. Im Gegenteil, es war sehr wohltuend und zugleich nahm ich das stille Sein in mir ganz klar und tief wahr.

Im Laufe der Zeit bemerkte ich, dass sich alle Sinne von dem Verstand abgekoppelt haben. Dadurch wird zwar alles klar und deutlich wahrgenommen, es gibt aber keine Geschichten oder Interpretationen mehr dazu. Was sich sehr angenehm anfühlt, und es ist seit längerer Zeit zu einem natürlichen Zustand des Seins geworden.

Noch etwas Erlebtes mit den Sinnen:
Als ich längere Zeit in Indien in der Gegend, wo Ramana Maharshi gelebt hatte, weilte. Damals hatte ich eine Wohnung gemietet, wo ich die Zeit verbringen konnte. Es hatte immer viele Moskitos, die beim Eindunkeln sich hungrig labend an Menschenkörpern sättigten. Dem hatte ich schon länger Abhilfe geschafft, indem ich mir eine natürliche Salbe, die diese Insekten nicht mochten, eincremte, und das bevor die Dunkelheit kam.

Auch wenn mich dann doch einmal einer erwischte und er mir nach dem Bluttrunk ein beissen an der Einstichstelle am Körper hinterliess, konnte ich lernen, den Körper zu beherrschen und nicht zu kratzen, wenn es juckte.

In meiner Wohnung waren vor den Fenstern Moskitonetze angebracht worden, was mich vor diesen Plagegeistern schützte. Diese kamen zwar nicht herein, dafür kamen aber andere ganz winzige Viecher herein. Diese kleinen Dinger gelangten durch das Netz und kamen in Scharen auf Besuch, wenn ich das Licht brennen liess. So geschah es dann, dass ich in der Nacht immer wieder von solch kleinen Insekten besucht wurde. Sie krabbelten auf meinem Körper herum. Zu Anfang war mir noch etwas unwohl, weil ich nicht wusste, was die von mir wollten und ob die stachen, wusste ich auch nicht. Mit der Zeit und das, weil sie mich nicht piksten, konnte ich mein Zimmer und meinen Körper mit ihnen teilen.

Heute ist es so, dass da niemand mehr Panik schiebt oder sich stört, wenn irgendwelche Tierchen den Körper belagern. Indien hat mich gelernt, vieles leichter zu nehmen, ob es nun diese kleinen Viecher waren oder der ständige Lärm, der meine Ohren belagerte. Auch die vielseitigen Gerüche von Wohlriechen bis Stinken können heute genommen werden, wie sie sind.

«Frei von Sinnesanhaftungen ist Freiheit.»

5 - Sinne – Übung
Wenn es dir schwer fällt dich zu entspannen,
hilft dir diese Übung vielleicht:
5 Dinge die du siehst.
4 Dinge die du hörst.
3 Dinge die du fühlst.
2 Dinge die du riechst.
1 Ding das du schmeckst.

Innerhalten: Deine fünf Sinn

Wenn du magst, nimm dir Zeit, deine fünf Sinne wahrzunehmen. Sehen, hören, riechen, schmecken und tasten – damit nehmen wir unsere Umwelt wahr. Dies machen wir tagtäglich, aber meistens unbewusst.

Es ist erstaunlich, wie anders die Welt wahrgenommen werden kann, wenn man sein Bewusstsein gezielt auf einen Sinn ausrichtet.

Nimm jeden einzelnen Sinn für mindestens 5 bis 10 Minuten intensiv wahr.

Sehe in die Weite oder nimm mit den Augen das, was sich im Raum befindet, wahr.

Höre ein Musikstück oder die Laute von draussen, ganz bewusst und konzentriert.

Ertaste verschiedene Materialien und erfühle auch gleich deinen Körper. Nimm bewusst die Unterschiede von Wärme, Kälte und den verschiedenen Beschaffenheiten wahr.

Rieche an verschiedenen Düften, das kann Parfüm, Zimt, Zitrone oder Gewürz sein, lass deine Nase bewusst schnüffeln und nimm zugleich dein Empfinden dabei wahr.

Schmecke, nimm, zum Beispiel, ein Stück Schokolade in den Mund, schliesse die Augen und nimm ganz bewusst den Geschmack der Süssigkeit in deinem Mund wahr.

Das gezielte, aufmerksame Wahrnehmen der Sinne lässt den Menschen überleben. Denn ohne alle Sinne wäre der

Mensch nicht lebensfähig. Was sich durch das Bewusstsein, auflöst, ist die Anhaftung oder das Abschweifen in
vergangene Geschichten daran.

Wenn du möchtest, kannst du hier deine Erfahrungen niederschreiben:

_____

_____

_____

_____

_____

_____

_____

_____

_____

_____

_____

_____

_____

_____

_____

_____

«Lange-Weile! Du bist die Mutter der Musen.»
Johann Wolfgang von Goethe

Die Lange-Weile

Wer kennt nicht dieses Gefühl der Lange-Weile?

Lange-Weile ist ein psychischer Zustand, der oft als Unzufriedenheit, Reizlosigkeit oder Leere empfunden wird, weil eine Situation oder Tätigkeit als uninteressant, monoton oder bedeutungslos wahrgenommen wird. Sie ist ein universelles Phänomen, das jeder Mensch in unterschiedlichen Lebensphasen erleben wird.

Weiter oben wurde erwähnt, dass keiner die Lange-Weile aushalten kann. Dieser Keiner ist, wenn, dann ausschliesslich, der Geist. Für den konditionierten Verstand ist die Lange-Weile wahrlich tödlich und kann deshalb von der Mehrheit der Menschen nicht zugelassen werden.

Fast kein Mensch liebt es, mit der Lange-Weile sein zu müssen. Schon die Kinder klagen über Lange-Weile.

Diese kann, solange der Mensch unbewusst ist, wenn überhaupt, dann nur kaum tragbar zugelassen werden. Wenn sich der Mensch dessen aber gewahr wird, wenn er schon mal gehört oder wie hier gelesen hat, dass die Lange-Weile ganz ins Bewusstsein kommen wird, dann kann er sich langsam und immer wieder aufs Neue damit anfreunden. Und das, bis die Lange-Weile, zu dem langen Weilen geworden ist. Denn die Reizlosigkeit lässt den bewussten Menschen wieder die Stille wahrnehmen. Ja, ganz bewusst einfach zu sein mit dem, was gerade ist, ohne sich vom Verstand, in die Irreführen zu lassen. Denn langes Weilen ist in Wirklichkeit sehr nährend und stärkend. Gnade dem, der mit dem langen Weilen sein kann.

Die positive Seite der Lange-Weile:

Viele kreative Ideen oder neue Erkenntnisse entstehen erst durch Phasen der Lange-Weile. Sie ermöglicht, innezuhalten und sich auf Wesentliches zu besinnen. Lange-Weile kann somit ein Tor zu persönlichem Wachstum und

Transformation sein, wenn sie bewusst genutzt wird.

Wenn die Lange-Weile angenommen werden kann, wandelt diese sich in das Sein mit dem, was gerade da ist. Wie schon mal erwähnt ist ja immer etwas los und wenn es einfach sitzen und wahrnehmen ist. Aus dem bewussten Weilen wird der Zulassende erkennen, dass sich in ihm der Raum des «zu-Hause-Seins» öffnet und er fängt an, dieses Sein zu lieben. Er wird die innere Entfaltung des dann - langen-Weilens geniessen können.

Aber wie, ist die aufkommende Frage?

Der Mensch wendet sich, bei dem Gefühl der Langen Weile, nach innen zum Herzen, da wo auch das Atmen beobachtet wird und versinkt im INNEREN SEIN. Da gibt es nichts ausser dem Wohlgefühl «zu-Hause-zu-sein». Was braucht es mehr als das? So wird aus dem Gefühl der Lange-Weile ein Sein mit Weile. Es entsteht eine Freude, jedes Mal, wenn das lange-Weilen auftaucht, sie zu schauen und mit ihr zu sein, ohne sie weg haben zu wollen, sondern stets das Wohlgefühl darin erleben zu können.

«Aus Langeweile hätte ich mich nun fast noch abgelenkt, man muss enorm aufpassen.»

«Langeweile ist die Windstille der Seele.»
Friedrich Nietzsche

Geschichte: Der König und die Langeweile

Es war einmal ein König, der alles hatte, was man sich nur wünschen konnte: Reichtum, ein prachtvolles Schloss, treue Untertanen und die klügsten Berater des Landes. Doch eine Sache plagte ihn zutiefst – er war unendlich gelangweilt. Jeden Morgen wachte er auf und seufzte: «Was soll ich nur tun? Alles habe ich schon gesehen, alles schon erlebt.»

Die klügsten Köpfe des Landes wurden gerufen, um des Königs Langeweile zu vertreiben. Einer schlug vor, einen riesigen Festumzug zu veranstalten, doch der König winkte ab. «Zu laut!» Ein anderer schlug eine Jagd vor, doch der König murrte: «Zu anstrengend!» Schliesslich trat der Hofnarr vor, der für gewöhnlich nur für Spässe zuständig war, und sagte mit einem verschmitzten Grinsen: «Eure Majestät, ich weiss, was hilft. Ich werde euch die Langeweile vorstellen.»

Der König hob die Augenbrauen. «Die Langeweile vorstellen? Das klingt interessant. Gut, Narr, mach das.»

Am nächsten Morgen betrat der Narr den Thronsaal, verkleidet als eine merkwürdige Gestalt. Er trug ein graues, formloses Gewand, hatte einen trübsinnigen Ausdruck und schlurfte mit schleppenden Schritten. «Guten Tag, ich bin die Langeweile», sagte er mit einer monotonen Stimme. «Ich werde euch den ganzen Tag begleiten.»

Der König war zunächst belustigt und beobachtete die Darbietung neugierig. Doch je länger der Narr in seiner Rolle blieb, desto unruhiger wurde der König.
Der Narr – oder besser gesagt, die Langeweile – sass einfach nur da. Er zählte Fliegen an der Wand, murmelte leise Zahlen vor sich hin und seufzte zwischendurch dra-

matisch. Als der König ihn fragte, was er tue, antwortete er trocken: «Nichts. Genau das ist mein Leben. Und nun ist es auch eures.»
Nach einer Stunde hielt der König es nicht mehr aus. „Hör auf damit!», rief er. «Ich kann dieses ewige Nichtstun nicht ertragen. Das ist ja schlimmer als die Langeweile, die ich vorher hatte!»

Der Narr blieb vollkommen ernst. «Majestät, das ist der Punkt. Langeweile ist nichts Schlimmes. Sie wartet nur darauf, dass ihr sie vertreibt. Sie ist wie eine leere Leinwand. Und ihr, mein König, seid, der Maler. Überlegt euch, was euch Freude macht, und füllt die Zeit mit Leben.»

Der König hielt inne und dachte nach. «Hm, du hast recht. Ich habe so viele Möglichkeiten, und dennoch sitze ich hier und beklage mich.»
Er stand auf und rief: «Kommt, wir gehen in den Garten! Ich möchte ein neues Blumenbeet anlegen.» Und so begann der König, seine Zeit aktiv zu gestalten.

Die Langeweile verliess den Saal, verabschiedete sich mit einem verschmitzten Lächeln – und der Hofnarr zwinkerte den Beratern des Königs zu.
Der König hatte gelernt, dass Langeweile keine Strafe, sondern eine Einladung zur Kreativität war.
Von diesem Tag an beklagte er sich nie wieder.

Und wenn er doch einmal gelangweilt war, rief er nach dem Hofnarren und sagte: «Komm, zeig mir noch einmal die Langeweile.»

Innerhalten: Sei mit der Lange-Weile

Wenn du magst; betrachte die Lange-Weile, wenn sie auf-kommt. Sei einen Moment länger, ganz präsent und be-wusst, mit der «Langenweile», wenn sie da ist, und be-obachte die Stille darin.

Beobachte, sei dir der Lange-Weile gewahr, bleib eine Zeit lang damit und dann schau einfach zu, was sich aus ihr heraus kreieren möchte.

Wenn du möchtest, kannst du deine Erfahrungen unten festhalten.

_____

_____

_____

_____

_____

_____

_____

_____

_____

_____

_____

_____

Die Leere

Es erfordert Mut, sich der Leere, wenn sie plötzlich wahrgenommen wird, hinzugeben, sie auszukosten und sich darin neu zu erfahren. Manche Menschen, so erzählten diese mir, erlebten plötzlich diese Leere in sich und erschraken so stark, dass sie Angst bekamen. Diese Leere im unbewussten, nach aussen gesteuerten Leben zu erfahren, hinterlässt unvergesslich prägende Spuren. Entweder fängt der Mensch, der diese Leere erfahren hat, sein Leben nach dieser Leere auszurichten oder er versucht diese zu meiden, indem er sich voll und ganz in das weltliche Leben stürzt, um zu vermeiden, dass er diese Leere nochmals erfahren muss. Und das, weil es sein kann, dass er das Gefühl hat verrückt zu werden.

Gut aber zu wissen, dass diese Leere der Anfang vom Ende des konditionierten Verstandes ist oder die Idee, eine abgespaltene Persönlichkeit zu sein. Was es bei dem genauen Betrachten aber nicht ist.

Das Leben macht durch die vielen verschiedenen Lebewesen Erfahrungen und kehrt am Ende wieder in die Einheit, aus der es nie gefallen ist, ohne die Hülle oder den Körper zurück.

Viele Menschen haben auch eine falsche Idee von dieser Leere, sie meinen, es löse sie dann auf und sie seien dadurch nicht mehr lebensfähig. Was aber wahrlich eine Illusion oder Täuschung des Verstandes ist, der alles Mögliche bringt, nur damit er, den es in dieser Leere auflösen wird, nicht hineinfallen möchte.

Geschichte: Die leere Tasse

Eines Tages kam eine Schülerin zum Meister. Sie hatte schon so viel von dem weisen Mann gehört, dass sie unbedingt bei ihm studieren wollte. Sie hatte alle Angelegenheiten geregelt, ihr Bündel geschnürt und war den Berg hinauf gekommen, was sie zwei Tage Fussmarsch gekostet hatte.

Als die junge Frau beim Meister ankam, sass der im Lotussitz auf dem Boden und trank Tee. Sie begrüsste ihn überschwänglich und erzählte ihm, was sie schon alles gelernt hatte. Dann bat sie ihn, bei ihm weiterlernen zu dürfen. Der Meister lächelte freundlich und sagte: «Komm in einem Monat wieder.»

Von dieser Antwort verwirrt, ging die junge Frau zurück ins Tal. Sie diskutierte mit Freunden und Bekannten darüber, warum der Meister sie wohl zurückgeschickt hatte. Einen Monat später erklomm sie den Berg erneut und kam zum Meister, der wieder Tee trinkend am Boden sass.

Diesmal erzählte die Schülerin von all den Hypothesen und Vermutungen, die sie und ihre Freunde darüber hatten, warum er sie wohl fortgeschickt hatte. Und wieder bat sie ihn, bei ihm lernen zu dürfen.

Der Meister lächelte sie freundlich an und sagte: «Komm in einem Monat wieder.»

Dieses Spiel wiederholte sich einige Male. Es war also nach vielen vergeblichen Versuchen, dass sich die junge Frau erneut aufmachte, um zu dem Meister zu gehen. Als sie diesmal beim Meister ankam und ihn wieder Tee trinkend vorfand, setzte sie sich ihm gegenüber, lächelte und sagte nichts.

Nach einer Weile ging der Meister in seine Behausung und kam mit einer Tasse zurück. Er schenkte ihr Tee ein und sagte dabei: «Jetzt kannst du hier bleiben, damit ich dich lehren kann. In ein volles Gefäss kann ich nichts füllen.»

Umgang mit der Leere

Wenn die Leere sich bleibend zeigt, ist es gut, sich gewisse Möglichkeiten zu schaffen, um besser mit dem zuerst vielfach ungewohnten Zustand sein zu können. Meditation, Pranayama oder andere Praktiken können helfen, innere Klarheit zu schaffen und zu fördern.

Der Austausch mit einem Meister oder jemandem, der die Leere kennt, kann das Vertrauen noch vertiefter stärken.

Das Hören von Gesprächen mit Befreiten, Sehen von Filmen über die Wahrheit und das Lesen der heiligen Schriften als Unterstützung im Leben.

Kunst, Musik oder Schreiben können ein Mittel sein, um innere Gefühle zu verarbeiten.

Zeit in der Natur hilft vielen Menschen, sich wieder mit dem grösseren Ganzen verbunden zu fühlen.

Das Gefühl der spirituellen Leere kann ein Wendepunkt sein, um sich auf die Suche nach einem tieferen Sinn im Leben zu begeben. Oft ist es der Beginn einer Reise hin zu bewusstem Wachstum und einer authentischeren Lebensweise.

«Das Leben ist die Leinwand der Leere, aus der die Abfolgen des Lebens von Moment zu Moment entstehen.»

Geschichte: Der alte Meister und die Leere

In einem abgelegenen Bergdorf lebte ein alter Meister, der für seine Weisheit bekannt war. Menschen aus nah und fern kamen, um ihn um Rat zu fragen. Eines Tages kam ein junger Mann zu ihm, der von einer tiefen inneren Unruhe geplagt wurde.

«Meister», sagte der junge Mann, «ich fühle eine schreckliche Leere in mir. Egal, was ich tue, sie bleibt. Ich suche, ich arbeite, feiere – aber nichts füllt sie aus. Was soll ich tun?»

Der Meister hörte ihm geduldig zu und nickte. «Ah, die Leere», sagte er mit einem leichten Lächeln. «Sie ist ein alter Freund. Komm mit mir.»

Der junge Mann folgte dem Meister aus der Hütte und den Berg hinauf, bis sie eine tiefe, verlassene Höhle erreichten. Der Meister zündete eine kleine Lampe an, deren Schein die Dunkelheit nur schwach durchbrach. «Schau dich um», sagte der Meister. «Was siehst du?»

«Nichts», antwortete der junge Mann. «Es ist nur Leere.»

Der Meister nickte. «Und wie fühlt sich diese Leere an?»

«Sie ist bedrückend», sagte der junge Mann zögernd. «Sie macht mir Angst.»

Der Meister schmunzelte. «So ist es, weil du sie für einen Feind hältst. Aber schau noch einmal hin.» Er nahm die Lampe und führte den jungen Mann tiefer in die Höhle. «Was ist das hier?»

«Es ist ein kleiner Bach!» Der junge Mann kniete sich hin und sah, wie das Wasser in der Dunkelheit glitzerte. «Ich hätte ihn nicht entdeckt, wenn wir nicht hergekommen wären.»

«Genau», sagte der Meister. «Die Leere ist nicht das Ende, sie ist ein Anfang. Sie zeigt dir, wo noch Raum ist – Raum für Neues, für Entdeckungen, für Veränderung. Wenn du die Leere in dir spürst, bedeutet das, dass etwas Platz geschaffen wurde. Du musst nur herausfinden, wo-

mit du ihn füllen möchtest.»
Der junge Mann dachte lange nach. «Aber was, wenn ich
nicht weiss, womit ich den Raum füllen soll?»
Der Meister lachte leise. «Dann lasse die Leere einfach
sein. Sie wird dich führen. Denn manchmal ist es die Leere
selbst, die dir zeigt, was wirklich wichtig ist – nicht durch
Lärm, sondern durch Stille. Und in dieser Stille findest du
vielleicht nicht Antworten, aber eine Richtung.» Der junge
Mann nickte.

Innerhalten: Kennst du die Leere?
Wenn du magst, betrachte die Leere und nimm sie zwischen allem, was auftaucht, wahr. Sie ist immer da. Sei mit dem, was gerade da ist, ohne etwas weg oder dazu haben zu wollen, ausschliesslich zu betrachten, dass die Leere im Urgrund allen sein immerwährend da ist.

Beobachte, sei dir der Lange-Weile gewahr, bleib eine Zeit lang damit und dann schau einfach zu, was sich aus ihr heraus kreieren möchte.

Wenn du möchtest, kannst du deine Erfahrungen unten festhalten.

_____

_____

_____

_____

_____

_____

Gleichmut

«Ein Leben in Gleichmut bedeutet; die Höhen und Tiefen des Daseins haben sich transformiert, und die Gelassenheit wird, mit immerwährender und gleichbleibender innerer Ruhe, er- und gelebt.»

Mit allem auf Augenhöhe zu leben heisst: alles zu behandeln, als wäre es ein Freund, sei es Mensch, Tier oder Baum. Es ist ein Geschenk, in Gleichmut leben zu dürfen und bedarf, an sich zu arbeiten, um dahin zu gelangen. Das Geniale am Leben ist, dass es dem Menschen immer wieder ähnliche Situationen vorstellt und das, solange, bis der Mensch die loslösende Erkennung darin erfahren kann.

Das Leben ist niemals gegen jemanden oder etwas. Wie könnte es auch, es ist ja einfach nur das Leben, das sich von Moment zu Moment ausdrückt. Was aber dem freien Ausdruck dem Anschein nach im Weg steht, wird immer qualvoller und anstrengender, bis der deswegen verzweifelte Mensch innehält und seine Umstände genauer betrachtet. So kommt er zu wertvoller Erkenntnis und wird sich seiner Prägungen und Überlagerungen bewusst.

Gleichmut ist das Leben, alles, was nicht Gleichmut ist, ruft noch nach erkennen und führt durch das Erkennen zur Befreiung. Wahrlich ein Geschenk, das die Existenz (nenn es, wie du möchtest) bis zum letzten Atemzug des Körpers das Potenzial der absoluten Befreiung des Erkennens anbietet. Sollte es eine Ausrichtung brauchen, ist das immer die Leichtigkeit und das angenehmere der zwei Seiten.

Gleichmut ist in jedem Lebewesen angelegt, das es zu entdecken gilt. Sind wir nicht genau dafür hier?

Der gleichmütig lebende Mensch hat alle Konzepte von Befreiung, Erwachen, Erleuchtung überwunden und lebt das Leben, das sich durch ihn ausdrücken möchte.

Geschichte: Immerwährender Gleichmut

Ein alter Meister lebte in den Bergen, weit entfernt von den Sorgen und Konflikten der Welt. Er war bekannt für seine unerschütterliche Gelassenheit. Viele kamen, um von ihm zu lernen, darunter ein junger Mann namens Aruna, der sich nach innerem Frieden sehnte.

Eines Tages fragte Aruna: «Meister, wie ist es möglich, immerwährenden Gleichmut zu bewahren? Die Welt ist voller Aufregung, und ich werde ständig von meinen Emotionen hin- und hergerissen.»

Der Meister lächelte und sagte: «Ich werde es dir zeigen. Folge mir.»

Er führte Aruna zu einem kleinen Dorf, wo die Menschen den Meister freudig begrüssten. Einige brachten ihm Geschenke, andere lobten ihn für seine Weisheit. Aruna bemerkte, dass der Meister diese Ehrerbietung mit demselben ruhigen Lächeln entgegennahm, ohne Stolz oder Aufregung zu zeigen.

Dann, am nächsten Tag, begaben sich die beiden in ein anderes Dorf, wo man den Meister nicht mochte. Dort begegneten sie Ablehnung und Beschimpfungen. Arun war wütend über die Ungerechtigkeit, doch der Meister blieb vollkommen ruhig und liess sich von den Beleidigungen nicht berühren.

Am Abend fragte Aruna verwirrt: «Meister, warum reagierst du nicht auf das Lob oder die Beleidigungen? Willst du nichts sagen oder tun?»

Der Meister nahm einen kleinen Spiegel aus seiner Tasche und hielt ihn Aruna vor das Gesicht. «Was siehst du?»

«Mein eigenes Gesicht», sagte Aruna.

«Wird der Spiegel wütend, wenn jemand ihn beschmutzt?», fragte der Meister.

Aruna schüttelte den Kopf.

«Und wird er stolz, wenn jemand ihn poliert?»

«Nein, Meister.» «So ist es mit dem Gleichmut», sagte der Meister. «Wenn du erkennst, dass du wie ein Spiegel bist – dass das Lob, der Hass, die Freude oder der Schmerz anderer nichts an deinem wahren Wesen ändert –, wirst du frei von den Schwankungen der Welt. Der Gleichmut entsteht, wenn du die Dinge so siehst, wie sie sind, ohne sie zu bewerten oder festzuhalten.»

Aruna dachte lange über die Worte des Meisters nach. Schliesslich begann er zu verstehen, dass Gleichmut kein Zustand war, den man erzwingen konnte, sondern ein natürlicher Ausdruck von innerer Klarheit und Freiheit.

Von diesem Tag an beobachtete Aruna seine Emotionen und Gedanken, wie ein Spiegel, alles beobachtend, ohne etwas zu behalten. Und nach und nach fand er die unerschütterliche Ruhe, die er so lange gesucht hatte.

Fazit: Wenn alles, was eine eigenständige Person ausgemacht hat, verschwunden ist, kann nur noch alles im immerwährenden Gleichmut betrachtet werden.

Achte auf Deine Gedanken,
denn sie werden Deine Worte.
Achte auf Deine Worte,
denn sie werden Handlungen.
Achte auf Deine Handlungen,
denn sie werden Gewohnheiten.
Achte auf Deine Gewohnheiten,
denn sie werden Dein Charakter.
Achte auf Deinen Charakter,
denn er wird Dein Schicksal!
Charles Reade (1814-1884), englischer Schriftsteller,
eventuell von ihm aus dem Chinesischen übernommen

Innehalten: Gleichmut

Hier noch eine Übung zum Thema Gleichmut.
Setze dich still hin und beobachte deine Gedanken, Gefühle und Empfindungen wie Wolken, die am Himmel vorbeiziehen. Begrüsse alles, was auftaucht, ohne es festzuhalten oder zu vertreiben. Mit der Zeit wird dein Geist ruhiger, und Gleichmut wird sich natürlicher einstellen.

Wenn du möchtest, kannst du deine Erfahrungen unten festhalten.

_____

_____

_____

_____

_____

_____

_____

_____

_____

_____

_____

«Menschen, die den Mut haben, das Glück zu erringen
müssen auch das Unglück mit Gleichmut hinnehmen.»
William Makepeace Thackeray

«Doch manche Dinge kann man nicht durch nach-
denken ergründen, man muss sie erfahren.»
Michael Ende
«Die unendliche Geschichte»

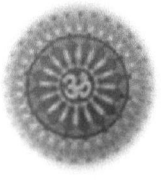

OM TAT SAT

Schlusswort

Als Schlusswort zusammengefasst:

Im ewigen Gleichmut zu leben bedeutet, eine innere Haltung zu entwickeln, die unabhängig von äusseren Umständen bleibt. Es ist ein Zustand, in dem man nicht mehr von Freude oder Leid, Erfolg oder Misserfolg, Lob oder Kritik hin- und hergerissen wird. Hier noch einige wesentliche Aspekte und Gedanken dazu:

Die Natur des Gleichmuts – Sanskrit = Upekkhā. Es ist eine tiefe innere Ruhe, die aus Akzeptanz und Weisheit Besteht. Man versteht, dass das Leben von Veränderungen geprägt ist; Freude und Schmerz, Höhen und Tiefen kommen und gehen wie die Wellen eines Ozeans. Un erschütterlichkeit ist die Fähigkeit, diese Wellen zu beobachten, ohne von ihnen überwältigt zu werden.

Gleichmut erfordert, dass man sich von Anhaftung und Abneigung löst. Anhaftung bedeutet, dass wir uns verzweifelt an das festklammern, was angenehm ist, und es nicht loslassen wollen. Aversion bedeutet, dass wir das Unangenehme ablehnen oder bekämpfen. Der Schlüssel dafür liegt darin, zu akzeptieren, dass beide Teile des Lebens sind – ohne Widerstand, ohne Festhalten.

Buddha sagte: «Die Wurzel des Leidens ist Anhaftung.» Gleichmut ist die Freiheit, nicht von den Dingen besessen zu sein, sondern sie zu sehen, wie sie sind: vorübergehend und unkontrollierbar.

In der Bhagavad Gita sagt Krishna: «Handle, ohne an die Früchte deiner Taten gebunden zu sein.»

Dies bedeutet, im Leben aktiv zu sein, aber nicht an den Ergebnissen festzuhalten. Erfolg oder Misserfolg, Lob oder Kritik – alles wird mit derselben Gelassenheit angenommen.

Ein Leben im ewigen Gleichmut ist kein Zustand völliger Emotionslosigkeit, sondern eine tiefe Freiheit. Man fühlt Freude, Schmerz, Liebe und Verlust – doch sie ziehen nicht mehr an einem, als wäre man ein Blatt im Wind. Stattdessen wird man zum Ozean, der die Wellen kommen und gehen lässt, ohne selbst gestört zu werden.

Wahrer Gleichmut schliesst Mitgefühl ein – für sich selbst und für andere. Es bedeutet nicht, sich von der Welt zurückzuziehen, sondern mit einem offenen Herzen zu leben, ohne sich von Emotionen überwältigen zu lassen. Gleichmut und Mitgefühl zusammen schaffen eine tiefe Verbindung zu allem Leben, ohne dass man daran gebunden ist.

Achtsamkeit ist ein zentraler Weg, Gleichmut zu kultivieren. Durch die bewusste Präsenz im Moment lernt man, alles, was geschieht, einfach wahrzunehmen, ohne es zu bewerten. Man entwickelt die Fähigkeit, mit dem Fluss des Lebens zu gehen, anstatt gegen ihn zu kämpfen.

«Wie der Himmel die Wolken trägt, aber von ihnen unberührt bleibt, so lebt der Gleichmütige im Strom des Lebens – voll und frei.»

Das Leben im Gleichmut ist eine ständige Praxis, die Geduld, Achtsamkeit und Hingabe erfordert. Doch je mehr man sich darauf einlässt, desto mehr wird der Gleichmut zur natürlichen Essenz des Seins.

Nachwort

Zur Person Renate Nishkāma Kunz

Geboren ist sie im Jahr 1963 in Winterthur in der Schweiz. Ihr gebürtiger Name ist Renate Kunz, sie wird heute vielfach auch mit dem Sanskrit Namen Nishkāma angesprochen. Für sie selbst spielt es keine Rolle welchen Namen man ihr sagt, solange sie weiss das sie gemeint ist. Sie selber ist in spirituellen Kreisen die Nishkāma und bei Familie und alten Bekannten nach wie vor die Renate.

In diesem Buch wurde der Name Nishkāma verwendet.

Nishkāma erlebte im 1993 eine Öffnung oder ein Erwachen in das unpersönliche Sein. Da sie aber nicht wusste, was mit ihr geschehen war, fing für sie die damals noch unbewusste Suche nach dem: «WER BIN ICH?» an. Das Erforschen liess die Frau viele Erfahrungen in esoterischen und spirituellen Bereichen erleben. Im Jahr 2009 begegnete sie einem Meister aus Deutschland im Satsang und erfuhr dann im August 2011 ein weiteres tiefgreifendes und damals dann bewusstes Erwachen oder erkennen der wahren Natur.

Danach wurde Nishkāma nach Indien zu dem Weisen Ramana Maharishi, den sie damals als ihren Meister erkannte, und an den Berg Arunachala in Tiruvannamalai geführt. Ab dieser Zeit erlebte sie viele, ihr damals noch unbekannten, Stadien der Auflösung (Samadhis).
Doch die Suche nach der Selbst- oder Gottesverwirklichung liess sie nicht zur Ruhe kommen. Die Frau wurde sich des reinen Bewusstseins, das alles durchdringt, noch deutlicher gewahr und sie erkannte, dass alles nur ein unpersönliches Geschehen ist.
Sie sah in jedem Lebewesen nur noch das eine Licht, das alles durchdringt, und seit dieser (bis heute noch anhaltenden) Erfahrung begegnet sie Menschen, Tieren und der Natur in immerwährendem Gleichmut.

Es folgten weitere Jahre der Loslösung von Überlagerungen (Vasanas), bis im Mai 2019 sich die Kundalini Energie dann in ihrem vollen Potenzial, in das unpersönliche SEIN entfaltete.

Im Mai 2021 erlebte sie noch ein eindrückliches «Todeserlebnis» in dem sie erkennen durfte, dass die Gedankenstille bei dem letzten Atemzug von der grössten Wichtigkeit des Lebens ist und nur so die absolute Verschmelzung mit der Existenz geschehen kann. Gnade ist es, wenn dem Menschen das zu Lebzeiten schon geschieht.

Heute ist sie Mutter eines erwachsenen Sohnes, zweifache Grossmutter und begleitet Menschen in ihren Transformationsprozessen auf verschiedenen Arten und Ebenen.

Seit nahezu fünfzehn Jahren ist Nishkāma in der Begegnung mit Suchenden nach der Wahrheit oder der Befreiung unterwegs. Sei es im Satsang oder in der Stille, in der Gruppen- oder in der Einzelbegegnung.

Ihr unkompliziertes Naturell lässt die Zusammentreffen auf Augenhöhe und klärend geschehen.

Manche Menschen, die der Frau begegnen, erzählen, dass sie mehr Klarheit über sich selbst bekommen. Andere beschreiben die Begegnung mit Nishkāma als Transformation und einige erfahren Vibrationen der Kundalini Energie in sich selbst und viele sprechen davon: dass sie in und nach den Treffen stiller werden und seien, und sie feststellten, dass weniger Denken passiere.

Weitere Informationen unter: www.satsang-schweiz.ch

Glossar

Advaita- Vedānta

Advaita - Nichtzweiheit, eines ohne ein Zweites.
Vedānta - Ende des Wissens oder das Ende der Veden.

Adi Yogi

adi = Erster oder ursprünglich. Der erste Yogi: Mehr als ein Mensch. Im Yoga wird Shiva nicht als Gott angesehen, sondern als der erste Yogi, Adiyogi und der erste Guru, der Adi Guru.

Ādi Śaṅkarā

geboren im 788 in Kalady in Kerala, Indien gestorben um ca. 820; es wird gesagt, er wurde nur 30 Jahre alt. Der Meister Śaṅkarā oder auch Ādi Śaṅkarācārya ist sicher einer der ganz grossen und wichtigen spirituellen Meister in Indiens langer Geschichte.

Aham

Ich, gemeint ist das Ichgefühl

Ajna-Chakra

auch Stirn-Chakra oder drittes Auge (auch geistiges Auge, inneres Auge, Auge der Erleuchtung, Auge des Bewusstseins) genannt, ist ein spekulatives unsichtbares Auge, das auf der Stirn, zwischen den Augenbrauen lokalisiert, dargestellt wird. Viele Gottheiten wie Adi Yogi oder Siva es aufgemalt.

Amma	Mātā Amṛtānandamayī - als Sudhamani Idamannel, geboren am 27. Sept. 1953 in Parayakaduvu, Kerala. Sie ist eine indische geistliche Führerin mit weltweiter Anhängerschaft. Von ihren Anhängern wird sie Amma bzw. Ammaji - «Mutter» genannt und als Avatarguru verehrt. Sie umarmt die Menschen und hat viele Hilfswerke ins Leben gerufen.
Amrita	ist in den altindindischen Veden ein lebensverlängernder Trank, ein Lebenselixier, dessen Götter und Menschen in gleicher Weise bedürfen.
Anand / Ananda	indischer Name, Bedeutung: der Glückselige.
Anandhamayi Ma	30. April 1896-27. August 1982 war eine spirituelle Führerin und verehrte Meisterin.
Aruna	(Sanskrit - Morgendämmerung ist eine Gestalt aus der indischen Mythologie. Aruna ist Gott der Morgenröte. In manchen Erzählungen Wagenlenker des Sonnengottes Surya.

Arunachala	auch bekannt unter den Namen Arunagiri, Annamalai, ist ein Berg im indischen Bundesstaat Tamil Nadu, rund 150 Kilometer südwestlich von Chennai. Seine Höhe beträgt 817 m. An seinem Fuße liegt die Stadt Tiruvannamalai Der Arunachala gehört zu den ältesten indischen Gesteinsformationen und hat einen kahlen Kegel aus rötlichem Vulkangestein. Der Berg ist dem Gott Shiva geweiht. Jeweils zu Vollmond unrunden Tausende den Berg zur Verehrung Shivas.
Asanas	Körperübungen, Körperstellungen im Hatha Yoga
Ashram	das Wort Aschram bedeutet sinngemäss «Ort der religiösen Bemühung».
Ātman	ist ein Begriff aus der indischen Philosophie. Er bezeichnet das (absolute) Selbst, die unzerstörbare, ewige Essenz des Geistes, und wird häufig als «Seele» übersetzt. Ātman = Lebenshauch und Atem.
Avadhūta	ist ein im Leben Befreiter - Jivanmukta, der seine Erkenntnisse an andere weitergibt und

sie über seine Erkenntnisse der wahren Natur der ultimativen Realität (Brahman) und des Selbst (Ātman) unterrichtet und die Rolle eines Gurus übernimmt, um anderen den Weg zur Moksha zu zeigen. Einige Avadhūta erreichen auch den Titel Paramahamsa.

Avidya	bedeutet Nichtwissen, Nichterkenntnis, Unwissenheit. Dies ist ein Fachbegriff, insbesondere der Vedanta-Philosophie.
Babu	Respektvolle, Anrede für Herrn oder Edler.
Babuji	Das Ji ist die Verherrlichung, Vergöttlichung des Edlen. Und wird oft an die Namen der Weisen als Ehrerbietung angehängt.
Bhagavad Gita	«der Gesang des Erhabenen», gītā = Lied, Gedicht, bhagavan = der Erhabene, Gott; verkürzt auch nur Gita, ist eine der zentralen Schriften des Hinduismus. Sie hat die Form eines spirituellen Gedichts.
Bhajans	Verehrung, Zuteilen, wörtlich: «Verehrung mit Musik und Gesang», Lied, Gesang, Lobpreis

der verschiedenen Aspekte Gottes, ein oder mehrere Vorsänger singen jeweils eine Zeile eines Bhajans und die Anwesenden singen diese nach. Häufig sind die Textzeilen lediglich Name Gottes. Deswegen richten sie die Sänger auf Gott aus und erfüllen ihr Herz mit Liebe.

Bhakti

Sanskrit: ist ein in indischen Religionen gebräuchlicher Begriff, der Verbundenheit, Zuneigung, Hingabe, Vertrauen, Huldigung, Anbetung, Frömmigkeit, Glauben oder Liebe bedeutet.

Bhakti Yoga

zählen unter anderem Chanting, Japa und Kirtan das Rezitieren von Mantren und spiritueller Gesang, Pujas = spirituelle Zeremonien, in denen zusammen mit Gesang Gaben vor einen Altar gegeben und anderen Handlungen vollführt werden, um die jeweilige Gottheit zu ehren.

Byron Katie

geboren am 6. Dez. 1942 in Breckenridge, Texas. Ist eine Achtsamkeitslehrerin, Buchautorin, die als Gründerin der Methode «The Work» bekannt ist.

Brahmā	aus dem Sanskrit, Brahmā ist der Name einer der Hauptgötter im Hinduismus. Die weiteren Hauptgötter sind Vishnu (Bewahrung) und Shiva (Zerstörung)
Brahman	im hinduistischen Glauben ist Gott die absolute Realität, die die wahre Essenz allen Seins ist. Ist ein Begriff, den Hindus verwenden, um Gott oder das höchste Wesen zu beschreiben. Er kann sich auch auf das «göttliche Bewusstsein» beziehen. Brahman ist ein höchster, universeller Geist, der ewig und unveränderlich ist.
Buddha	der Erwachte
Dakinī	sind Frauen, die mit besonderen Potenzialen geboren wurden, sie sind verwirklichte Yoginis.
Devi	Devi gilt als die aktive Kraft (Shakti), die aus sich selbst das Universum manifestiert. Sie ist der Urgrund und die Wurzel des Daseins und das Dasein selbst.

Darshan	sehen, Gottesschau, den höchsten Herrn im Herzen erfahren. Es gibt Weise, Gurus oder Meister, die den Menschen über ihren Blick Darshan geben.
Devanāgarī	wird auch als «Schrift aus der Stadt der Götter» bezeichnet. Eine indische Schrift, die zur Schreibweise von Sanskrit, Prakrit und einigen modernen indischen Sprachen wie Hindi, Nepali und Marathi verwendet wird.
Guru	geistiger Führer, Meister
Hridayam	der Begriff «Hridayam» kommt aus dem Sanskrit und bedeutet so viel wie «Herz», «Herzgegend» oder auch «spirituelles Herz».
Japa	Rezitieren, Flüstern, die Wiederholung laut oder in Gedanken, eines heiligen Namens. Jaba ist eine wichtige Übung, um zur Beruhigung und Läuterung des Denkens.
Jiddu Krishnamurti	geboren am 12. Mai 1895 in Madanapalle Indien. Gestorben am 17. Februar 1986 in O-

jai Kalifornien. Jiddu war ein indischer Philosoph. In seinen wichtigsten Veröffentlichungen thematisiert Krishnamurti spirituelle Fragen, wie die Erlangung vollständiger geistiger Freiheit durch Meditation, aber auch religiöse und philosophische Themen.

Jiva

Leben, Lebewesen, Seele. Der Träger der individuellen Persönlichkeit, ein feinstofflicher, unsichtbarer Leib, der der Wiedergeburt unterliegt, vom Atman unterschieden. Der Atman seinerseits, von Jiva umhüllt und darum nicht erkennbar, ist unveränderlich und ewig. Er ist die unsterbliche, immaterielle Seele und muss nicht befreit werden, sondern ist ewig frei.

Jīvanmukta

lebendig erlöst, ein Befreiter, der Verwirklichung erlangt hat.

Jnana

Sanskrit: jñāna *heisst:* Weisheit, Erkennen, Bewusstheit, Kenntnis, Verstehen, Wissen

Jnani

ist ein Sanskrit-Wort, das «wissend», «weise» oder «Jemand,

der Weisheit besitzt» bedeutet. Es wird normalerweise verwendet, um jemanden zu beschreiben, der über höchste Selbsterkenntnis oder das Wissen der Befreiung verfügt

Karma / Karman	Tat, Aktivität, Kette von Ursache und Wirkung.
Krishna	gilt als Gott der Liebe und Freude, als Gott der Kuhhirten, Träger des unendlichen Bewusstseins des Universums und Retter der Welt. Er ist der Lieblingsgott vieler Hindus.
Kundalini	eine Art innere Kraftquelle, die in yogischen Schriften als schlafende Schlange dargestellt wird. Diese ruht eingerollt am unteren Ende der Wirbelsäule. Verschiedene körperliche und meditative Techniken sollen die Schlange wecken, um Energie im Körper freizusetzen.
Lilā	göttliches Spiel, das ganze Universum ist der Schauplatz für die Lilās des Herrn, die die Erschaffung, Erhaltung und Auflösung umfasst.

Mahārsamādhi	der Tod, Bezeichnung für das Grabmal eines Heiligen.
Mantra	eine heilige Silbe, ein Lied, ein Vers oder auch einen Spruch, der eine besondere Wirkung auf den Menschen hat. Ein wichtiges Kraftinstrument, bekannt aus der spirituellen Welt und in verschiedenen Religionen. Mantras unterstützen Heilung, innere Ruhe und helfen, Kraft zu schöpfen.
Mala	ist eine Meditationskette, die seit tausenden von Jahren von Yogis, Hindus und Buddhisten getragen wird. Sie unterstützt auf dem spirituellen Weg und hilft dabei, Ziele zu manifestieren.
Mata	Mutter
Mataji	göttliche Mutter
Maya	Illusion - die Erscheinungswelt insgesamt verkörpert, vereint das Konzept der Maya alle Dualitäten in sich und umfasst das positive Wissen (vidya) ebenso wie die negative Unwissenheit (avidya) des Menschen. In den Ausführungen Shankaras wird der Begriff im negativen Sinn

verwendet, um eine universelle Täuschung und eine Macht der Verblendung auszudrücken.

Meister Eckhart	auch Eckhart von Hochheim genannt. Geboren um 1260 in Hochheim - gestorben vermutlich vor dem 30. April 1328 vermutlich in Avignon, war ein einflussreicher spätmittelalterlicher Theologe und Philosoph.
Mooji	eigentlich Antony Paul Moo-Young (29. Januar 54 in Port Antonio, Jamaika), ist ein Advaita-Lehrer. Mooji Baba wohnt heute in Portugal.
Moksha / Mukti	Ist die Vorstellung, dass sich der Mensch aus dem als schmerzhaft erfahrenen Kreislauf der Wiedergeburten lösen kann und nicht mehr wiedergeboren wird. Moksha leitet sich von dem Sanskrit-Wort für «sich befreien» ab.
Mudra	eine der symbolischen Handgesten, die in religiösen Zeremonien und Tänzen in Indien und im Yoga verwendet werden. Mudra «was, was Freude bringt». *Mud* = Freude, aber auch Geste, um den Göttern zu gefallen. *Ra* = «das, was gibt».

Nāḍīs	feinstoffliche Kanäle die physisch nicht aufzufinden sind und doch existieren. Es gibt 72 Tausend Haupt-Nāḍīs. (Sanskrit, wörtlich Röhre, Nerv, Blutgefäss, Puls, ist eine Bezeichnung für die Kanäle, durch die in der traditionellen indischen Medizin und spirituellen Theorie die Energien wie Prana, des physischen Körpers, des feinstofflichen Körpers und des Kausalkörpers fließen sollen.
Nadi Shodhana	Atemtechnik
Namaste / Namaskāra	Grussform, mit der Innenfläche zusammengefalteten Hände vor der Brust. Heisst ohne Worte und Gegenseitig: «Verneigung sei dir».
Nirvāna	verlöschen, hinüber gegangen. Befreiung von Leid, Tod und Wiedergeburt und allen weltlichen Bindungen.
Nirvikalpa Samādhi	ist ohne Dualität, also Selbst-Verwirklichung oder höchster Zustand des Seins.
Nisargatatta Maharaj	geboren im März 1897 in Bombay gestorben am 8. September 1981. Sein bürgerlicher Name war Maruti Shivrampant

Kambli, war ein indischer spiritueller Lehrer, der in Bombay (heute Munbai) lebte.
Er wurde von vielen Indern und Besuchern aus der westlichen Welt als erleuchteter und spiritueller Meister verehrt. Von seinen Schülern wurde er für seinen direkten und zwanglosen Unterrichtsstil geschätzt.

Nishkāma

heisst wunschlos, ohne Eigennutzen.

Nishkāma Karma

Nishkāma Karma ist ein Aspekt von Karma-Yoga, dem Yoga des Handelns. Der andere Aspekt ist verhaftungslos Handeln, Gleichmut, in Erfolg und Misserfolg.

OM / AUM

Om ist die kosmische Schwingung, der Urklang des Universums.
Diese drei Buchstaben stehen entweder für die drei Götter Vishnu (A), Shiva (U) und Brahma (M) oder werden als Symbole für drei Bewusstseinszustände verstanden: A bedeutet Wachen, U steht für Träumen und M für Tiefschlaf. Hinzu kommt ein vierter Zustand, Turiya-nämlich Stille.

OM TAT SAT	ich sehe es als eine Art Bestätigung, Besiegelung: «**So ist es!** Punkt!» Om ist die kosmische Schwingung, der Urklang des Universums. Tat heisst wörtlich «Das». Sat bedeutet «die Wahrheit». Man kann Om Tat Sat also übersetzen mit «Das ist die Wahrheit» oder «Alles was ist».
Paramahamsa	höchster Schwan - Ist ein religiöser Ehrentitel aus dem Sanskrit, der hinduistischen spirituellen Lehrern verliehen wird, die Erleuchtung erlangt haben.
Patanjali	Patanjali (blühende Zeit im 2. Jahrhundert v. Chr. oder 5. Jahrhundert n. Chr.) war der Autor oder einer der Autoren zweier großer Hindu-Klassiker: Der erste, Yoga-Sutras, eine Kategorisierung yogischer Gedanken.
Prana	Lebensatem, Lebenshauch bedeutet im Hinduismus «Lebenskraft, Lebensenergie und Leben». Prana ist vergleichbar mit dem Qi in China, Ki in Japan und Lung in Tibet. Die Od-Kraft kann auch mit Prana gleichgesetzt werden.

Pranayama	denn der Atem spielt eine entscheidende Rolle im Gesamtsystem des Menschen. Wie wir atmen, hat nämlich nicht nur körperliche Auswirkungen, sondern beeinflusst auch unsere Psyche massiv. Der Mensch atmet durchschnittlich etwa 25920 Mal pro Tag. Über den Atem nehmen wir Sauerstoff, aus yogischer Sicht aber auch Prana (= Lebensenergie), auf. Durch Stress, Verspannungen, schlechte Körperhaltung und schädliche Angewohnheiten atmen aber viele Menschen zu flach. Ihr System erhält so zu wenig Sauerstoff – eine der offensichtlichsten Folgen ist dann schnelle Ermüdung und damit einhergehende Erschöpfung.
Prārabdhakarma	die Wirkung aus früheren Geburten die sich im gegenwärtigen Leben auswirken.
Ramana Maharshi	30.12.1879 – 14.4.1950 Der grosse Weise vom Arunachala Meister / Guru aus Südindien, der schon mit 16 Jahren die Befreiung erlangte und heute noch Menschen anzieht.

Ramakrishna	Ramakrishna Paramhamsa 18. Februar 1836 - 16. August 1886, wirkte in Dakshineswar in der Nähe von Kalkutta. Er war ein grosser indischer Weiser und Mystiker. Die Ramakrishna-Mission will als erste indische religiöse Organisation die Vedanta-Lehre auch ausserhalb Indiens verbreiten. Heute ist sie mit über 40 (kleineren und grösseren) Zentren auch im Ausland vertreten.
Rumi	Dschalāl ad-Dīn Muhammad Rūmī, kurz Rumi genannt. 30. Sept. 1207 gestorben am 17. Dezember 1273 in Konya. Rumi war ein persischer Sufi-Mystiker, Gelehrter und einer der bedeutendsten persischsprachigen Dichter des Mittelalters. Von seinen Anhängern, insbesondere den Derwischen, erhielt er den Beinamen Maulana arabisch–unser Herr Meister.
Sādhanas	Sanskrit, Sādhana, von der Wurzel sādh = «geradewegs auf ein Ziel zugehen, erfolgreich sein» bezeichnet eine spirituelle Disziplin, die unternommen wird, um ein bestimmtes geistiges Ziel zu erreichen.

Ziele wie: Erleuchtung zu erlangen, Befreiung (Moksha) aus dem Kreislauf des Samsara herauszukommen. Nirvana zu erreichen oder die Segnungen und Liebe einer Gottheit zu erlangen, wie dies in der Bhakti-Tradition der Fall ist. Wer Sadhana übt, wird sadhak oder sadhaka genannt. Die selten genutzte weibliche Form davon lautet Sadhika. Auch ein Sadhu, welcher der Welt entsagt, unterwirft sich einem Sadhana. Der Begriff wird im Buddhismus und im Hinduismus in unterschiedlicher Bedeutung gebraucht. Spirituelle Praxis, Übungen, Bemühen des richtigen Handelns.

Sahasranamam — «die tausend Namen». Es gibt das Lalita-Sahasranamam, die tausend Namen der göttlichen Mutter. Es gibt von ganz vielen Hauptgötter oder Göttinnen ein Sahasranamam.

Samādhi — Einheitserfahrung, Bewusstseinszustand, der überwachen, Träumen und Tiefschlaf hinausgeht.

Savikalpa Samādhi	ist der überbewusste Zustand, ein sehr gesammelter Zustand des Geistes, Sama = Sammlung dass keine einzelnen Gedanken mehr da sind, Zeit, Raum und Ego (Subjekt-Objekt-Beziehung) verschwinden. In Savikalpa ist noch Vikalpa dabei. «Sa» heißt «mit». Vikalpa kann heissen Zweifel, Gedanke, Unterscheidung. Savikalpa heisst, es ist noch etwas Unterscheidung da. Das Absolute wird noch nicht voll erfahren. Zustand des Wegtretens, das den Anschein hat zu schlafen oder in Ohnmacht gefallen zu sein, dem aber nicht so ist.
Sahaja Samādhi	natürlicher, dauerhafter Samādhi, Sahaja Samādhi ist der Samādhi eines Selbstverwirklichten. «Sahaja» heißt natürlich, innewohnend. Samādhi ist der überbewusste Zustand. Wenn Samādhi natürlich kommt, dann ist es Sahaja Samādhi. Manchmal wird auch der Alltagszustand eines Selbstverwirklichten als Sahaja Samādhi bezeichnet: Wenn ein Selbstverwirklichter im Alltag ist, sieht er die Welt wie alle anderen, kann aber auch gleich-

zeitig die Einheit wahrnehmen.

Samsara	die sich auf unbestimmte Zeit wiederholenden Zyklen von Geburt, Elend und Tod, die durch Karma verursacht werden.
Sanskrit	Sanskrit ist die heilige Sprache der Hindus und seit über tausend Jahren die Sprache des Yoga. Alle religiösen Schriften von den Veden und Upanishaden bis zur Bhagavad Gita und den Yoga-Sutren von Patanjali wurden auf Sanskrit verfasst.
Satori	ein plötzlicher Moment des Einsseins mit der Quelle oder mit allem.
Satsanga	Sat = Wahrheit, Sang(a) in der Begegnung mit einem Meister.
Śāstra	ist ein Sanskrit-Wort, das im allgemeinen Sinn «Vorschrift, Regeln, Handbuch, Kompendium, Buch oder Abhandlung» bedeutet.
Shushumna, Ida, Pingala	Die zentrale Energiebahn entlang der Wirbelsäule, durch die die Kundalini Energie beim Erwachen aufsteigen kann, die Shushumna ist mit allen Cha-

ras verbunden. An beiden Seiten der Wirbelsäule sind die nervenführenden Leitungsrohren Ida (weiblich) und Pingala (männlich) der linke und der rechte Kanal, neben der, Wirbelsäule, die, wenn die Kundalini vollständig, erwacht, im Scheitel (Sahasrara) verschmelzen.

Siddhi bezeichnen im Buddhismus und Hinduismus besondere übernatürliche Kräfte und Fähigkeiten, die man gemäss der Überlieferung durch spirituelle Praxis erlangt.

Śiva / Shiva «Glückverheissender» «Zerstörer und Verwandler» ist einer der Hauptgötter des Hinduismus, Im Shivaismus gilt er den Gläubigen als die wichtigste Manifestation des Höchsten. Als Bestandteil der «hinduistischen Trinität» (Trimurti) mit den drei Aspekten des Göttlichen, also mit Brahma, der als Schöpfer gilt, und Vishnu, dem Bewahrer, verkörpert Shiva das Prinzip der Zerstörung. Ausserhalb dieser Trinität verkörpert er Schöpfung und Neubeginn ebenso wie Erhaltung.

Soham	Die Bedeutung ist «Er ist ich» bzw. «Ich bin Er» und symbolisiert dadurch die Einheit der Individualseele (jiva) mit dem Absoluten.
Sokartes	geboren 469 v. Chr. In Alopeke Athen, gestorben 399 v. Chr. In Athen. Er war ein, für das abendländische Denken ein grundlegender griechischer Philosoph, der in Athen zur Zeit der Attischen Demokratie lebte und wirkte.
Śri / Shri	hoheitsvolle Anrede oder Bezeichnung einer zunächst unbestimmten Gottheit in einem kultisch-religiösen Zusammenhang; erst später wurde sie mit der Göttin Lakshmi, der Gemahlin Vishnus, verknüpft.
Sūtra	das Sanskritwort Sutra / sūtra «Faden», «Kette», übertragen «Lehr-Rede» bezeichnet entweder einen kurzen, durch seine Versform einprägsamen Lehrsatz in der alt- und mittelindische Literatur oder eine Sammlung solcher Lehrsätze.
Stotra	ist ein Sanskritwort, das «Ode oder Lobgesang» bedeutet. Es

ist eine literarische Gattung indischer religiöser Texte, die zum melodischen Singen bestimmt sind, im Gegensatz zu einer Shastra, die zum Rezitieren komponiert ist.

Tat Tvam Asi

Tat Tvam Asi ist ein Sanskrit-Mantra aus der Advaita-Tradition, das typischerweise mit «Ich bin das» oder «Du bist das», übersetzt wird.

Tiruvannamalai

Stadt in Südindien im Staat Tamil Nadu wo Ramana Maharsi seit seinem 16. Lebensjahr gelebt hatte. Sein Ashram und Grab, wird auch heute noch von Menschen aus der ganzen Welt ausgesucht.

Turiya

bezeichnet im Hinduismus das Erleben des reinen Bewusstseins, das den Hintergrund für die drei gewöhnlichen Bewusstseinszustände Wachen, Träumen und traumloser Schlaf bildet und diese transzendiert.

Upanishaden

der Sanskrit-Begriff Upaniṣad bedeutete ursprünglich «Verbindung» oder «Gleichwertigkeit», wurde aber später als «neben einem Lehrer sitzen» verstanden, von upa «bei» und ni-ṣad «sich hinsetzen», «sich in die Nähe setzen» und bezieht sich auf den Schüler, der sich neben den Lehrer setzt, während er spirituelles Wissen empfängt.

Upekkhā	Gleichmut
Vairagya	Begierdelosigkeit, Entsagung, Nicht-Verhaftet sein.
Vasana	bedeutet Wunsch, Verlangen, Neigung oder auch Idee, Vorstellung, falsche Vorstellung. Im Vedānta und im Raja-Yoga bezieht sich Vasana aber normalerweise auf Wunsch und Verlangen, von denen sich ein spiritueller Aspirant lösen soll, um zur Freiheit zu kommen.
Veden	auch Veda genannt, Wissen, heilige Lehre und wurde früher mündlich und später dann auch schriftlich überlieferte und sind Sammlungen von religiösen Texten im Hinduismus. Wovon es vier Vedas gibt.
Vichara	Unterscheidende Erforschung, Suche.

Vidya	vidya heißt Wissen, Weisheit, Erkenntnis, praktisches Wissen, intuitives Wissen, höchstes, verwirklichtes Wissen.
Viṣṇu / Vishnu	der Hindu-Gott Vishnu gilt als Erhalter der Welt. Er sorgt auf der Erde für ein Gleichgewicht zwischen Gut und Böse. Seine Aufgabe ist es, die Götter und die Menschen zu behüten und das Böse zu bekämpfen. Seine Gattin ist Lakshmi.
Yoga	Vereinigung mit Gott, Beherrschung des Körpers und Befeiung des Geistes.

Devanāgarī Sanskrit Alphabet
a ā(aa) i ī(ii) u ū (uu) ṛ ṝ(rr) ! ḹ(jj)
e ai o au (ṁ ṁ◌̆ ḥ)[1] k kh g gh ṅ
c ch j jh ñ ṭ ṭh ḍ ḍh ṇ t th
d dh n p ph b bh m y r l v
ś (sch) ṣ(ss) s h
1) ṁ (Anusvāra), ṁ Anunāsika)
und ḥ (hu) (Visarga) haben ihren Platz im Alphabet, gelten aber als sekundäre Lautzeichen.
(-) = Aussprache